京都粟田焼窯元

錦光山宗兵衛伝

世界に雄飛した
京薩摩の光芒を求めて

錦光山和雄
Kazuo Kinkozan

開拓社

1 色絵金襴手龍鳳文獅子鈕飾壺｜七代　錦光山宗兵衛｜明治25年(1892年)｜東京国立博物館蔵
(© Image: TNM Image Archives)

2 色絵金彩鴨図香炉｜七代　錦光山宗兵衛｜1905-1910年｜ヴィクトリア・アンド・アルバート博物館蔵
（© Victoria and Albert Museum, London）

3 色絵金彩山水図蓋付箱｜七代　錦光山宗兵衛｜1905-1910年｜ヴィクトリア・アンド・アルバート博物館蔵
(© Victoria and Albert Museum, London)

4 色絵金彩山水図蓋付箱(内部)｜七代　錦光山宗兵衛｜1905-1910年｜ヴィクトリア・アンド・アルバート博物館蔵
(© Victoria and Albert Museum, London)

5 色絵白鷺図花瓶｜七代　錦光山宗兵衛｜1910年｜ヴィクトリア・アンド・アルバート博物館蔵
(© Victoria and Albert Museum,London)

6 色絵金彩農村風景図大皿｜七代　錦光山宗兵衛｜1900年｜オックスフォード大学付属アシュモレアン博物館蔵
EA1992.71 Kinkozan SobeiⅦ, Kyo-Satsuma dish with landscape using westernized perspective, c.1900,Kyoto
(©Ashmolean Museum, University of Oxford)

8 同裏印「錦光山造」

7 老農婦像｜七代　錦光山宗兵衛・沼田一雅｜1900-1905年｜オックスフォード大学付属アシュモレアン博物館蔵
EA2015.427 Kinkozan Sobei Ⅶ (1868-1927) potter,Numata Ichiga (1871-1930) modeller, A ceramic figure of an elderly female farmer seated with one arm resting on a stack of rice sheaves,earthenware,1900-1905.With permission of the Ashmolean Museum, University of Oxford. Image © Malcolm Fairley Japanese Art, London. (© Ashmolean Museum, University of Oxford)

9 色絵菊花文透彫花瓶｜七代　錦光山宗兵衛｜1900-1905年｜オックスフォード大学付属アシュモレアン博物館
EA1997.41 Kinkozan Sobei VII, Art Nouveau style vase with chrysanthemum, 1900-1905, Kyoto (© Ashmolean Museum, University of Oxford)

10 色絵金彩画帖散図花瓶｜七代　錦光山宗兵衛｜1915年頃｜アフシン・エムラニ博士提供
(© Photograph by courtesy of Dr.Afshine Emrani)

11 色絵金彩藤花図香合｜七代　錦光山宗兵衛｜アフシン・エムラニ博士提供
(© Photograph by courtesy of Dr.Afshine Emrani)

12 色絵金彩風景図朝顔浮彫花瓶｜七代　錦光山宗兵衛｜アフシン・エムラニ博士提供
(© Photograph by courtesy of Dr.Afshine Emrani)

13 色絵金彩竹藪ニ雀雄鶏図花瓶｜七代　錦光山宗兵衛｜アフシン・エムラニ博士提供
(© Photograph by courtesy of Dr.Afshine Emrani)

14 色絵金彩骨董品観覧図花瓶｜七代　錦光山宗兵衛｜アフシン･エムラニ博士提供
(© Photograph by courtesy of Dr.Afshine Emrani)

15 色絵金彩菊花見物図花瓶｜七代　錦光山宗兵衛｜アフシン・エムラニ博士提供
(© Photograph by courtesy of Dr.Afshine Emrani)

16 色絵金彩藤花図花瓶

17 同裏印「錦光山造」

|七代　錦光山宗兵衛|© Grace Tsumugi Fine Art Ltd.(グレイス・ツムギ・ファインアート・リミティッド)

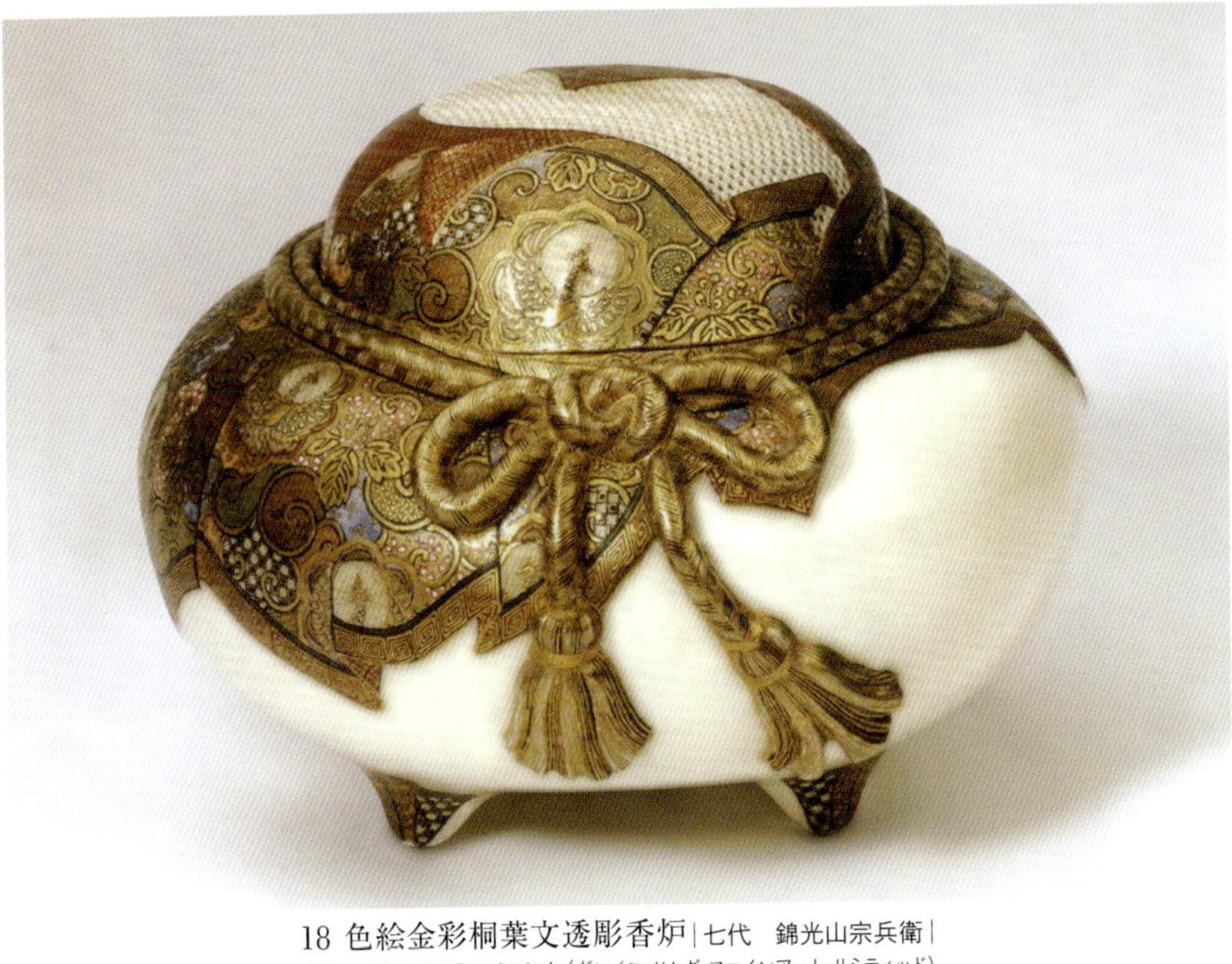

18 色絵金彩桐葉文透彫香炉|七代　錦光山宗兵衛|

© Grace Tsumugi Fine Art Ltd.（グレイス・ツムギ・ファインアート・リミティッド）

19 色絵母子図三足香炉｜七代　錦光山宗兵衛｜京都府立総合資料館蔵(京都文化博物館管理)

20 花見図花瓶｜七代　錦光山宗兵衛(錦光山造)｜清水三年坂美術館蔵｜撮影:木村羊一

21 花鳥図花瓶｜七代　錦光山宗兵衛(錦光山造)｜清水三年坂美術館蔵｜撮影:木村羊一

22 花尽し手鉢｜七代　錦光山宗兵衛(錦光山造)｜清水三年坂美術館蔵｜撮影:木村羊一

23 菊唐草図ティーセット｜七代　錦光山宗兵衛(錦光山造)｜清水三年坂美術館蔵｜撮影:木村羊一

24 調度品図四面花瓶｜七代　錦光山宗兵衛｜明治〜大正時代｜京都国立近代美術館蔵

25 色絵草花文蓋付鉢｜錦光山商店｜個人蔵｜撮影:伊藤信

26 マジョリカ焼芋畑に百姓の図花瓶｜七代錦光山宗兵衛｜明治末～大正期｜個人蔵｜撮影:伊藤信

27 六代　錦光山宗兵衛の肖像画(油絵)
錦光山和雄家蔵(立命館大学アート・リサーチセンター提供)

28 七代　錦光山宗兵衛の若き日の写真
錦光山和雄家蔵(立命館大学アート・リサーチセンター提供)

29 七代　錦光山宗兵衛　緑綬褒章受賞（大正5年）頃の写真
錦光山和雄家蔵（立命館大学アート・リサーチセンター提供）

後期京焼諸窯参考地図

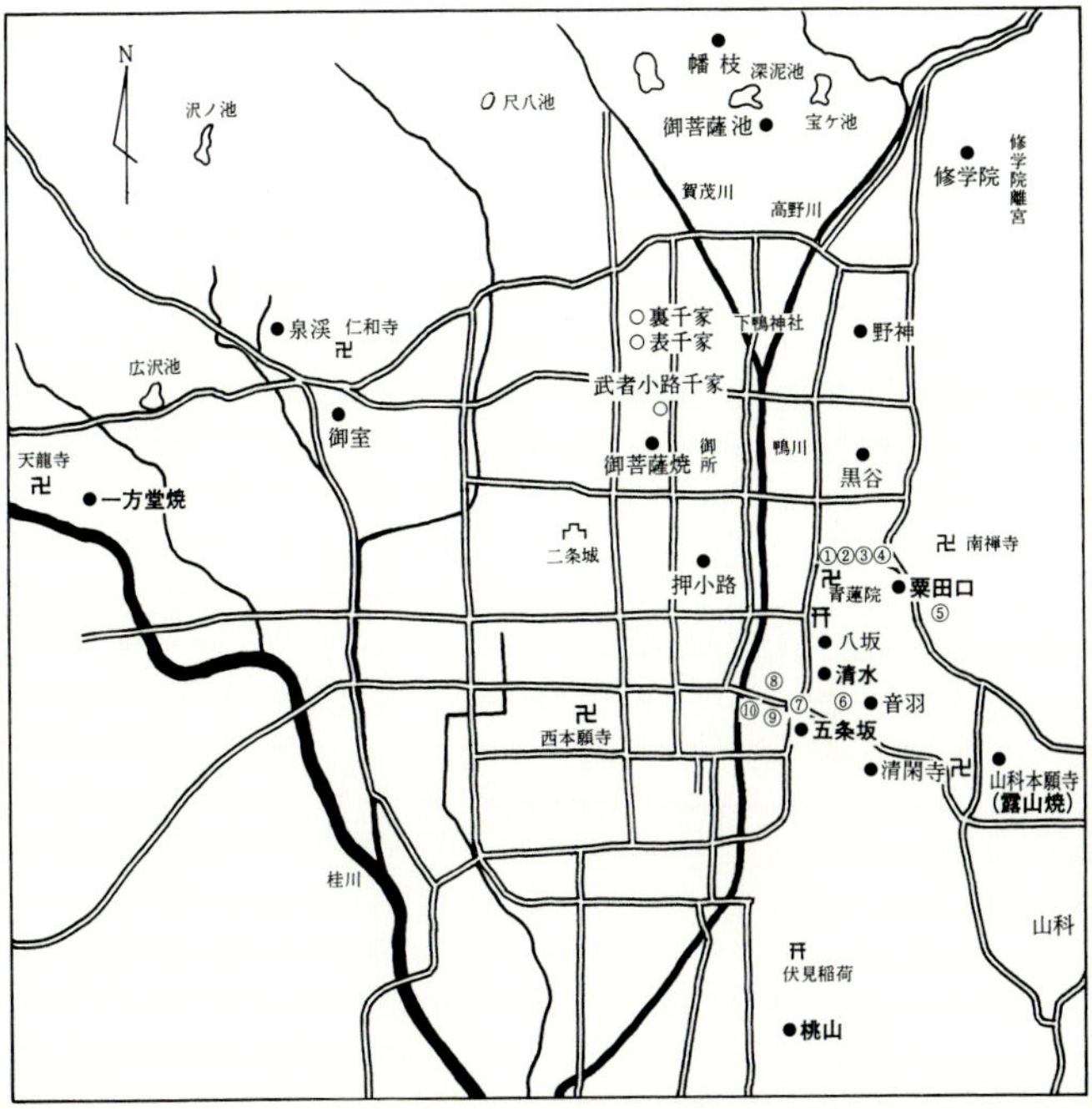

注） 1．上図中ゴチック体は後期京焼関係諸窯をあらわす。

2．下記町名及び人名は陶工・焼物屋の所在地をあらわす。出典は『京都御役所向大概覚書』『雲林院宝山文書』『華頂要略』『青蓮院日次記』のとおりである。ただし、その存続年代は必ずしも同時期であるとは限らない。

①粟田口夷町……………鍵屋喜兵衛(錦光山)・初代高橋道八・二代道八(仁阿弥)

②粟田口東町……………茶碗屋藤九郎・同九兵衛・同安兵衛・同熊之助・同文蔵(宝山)・帯屋与兵衛・菱屋太郎兵衛・同三郎左衛門・木屋佐兵衛・錺屋伝兵衛(岩倉山)・同吉兵衛・鍵屋嘉右衛門・同源助・伊勢屋又兵衛・藤屋惣兵衛

③粟田口今道町…………御茶碗師九左衛門・茶碗屋喜右衛門・同伝兵衛・同喜兵衛・同忠兵衛・同甚右衛門・一文字屋忠兵衛・同嘉兵衛・同佐兵衛・鍵屋喜兵衛(錦光山)・同徳右衛門

④粟田口分木町…………茶碗屋安兵衛・同伊兵衛

⑤東小物座町……………井筒屋源右衛門・人形屋久兵衛・米屋惣兵衛・茶碗屋藤右衛門・同弥兵衛・同伝兵衛・同次兵衛・一文字屋喜兵衛・同庄兵衛

⑥清水寺門前三丁目……茶碗屋清兵衛

⑦慈芳院門前町…………井筒屋甚兵衛

⑧大谷前西落町…………二代高橋道八(仁阿弥)

⑨上音羽町………………初代和気亀亭

⑩大仏鐘鋳町南組………音羽屋惣左衛門

30 後期京焼諸窯参考地図

茶道綜合資料館発行『昭和57年春季特別展　茶の湯と京焼II　仁阿弥・保全を中心に』より転載

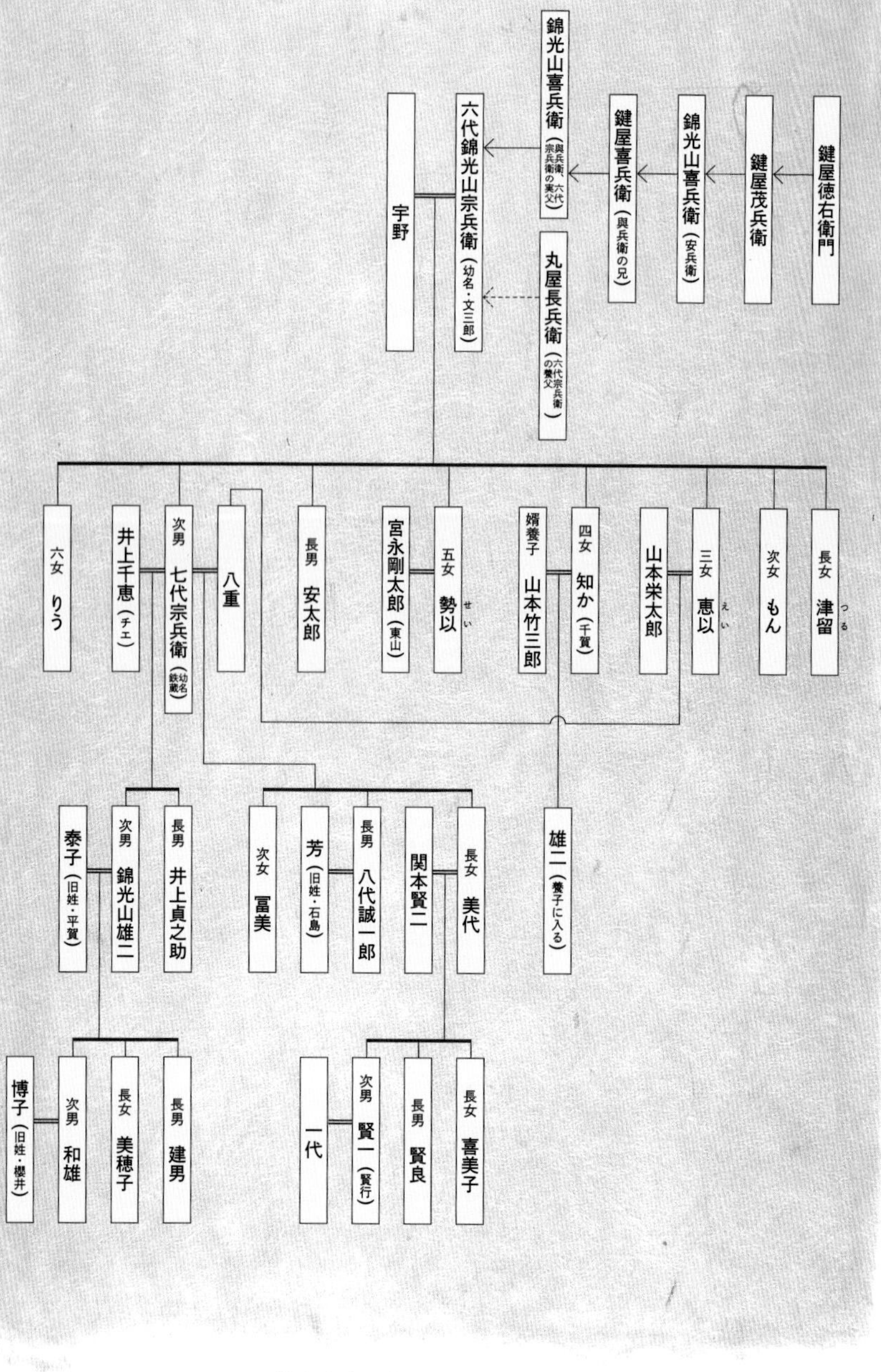

31 錦光山家人物相関図｜錦光山和雄作成

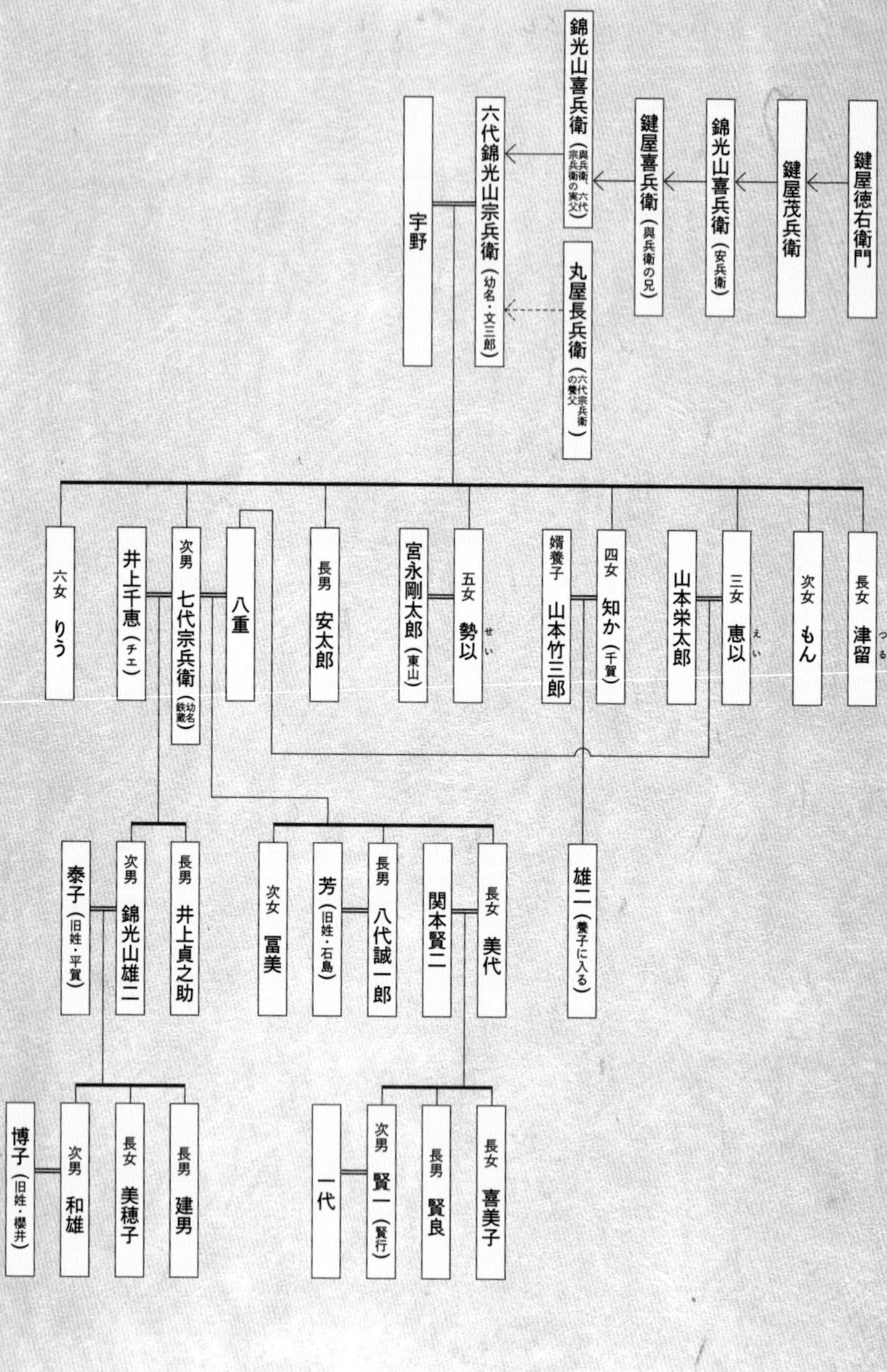

31 錦光山家人物相関図｜錦光山和雄作成

京都粟田焼窯元

錦光山宗兵衛伝

世界に雄飛した京薩摩の光芒を求めて

六代・七代錦光山宗兵衛および父雄二、妻博子と粟田焼に縁あるすべての人々に捧げる

プロローグ

ロンドンでの運命的な宗兵衛との出会い

錦光山宗兵衛《きんこうざんそうべえ》といってもいまや知る人はほとんどいないであろう。錦光山宗兵衛というのは京都粟田焼《あわたやき》の窯元《かまもと》である。その子孫である私にとっても、錦光山宗兵衛および粟田焼は、もはや歴史の遥かかなたに没したワンダーランドとなっている。そんなワンダーランドとなってしまった錦光山宗兵衛の作品と私の出会いは妙なところで始まった。

それは一九八八年十一月、ロンドンのクリスティーズのオークションの下見の部屋であった。私は一九八七年八月にロンドンの和光証券(現みずほ証券）の現地法人ワコー・インターナショナル・ヨーロッパに赴任し、当時、機関投資家相手の日本株セールスを担当していた。十数名の機関投資家のファンド・マネージャーが私の顧客であったが、そのなかにトゥシュ・レムナントの取締役のマイケル・ワットさんという英国シティーの古典的なバンカータイプの気難しい客がいた。ワットさんは私の英語があまりうまくないこともあり、私をブローカーとしてほとんど相

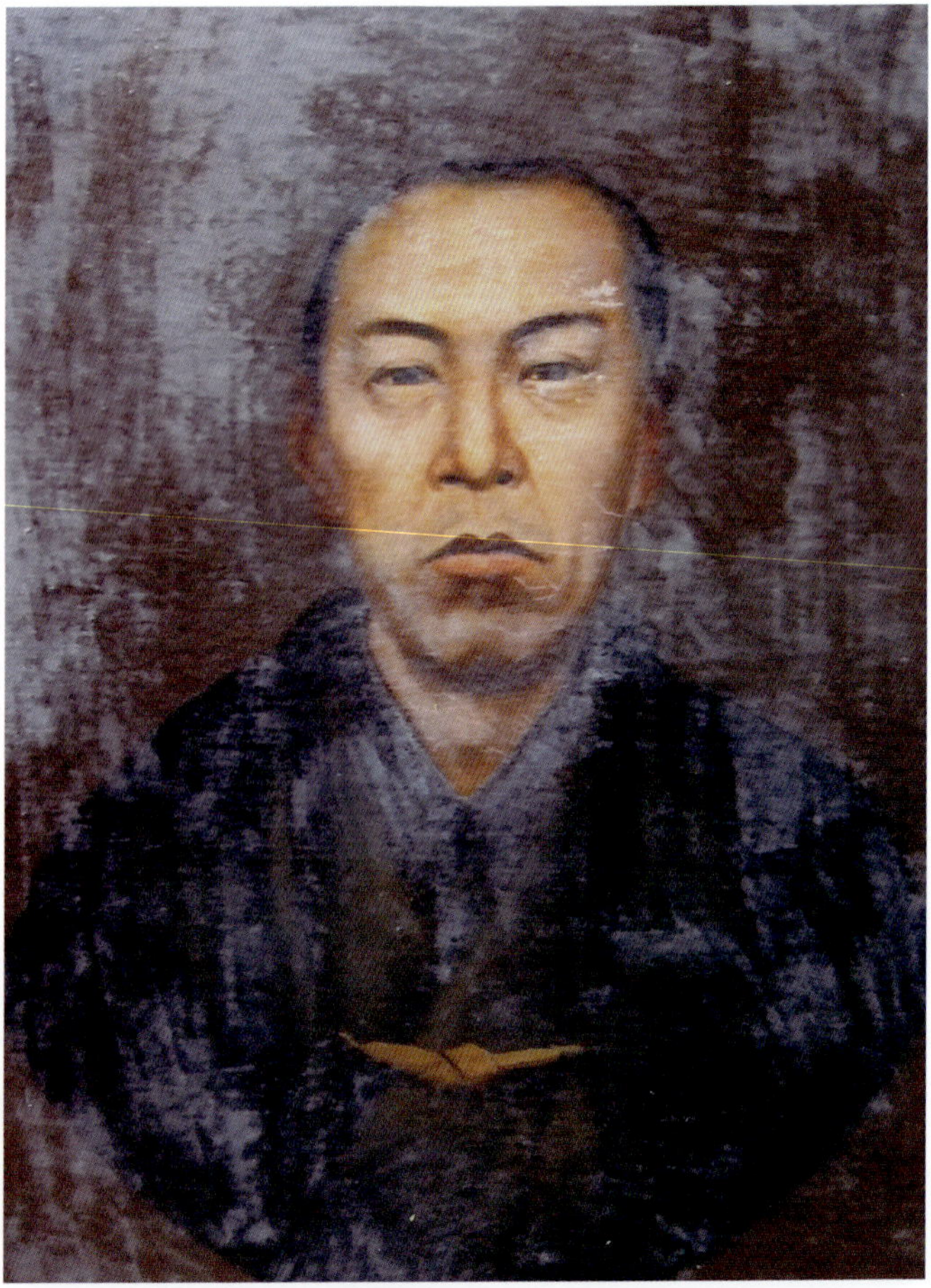

27 六代　錦光山宗兵衛の肖像画(油絵)
錦光山和雄家蔵(立命館大学アート・リサーチセンター提供)

手にしてくれていなかった。そのワットさんから、ある日突然、「今度、クリスティーズで日本の陶磁器のオークションがある。そのなかに錦光山の作品があるから一緒に見に行かないか」という誘いを受けた。私は耳を疑った。皮肉っぽいワットさんからそんな誘いがあるとは夢にも思っていなかったのである。

十一月九日、私はキングストリートにあるクリスティーズの玄関前でワットさんと待ち合わせて、クリスティーズの重厚な建物のなかに入って行った。左手に近く開催される「ジャパニーズ・ワークス・オブ・アート」というオークションにかけられる陶磁器や工芸品が展示されている部屋があった。私が目を凝らして見ていくと、陳列棚のなかに錦光山宗兵衛の作品が二つ陳列されていた。二つとも十九世紀の作品で、ひとつは秋草模様の花瓶であり、もうひとつは牡丹《ぼたん》を眺める婦人像の花瓶であった。それは、海外で私が初めて見た錦光山宗兵衛の作品であった。(1)

私が錦光山宗兵衛の陶磁器がロンドンのオークションに出ていることに驚いていると、ワットさんが「いまでも錦光山の陶磁器は、キンコウザン・ウェアとしてロンドンで流通している」と言った。それは私にとって衝撃であった。歴史のなかに没していたと思っていた錦光山宗兵衛の作品が古美術品として現在もなお流通し売買されているのだ。なぜ日本では忘れ去られてしまった錦光山宗兵衛の作品が海外では取引されているのだろうか。不思議だった。その後、私が一九九一年十二月に帰国するまでの間、クリスティーズの「ジャパニーズ・ワークス・オブ・アート」は一九八九年三月、一九九〇年三月と定期的に開催され、サザビーズでも一九九一年三月に「ジャパニーズ・ワークス・オブ・アート」が開催された。

一九八〇年代の後半は、日本経済のバブルの絶頂期であり、ロンドン全体が日本企業のファイナンスで沸き立つような活況を呈していた。私も連日サイニング・セレモニーに参加していた。そうした熱狂的な喧騒《けんそう》の真っ只中で、私はふとイギリス人はなぜこんなに古いものを大切にするのだろうかと思った。日本は、明治維新以降、遅れてきた資本主義国として近代化に狂奔し、古いものには価値がないものと見なし、新しい物の製造に邁進《まいしん》してきた。しかし、もしかしたらそれは日本の資本主義の底の浅さを表わしているのではないだろうか、そんな疑問が湧いてきた。私はロンドンでバブルの余韻に酔いしれながらも、どこかで夏目漱石が明治四十四年に「これを一言にしていえば現代日本の開化は皮相上滑《ひそううわすべ》りの開化であるという事に帰着するのである[2]」と述べているような感じを抱いていたのかもしれない。

そんなある日、私はいつかワンダーランドとなってしまった錦光山宗兵衛の世界へ遥かなる旅に出てみようと思うようになっていた。京都で将軍家御用御茶碗師であった錦光山宗兵衛の陶磁器が、なぜ、いまロンドンで流通しているのか、どのような経緯でそのようなことになったのか、その歴史をひもといてみようと思ったのである。それは、私の出会ったことのない曾祖父と、祖父の錦光山宗兵衛との邂逅《かいこう》の旅でもあるだろう。

京都粟田焼窯元 錦光山宗兵衛伝——世界に雄飛した京薩摩の光芒を求めて 目次

装幀 Malpu Design（清水良洋）

口絵デザイン Malpu Design（佐野佳子）

DTP saku

帯写真「色絵金彩山水図蓋付箱」錦光山宗兵衛

ヴィクトリア・アンド・アルバート博物館蔵

凡　例

一　本文は引用文を含め旧字体を改め新字体、現代仮名づかいを原則とし、ふりがな、句読点を加えた箇所もある。また文献の判読不能の文字は□とした。

一　記述にあたっては多くの研究書、文献を引用したが、註で出典を示すとともに、本書巻末に参考文献として出典名を記載した。

一　引用文中、現在使われていない国名・地名・用語などはそのまま掲載した。

第一章

京焼粟田の御用御茶碗師、錦光山

京焼のなかの粟田口

最古の京焼、粟田口

本書で取り上げる錦光山宗兵衛《きんこうざんそうべえ》は二人いる。ひとりは私の曾祖父に当たる六代錦光山宗兵衛、もうひとりが私の祖父に当たる七代錦光山宗兵衛である。最初に、曾祖父六代宗兵衛への遥かなる旅に向かうわけだが、その前に、まず京都の粟田焼《あわた》(粟田口焼)に触れておきたい。というのも粟田焼がどんな焼物で、また粟田焼の歴史のなかで錦光山家がどのような位置を占めていたのかがわからなければ、六代宗兵衛がいかなる星の下に生まれたのかもわからないであろう。いわば粟田焼の歴史を語ることは、六代宗兵衛の前史を語ることになるのである。

だが、いまや京都の粟田焼といっても知る人は少なく、ほぼ忘れ去られてしまったと言ってよいだろう。さらに言えば粟田焼に代わって京焼を代表するようになった清水焼《きよみずやき》といえども、いまでは「どんなお菓子ですか」と聞かれる時勢である。まさに明治ばかりか昭和すらも遠くなりにけりである。

ところで少し話はそれるが、焼物にゆかりのある菓子といえば京都の平安神宮の近くにある京和菓子店『平安殿』が「粟田焼」という和菓子を製造している。『平安殿』のご主人の小川善一氏が、その一帯にあった粟田焼を偲《しの》んで、その名前を残したいと製造するようになったという。小川善一氏のお父様の小川金三氏は、粟田焼の歴史と粟田の陶家の来歴を記した、いまでは極めて貴重な本となっている『粟田焼』（粟田焼保存研究会）を編集し、また近くの粟田神社の境内にある「粟田焼発祥之地」碑の建立に尽力した粟田焼ゆかりの人でもある。また私は、小川善一氏のお母様の小川瑠璃子《るりこ》氏にお姑のおせいさん（この方は、山県有朋《やまがたありとも》の「無隣庵」などの作庭で知られ、「植治」といわれた七代小川治兵衛氏の次女でもある）から錦光山のことで伝え聞いていることはないかとヒアリングしたことがあり、「（七代）錦光山宗兵衛のお嬢さんの美代さんは子供の頃、いつも縮緬《ちりめん》の着物を着ていた」とおせいさんが言っていたと教えていただいたことがある。

粟田焼に話を戻そう。まず粟田はどこに位置するかというと、京都東山に近い三条通の白川橋から蹴《け》上《あげ》にかけての一帯であり、京都七口のひとつで粟田口ともいわれている地域である。近くに門跡寺院の青蓮院《しょうれんいん》や知恩院《ちおんいん》、将軍塚などがあり、古来より人の通りも多く、東海道五十三次の京の表玄関ともいうべき所である。ところで、ではこの粟田でいつ頃から焼物がつくられるようになったのであろうか。少し煩雑になるが、いくつかの文献を見ていきたい。

前掲の『粟田焼』所収の満岡忠成氏の(3)「初期の京焼」によると「京焼というと、語義の上だけからいえば、平安朝の緑釉陶にまで遡《さかのぼ》ってもよいわけであるが、ふつう近世初頭いわゆる京窯出現いらいの焼物を指すことになっている。ただしこの場合楽焼は京焼の中に含まないのが慣わしである。京焼という言葉も京窯の登場いらい生まれたもので、その古い例としてはたとえば神谷宗湛《かみやそうたん》日記の慶長十年〔一六〇五〕六月十五日宗凡会の条にある『肩衝《かたつき》京ヤキ』というのを挙げることができよう」(引用文中の〔　〕内は筆者、以下同様)と述べている。この記事では京焼は京窯出現以来の焼物を指し、楽焼は含まない慣わしであるとしている。さらに満岡氏は「京焼の起源は所伝では、寛永初年〔一六二四〕に瀬戸の陶工三文字屋九右衛門が京都に来て粟田口三条通りに築窯したのが粟田口焼の始まりといわれて、京焼では粟田口焼が最古とされているが、前記宗湛日記所見の京焼肩衝はさらにそれより二十数年前に焼かれたもので、この窯も恐らく粟田口辺かとみられ、粟田口焼の開窯は慶長年間を降らぬものとみてよいだろう」と述べ、粟田口焼が始まったのは慶長年間〔一五九六～一六一四〕頃に遡るだろうという見解が示されている。

これに対して岡佳子氏は『近世京焼の研究』(4)のなかで、昭和五十年代から、樂《らく》家の楽焼以外の窯で焼かれた軟質施釉《せゆう》陶器の茶陶が関西の諸遺跡から数多く出土したことを踏まえて、楽焼も含めて京焼を近世以後に京都市街地とその周辺で焼かれた焼物と広義に定義している。

また岡氏はこれに関連して京焼の始まりの時期を軟質施釉陶器の生産が始まった十六世紀末か

ら十七世紀初頭と推測している。岡氏の見解は出土品を踏まえているだけに学界では主流の考え方になっているようであるが、本稿では小規模な内窯で焼かれた低火度焼成の軟質施釉陶器は別にして、登窯《のぼりがま》による高火度の本焼《ほんやき》焼成においては粟田焼が京焼では最古という説に従って話を進めていきたい。岡氏はこの点に関して「十七世紀の京焼の画期となる出来事は登窯の導入であった。幕末の陶器書『本朝陶器考証《ほんちょうとうきこうしょう》』に記載される寛永元年頃の粟田口開窯伝承を検証してみた結果、これが信憑性《しんぴょう》の高いことが明確になった。したがって京都には、一六二〇年代に、瀬戸からの技術導入によって登窯が築かれたとみなせる」(5)と述べている。

粟田焼の祖、三文字屋九右衛門

ところで満岡氏は先の記事のなかで三文字屋九右衛門《さんもんじやきゆうえもん》に触れているが、三文字屋九右衛門については、金森得水《かなもりとくすい》著の幕末期の文献『本朝陶器考証　巻二』(6)の「山城国粟田焼物之義」のなかで次のように記されている。

青蓮院《しょうれんいん》御家領之内、山城国愛宕《あたご》郡粟田口三条通蹴揚《けあげ》今道町江、寛永元年之頃、尾張国

瀬戸と云所より、其性志れざる焼物師、三文字屋九右衛門と申者、粟田之里へ来り居住し、専《もっぱ》ら茶器を焼弘め候よし、夫《それ》より前同町ニ陶工之者、有無段々探索いたし候得共不詳、九右衛門関東江御召、御茶盌《おちゃわん》御用相勤候ハ、三代将軍御治世中ニ候得共(後略)

つまり粟田焼は、寛永元年(一六二四)尾張国瀬戸の三文字屋九右衛門と名乗る陶工が粟田に移り住み、この地に窯を築いたのが始まりで、この三文字屋九右衛門は三代将軍徳川家光の治世に将軍家御用を勤めていたとしている。さらに次のように続いている。

今道町ニ陶工有り、寛永元年ニ尾張国瀬戸と云所より、此粟田之里ニ来りて居住す、世ニ粟田焼と云是なり、茶人之弄翫《ろうがん》する土器、祖母懐《そぼかつ》藤四郎彫と云品々の磁器ハ、皆彼が先祖より造り出し有となん、此里にても茶入茶盌猪口《ちょく》鉢香炉、或《あるい》ハ禽獣《きんじゅう》虫魚偶人之体を造る、巧にして誠に翫ぶべし、将軍家之御茶盌なども、此家より奉るなり、近頃迄土を建仁寺之東、遊行と云所と、又神明之辺より、東岩倉山よりも取しが、今ハ其地絶て、元禄十年関東に願しかば、江州野洲郡南桜村と云所にして、山を給わり、今其所を以陶器之土とす、同里に陶工多し、されどもミな九右衛門と云者之、嫡流《ちゃくりゅう》として皆此家より出たり(後略)

これによると、三文字屋九右衛門は、建仁寺の東遊行や神明の辺りで、東岩倉山の土を使って焼成し、茶入や茶碗、鉢や香炉などをつくっていたが、その土が絶えたため元禄十年（一六九七）幕府に願い出て、江州野洲郡南桜村の山を給わり、その土を使って陶業を行っていたとある。なお中ノ堂一信氏は『本朝陶器考証』では御茶碗師を九右衛門と記しているが、これについては他の記録から推《お》して九左衛門の誤記と考えられ、三文字屋九左衛門とするのが正しいと述べている。(7) こうして三文字屋九左衛門が寛永年間に粟田の今道町に窯を築いてから、次第に窯元が増えていき、今道町、東町、中之町を中心に白川橋より蹴上の東小物座町にかけて陶家が建ち並んでいったのであろう。

洛外の寺院領に展開した本焼窯

さらに岡佳子氏は、三文字屋九左衛門が粟田に窯を開いたことにより、粟田に始まった本焼窯は十七世紀に洛外の寺院領へと広がっていったと述べている。岡氏によると、鹿苑寺《ろくおんじ》の住職、鳳林承章《ほうりんじょうしょう》の『隔蓂記《かくめいき》』には、寛永十七年頃から粟田口焼をはじめ、八坂《やさか》法観寺領内の八坂焼、清水寺領内の清水焼などの東山山麓に点在する窯の製品や陶工たちの動向が記されはじめ、さらに慶安～寛文年間（一六四八～七三）にかけて、御室仁和寺《おむろにんなじ》門前の御室焼、洛北の深泥池《みぞろがいけ》畔の御菩薩池焼《みぞろがいけやき》や、後水尾院の御庭焼《おにわやき》である修学院《しゅうがくいん》離宮内の修学院焼、後代の五条坂焼の前身である音羽焼などの記事が記され、十七世紀中期までに洛東や洛北の寺院領に多くの窯場が勃興していったと述べている。[8]

これら洛外の諸窯は修学院焼などを別にして寺院領に属し、領主である寺院の庇護と監督を受ける代わりに、地代として陶磁器を寺院に献納していた。粟田においても、陶家は代々、皇族が住職を勤める門跡寺院である青蓮院に地代を納め、陶器を献納する代わりに、青蓮院の庇護と監督のもとに、陶磁器を盛んに焼き出していたのである。澤野久雄・宇野三吾氏によると「京都の焼物における門跡寺院と工人、商人三者の関係は、土地の提供と指導、役所の届、法眼《ほうげん》、法橋《ほっきょう》、阿弥《あみ》号の授受など寺院の経済に大きな問題となる。工人は門跡寺院の保護を受け、役所の圧力を避け、商人は門跡寺院とも工人とも交わる。この連繋は京都焼物のできたひとつの大きな特色である。（中略）京焼の土地はすべて門跡寺院下にある。築窯、工房、薪材、土、窯の火入、工人の移動、転出入などすべて奉行所の許可を要するのであるから門跡寺院の保護下にあるということは工人にとって大きな恩恵であった。これら相互の強い連繋は明治以後も続いている」[9]と述べている。これにより火災の防止から本窯の焼成は町奉行所の許可が必要であったこと、また門跡寺院から法眼、法橋、阿弥号などの号を賜ると、陶家はお礼に大金を包まねばならなかったことがうかがわれる。このように陶家は領主である門跡寺院の庇護と監視を受けていたが、その門跡寺院もまた徳川幕藩体制のもとで老中級の人物が任命されていた京都所司代や三奉行筆頭の寺社奉行を通じて、江戸幕府の厳しい監視を受けていたのであろう。

京焼の興隆を支えた茶の湯

ところで、なぜ、江戸時代初期のこの時期に京焼の諸窯が勃興してきたのだろうか。それには千年の都京都という特殊性と、豊かな経済力をもった豪商に担われた茶の湯の登場を抜きには語れない。たとえば吉田光邦氏は『京都　日本のやきもの　6』(10)のなかで、平安朝以来、日本の宮廷、貴族、大寺の間では中国陶磁器への強い憧《あこが》れがあり、彼らは唐物《からもの》すなわち中国からの輸入陶磁器を競って求めてきた。将軍足利義政の時には陶磁器だけでなく漆器、金属器、絵画なども唐物が用いられるようになり、唐物趣味が極まった感があったが、それが茶の湯の登場により次第に変わっていったという。吉田氏は「唐物の価値観が大きく変り、高麗《こうらい》や今焼《いまやき》茶碗が歓迎される茶会での今焼は、唐物すなわち青磁、白磁や染付《そめつけ》に代る新鮮な美しさを提示する必要があった。そこに求められたのは、磁器に代る陶器であり、青磁や染付などの硬質の沈静な美に対しての、豊潤さであり、和らぎの質であった。それは日本人に適合する和様の美となった。王朝のころからの唐様の文化と、和様の文化の併立。そして室町期のやきものの世界は、中国輸入器を最高とする唐様の時代であり、茶の世界もそれによって規範づけられていた。しかし戦国桃山の時代、田園から出現した専制君主的な権力者が、過去のすべてを否定し、豪華をめざす文化を展開したとき、唐様に代る和様の復活がくる。その復興の機運を茶の湯にとりいれたのが利休であり、今焼すなわち国焼のやきものの成立となった」と述べている。

織田信長の時代、茶の湯御政道といわれるように、茶の湯が政治性を帯び、中国伝来の青磁や天目《てんもく》茶碗、また朝鮮の高麗茶碗などの茶道具が一国一城に匹敵するほどの価値があるものとなっていたが、豊臣秀吉の時代になって、唐様に代わる和様の復活の時代が訪れ、茶の湯の指南役であった千利休《せんのりきゅう》が無駄を削ぎ落とした美を求めはじめると、富裕な町衆たちの間では茶道具としての和様の陶器を所持したいという志向が高まっていったというのである。中ノ堂一信氏は「この茶湯数寄者《すきしゃ》の道具所持の志向が、それまで日常生活品としての土器を生産していた京都に、突如として陶器生産をもたらすことになったのである」[11]と述べている。その意味では、自由で型破りの精神があふれていた安土桃山《あづちももやま》という時代の精神と楽市・楽座などで培われた経済力が和様の陶器を呼び寄せたともいえよう。というのも、これまでのように宮廷や大名、寺院などの一部の上層階級の需要を満たすだけであれば、内窯《うちがま》と呼ばれる小型の窯で十分であったが、経済力のある町衆の需要の高まりを満たすには大型で容量も大きい本窯（登窯）が必要になったのである。

吉田氏[12]は「東山の山麓を利用した登り窯を用いた大規模生産への転移は、これまたひとつの革命であった」と述べているが、登窯を築造するには傾斜地が必要であり、また煙を排出して火災の危険もあることから、市中ではない洛外の東山山麓の窯場が選ばれることになったのであろう。なぜ京都でこのような新しい生産様式への転換が起こったかについて吉田氏は、近世初期の京都が天下一統の中心都市として成立し、流通と生産の経済的な中心であると同時に政治的な中心であったからであると述べている。こうして京都でも本格的な登窯による大量生産が可能となり、粟田焼は茶器を中心とした高級陶器の製作地として京焼をリードしていくことになるのである。

十八世紀初頭にかけての諸窯の動きと粟田口の活況

ところで、十七世紀中期から後半にかけて京都の洛外には粟田焼、清水焼、音羽焼、八坂焼、御室焼、御菩薩池焼、修学院焼などの諸窯場が散在していたことはすでに述べたが、なかでも日本の色絵陶器の完成者といわれる野々村仁清《ののむらにんせい》が開いた御室焼は十七世紀後半に興隆期を迎えていた。野々村仁清の生年や没年はわかっていないが、鳳林承章の『隔蓂記』における御室焼の初見は正保五年（一六四八）といわれており、それに先立つ寛永年間（一六二四〜四四）に瀬戸で修業したのち御室で開窯したものとみられている。仁清は瀬戸へ行く前に粟田で修業したともいわれており、満岡忠成氏も「錦手《にしきで》は仁清の本領とされる所であるが、その端緒はすでに前記所見の如く（中略）すでに洛東諸窯に萌芽していたもので、それが仁清によって大成されたものである」(13)と述べている。しかしながら、華麗な色絵陶器で一世を風靡《ふうび》した御室焼も初代野々村仁清が没するとともに急速に衰えた。仁清から陶法を習った尾形乾山《おがたけんざん》が、鳴滝《なるたき》や丁字屋町《ちようじやまち》で当代随一の絵師である兄の尾形光琳《こうりん》と合作したものを含め、雅趣あふれる作品をつくり上げ、『乾山焼』として一時代を画したものの、乾山は享保（一七一六〜三五）の頃に江戸へ下ってしまい、やがて乾山焼の存在感は薄れていくのである。この頃の推移について岡佳子氏は「十七世紀末までにこのような洛外の群小窯場は没落し、十八世紀初期には洛東の窯場へと集約され、なかでも粟田口には、窯元・焼屋二十軒が軒を連ねる大規模な製陶業街が形成された。ここでは轆轤《ろくろ》・絵付・焼成などの各工程を職人が担当する分業形態がとられ、量産が図られたと考えられる」(14)と述べている。粟田焼が興隆時代を迎える一方で、これらの諸窯は整理・統合されていったのではないかと思われる。

粟田口が当時どれほど活況を呈していたのかを見てみよう。京都町奉行所により一七一〇年代に編纂された『京都御役所向大概覚書《きょうとおやくしょむきたいがいおぼえがき》』[15]三十五段「茶碗焼之事」によると、左記のように記されている。

粟田口焼

一、粟田口今道通　御茶碗師九左衛門
一、同町　茶碗屋喜右衛門
一、同町　鍵屋徳右衛門
一、粟田口東町　茶碗屋藤九郎
一、同町　茶碗屋九兵衛
一、同町　菱屋太郎兵衛
一、同町　菱屋三郎左衛門
一、粟田口分木町　茶碗屋安兵衛
一、同町　茶碗屋伊兵衛
一、三条通南禅寺領東小物座町　茶碗屋藤右衛門
一、同町　茶碗屋弥兵衛
一、同町　同　伝兵衛

一、同町　同　次兵衛

右十三軒本窯ならび素焼窯共所持致焼物商売致候(後略)

一、粟田口今道町　茶碗屋伝兵衛

一、同町　同　喜兵衛

一、同町　同　忠兵衛

一、同町　同　甚右衛門

一、三条通南禅寺領東小物座町　井筒屋源右衛門

一、同町　人形屋久兵衛

一、同町　米屋惣兵衛

右七軒素焼窯計所持致候(後略)

これによると、十八世紀初頭には登窯・素焼窯《すやきがま》の両方を所持している十三軒の窯元と素焼窯のみを所持し、本焼にあたっては窯元に借窯して陶業を行う「焼屋」と呼ばれる七軒の陶家、合わせて二十軒の窯元・焼屋が存在していたことがわかる。

右の十三軒の窯元のうち、粟田口今道通の御茶碗師九左衛門は、寛永元年(一六二四)に粟田口に開窯し、三代将軍家光の治世の頃から陶家として最高の地位である将軍家御用御茶碗師を勤め

た三文字屋九右《左》衛門の継承者であり、十八世紀初頭においても将軍家御用御茶碗師の地位を保持していたことがわかる。なお十三軒の窯元のなかで同町鍵屋徳右衛門とあるのは錦光山の「初代」にあたる人物である。中ノ堂一信氏は「粟田口焼では、江戸中期寛永年間に陶窯を開いていらい、茶器を主体に生産をつづけていたことはすでに記したが、その後、正保二年に小林(鍵屋)徳右衛門、宝山(茶碗屋)安兵衛がこの地で陶窯を築きしだいに窯元陶家の数も増加していった(16)」と述べている。

古清水色絵と粟田口

では当時もうひとつの洛東の窯業地である清水寺界隈《かいわい》はどうなっていたのであろうか。『京都御役所向大概覚書』によると「清水焼・音羽焼　井筒屋甚兵衛、音羽焼　音羽屋惣左衛門、清水焼茶碗屋清兵衛」と書かれており、清水寺界隈の陶家は、窯元が三軒であったことがわかる。陶家の数だけでなく、粟田では三文字屋九左衛門が将軍家御用御茶碗師を勤めていたことからしても、十八世紀初頭、粟田口は名実ともに京都を代表する最大の窯業地となっていたといえよう。

こうして洛外の諸窯の多くは十八世紀前期には粟田口を中心とした大規模な窯場へと集約されていくのだが、岡佳子氏(17)は十七世紀後期に仁清風の多色の色絵を生み出した京焼諸窯が、十八世紀前期に古《こ》清水《きよみず》色絵に展開していったと述べている。岡氏によると、古清水とは仁清や乾山以外の十七世紀から十八世紀中期までの京焼陶器の総称で、主に青・緑・金彩の三色に彩られた陶器であり、松竹梅・秋草・桜花・菊花などの植物文に、七宝繋《しっぽうつなぎ》・菱・青海波《せいがいは》・唐草《からくさ》などの有職《ゆうそく》文様を組み合わせた意匠が多く、その器種は、段重・徳利・手焙《てあぶり》や、碗・皿などの懐石具を主とするとされている。また典型的な古清水色絵の伝世品の多くは、定型化と様式化がより進んでおり、洛東の窯場で分業により生産され、これまでの茶器に加えて、懐石具や食器などの日用品を製造しており、十八世紀前期の量産化時代に対応した色絵様式であったとみることができるとしている。古清水が洛東の粟田口で焼かれたものか音羽焼なのか断定はできないとしても、この当時最も興隆していた窯場は粟田口であったことを勘案すると、粟田を中心に盛んに焼成されていた可能性が高いのではなかろうか。岡氏も無印の古清水は十八世紀中期の粟田口窯で製作された様式であると見なすことができるのではないかと述べている。明治十一年（一八七八）刊行の蜷川式胤《にながわのりたね》著『観古図説』のなかに「錦光山ハ作ル処ノ陶器錦ノ光リノ如シト云」(18)とあるが、六代宗兵衛の先代たちはこの頃すでに粟田において華麗な金彩に彩れた古清水を焼き出していた可能性が高いのではないかと思われる。

将軍家御用御茶碗師、錦光山

錦光山窯の祖、「初代」鍵屋徳右衛門の謎

錦光山家の家系図（参考資料1参照）を見ると、冒頭に鍵屋徳右衛門と記されている。初代とは記載されていないが、最初に記されているのでとりあえず「初代」とする。彼は元禄六年（一六九三）に生まれ、明和七年（一七七〇）に七十八歳で没したとある。この「初代」鍵屋徳右衛門は先に記した『京都御役所向大概覚書』に出てきた鍵屋徳右衛門と同一人物であろう。彼は本窯と素焼窯を所持し、将軍家御用御茶碗師の三文字屋九左衛門と同じ今道町の窯元であった。姓は小林であり、佐賀の武士出身と伝えられている。澤野久雄・宇野三吾氏は『日本のやきもの　6京都』のなかで「錦光山、明暦年間（一六五五～一六五七）肥前有田の人。壺屋久兵衛（茶碗屋久兵衛か）、仁清と図り、彩金描画の陶瓷を作る。二代養子、正保二年鍵屋徳右衛門（三文字屋清右衛門弟子）錦手式の器を作り錦光山と号した」[19]と述べている。仁清が作陶を始めた時期は寛永年間から正保の頃といわれているので、仁清の在世時代に、彩金描画の陶器をつくったのであれば、その頃、陶業に従事したことになる。

ところで、錦光山窯の創業は正保二年（一六四五）といわれている。私の祖父である七代錦光

山宗兵衛が明治十八年（一八八五）の五品共進会に際して京都府に提出した『明治十八年五品共進会解説』の出品解説のなかで、「粟田焼ノ産業タルヤ慶長年間ノ頃ヨリ始リ、弊家ノ祖先土焼器物ヲ創業ス、去今二百三十有余年、則正保二年粟田焼窯ヲ築キ、元禄六年癸酉年鍵屋徳右ヱ門尚土焼ノ器物ヲ営業ス、以来続テ製造シ、延享年間三代同茂兵衛、宝暦五年□徳川将軍家ヨリ御茶碗試製被仰付則調進ス、而シテ翌六年丙子正月ニ到リ、右将軍家御用拝命シ□則錦光山ト称ス」[20]と創業の時期を正保二年と明記している。また吉田堯文氏も「また古伝に依れば、錦光山の初代及び宝山の先代文蔵は正保二年、帯山の初代は延宝年間、何《いず》れも仁清の在世時代であるが、粟田に製陶を創めたと伝える」[21]と述べている。

ここに謎が生じる。「初代」鍵屋徳右衛門は先に述べたように元禄六年（一六九三）に生まれたとされており、彼が錦光山窯の開窯者であるならば、創業の時期である正保二年（一六四五）以前に生まれていなければならない。なぜ、開窯時期と鍵屋徳右衛門の誕生の時期にずれがあるのだろうか。

この点に関して私は家系図の冒頭に出てくる鍵屋徳右衛門の前に、鍵屋徳右衛門なる人物が少なくともひとり存在していたのではないかと考えている。というのも、先に述べたように澤野久雄・宇野三吾氏の前掲書のなかで「仁清と図り、彩金描画の陶瓷を作る。二代養子、正保二年鍵屋徳右衛門（三文字屋清右衛門弟子）錦手式の器を作り錦光山と号した」と、鍵屋徳右衛門は二代であり、かつ養子であると記されているからである。このことから一代目の鍵屋徳右衛門がいた可能性があることになる。もし鍵屋徳右衛門が元禄六年に生まれた一人しかいなければ、一七一〇年代に編纂されたといわれる『京都御役所向大概覚書』に登窯・素焼窯の両方を所持している窯元にまではなれなかったであろう。というのも、一七一〇年代といえば彼はまだ二十代であり、伝統と格式を誇る粟田において二十代の陶工が一代で窯元になるのは不可能と思われるからである。まして彼は『京都御役所向大概覚書』では粟田焼発祥の地、今道町で窯元として三番目に名前が記載されている。これは彼の前に先代がいて、それなりの実績があったからこそではないだろうか。なぜ家系図には鍵屋徳右衛門の前の代が記載されていないのかという点については、「二代」鍵屋徳右衛門が他家からきた養子であったことなど、何らかの理由によって記載されなかったものと考えられる。

錦光山窯の開窯時期

この点に関連して注目されるのが、安政二年（一八五五）編纂の田内米三郎著『陶器考附録[22]』のなかで「つぼや六兵衛」が宝暦九年（一七五九）に「京焼物初め之事」として次のような一文を記していることである。

御室ニ清兵衛と申内焼師御座候、後仁和寺之仁之字被下、清兵衛ニ仁之字を付、仁清と申候、先祖九郎兵衛相談致し、京焼と申焼出し申候、其弟子ニ庄左衛門・助左衛門と云者押小路焼《おしこうじやき》江出焼物致し、是を押小路焼と申候、夫より弟子、徳右衛門と申(後略)

ここで、つぼや六兵衛は、仁清在世の時代に庄左衛門・助左衛門の弟子に徳右衛門という者がいたとしている。

また同書の「山城」のなかで、「粟田焼　元和寛永ノ頃九右衛門ト云モノ専ラ西洋風ノ焼モノヲヤク是粟田焼ノ初トイフ其比ノ土取道ヲ今ニ九右衛門ノ図子ト云錦光山宝山帯山東山ナト云ハカマノ名ニテ焼人ノ名ニハアラス」と記されている。

これによると、元和寛永(一六一五~一六四四)の頃に粟田焼の元祖である三文字屋九右衛門が粟田焼を焼出し、その弟子筋に錦光山という窯が存在していたことになる。さらに澤野久雄・宇野三吾氏が「寛永年間尾張の瀬戸より九右衛門という人蹴上に参り、陶器を焼いた。これが粟田焼の元祖で、その子庄右衛門と弟子の徳右衛門とが焼物を作りしが、印は草書の粟田の印を捺したという」(23)と述べている。三文字屋九右《左》衛門が最初に粟田に開窯したのが寛永元年(一六二四)であるから、その息子の庄右衛門と一緒に焼物を焼いていたとするならば、錦光山窯の創業時期が正保二年(一六四五)であってもそれほど不自然ではないであろう。なお、錦光山家の菩提寺《ぼだいじ》である超勝寺に「宝暦五年(一七五五)八月二十五日　錦光山徳右衛門」と記された墓石がある。しかし、家系図では鍵屋徳右衛門は明和七年(一七七〇)に没したことになっており、この鍵屋徳右衛門がどの徳右衛門を指しているのか定かではない。

二代鍵屋茂兵衛はいつ没したのか

便宜的に家系図に記載された順に代を記していくことにすると、次は二代鍵屋茂兵衛《もへえ》となる。家系図には、

鍵屋茂兵衛
　享保三戊戌年四月五日誕生
　延享三寅年二九歳家督相続
宝暦五年徳川将軍家ヨリ御茶碗試焼被仰出則調進翌六年丙子正月初而御用拝命依而改称錦光山□宝暦九年卯七月十五日死寿四十二歳法名楊岳柳仙信士従前幕府御用勤来候

今道町陶工九左衛門江被下附置候近江国野洲郡南桜村土取場被下置相用来候偏不勝手
二附宝暦八年寅年幕府江奉返上

と記されている。二代鍵屋茂兵衛は亨保三年(一七一八)に生まれ、延享三年(一七四六)二十九歳の時に家督を相続し、宝暦九年(一七五九)年に四十二歳で没したことになる。また宝暦五年(一七五五)に九代将軍徳川家重より御茶碗の試焼を仰せつかって献上し、翌宝暦六年(一七五六)正月、将軍家御用御茶碗師を拝命し、錦光山と改称したとされる。『関西之実業』所収の「京都の錦光山」によると「茂兵衛氏の代に幕府の御用達となり、錦色燦爛《さんらん》とした見るも見事な絵模様の陶器を納めたのでその時から特に錦光山の姓を与えられこれを称するに至った」[24]と記されており、先の蜷川式胤著『観古図説』の「錦光山ハ作ル処ノ陶器錦ノ光リノ如シ」と符合し、この頃、富裕な町人層の台頭を背景に、華麗な金彩の古清水風の陶器をつくっていたものと思われる。

ところで、なぜ二代鍵屋茂兵衛は、将軍家御用御茶碗師であった三文字屋九左衛門に代わって将軍家御用御茶碗師になったのだろうか。その経緯については『本朝陶器考証』の「山城国粟田焼之義」に次のように記されている。[25]

延享二年正月十一日御境内御茶盌師九右ェ門義近年身上甚以不勝手に相成、借金等多分有之候に付、家相続相成りがたく候故、公儀御用御茶盌株御断り申上、甥伊右ェ門と申者江御用株相譲り、勤させ度旨、江戸表御茶道頭へ奉願候処、京町御奉行所江、御茶道頭より通達有之候哉、九右ェ門御呼出し、段々訳合御吟味之上、何卒家相続之工面も無之哉と、御尋有之候に付、段々不如意之訳申上候得故、何卒拝借金相願候様、内々御差図有之趣に候故、願書指出し候旨申出る
右之趣旧記留書有之候得共、九右ェ門性筋ハ不相分、後年追々同職之者相増し宝暦八九年之頃凡二十軒斗リ有之是ハ重ニ世用之土瓶茶盌其外雑品を焼出し候、志かるに九右ェ門義追々身上不如意、御用之御茶盌品物品柄、年々出来廉末に付

これによると、三文字屋九右衛門家は、延享二年(一七四五)に至ると窮乏し、公儀御用御茶碗株の返上を申し出て、その時は江戸表から借金をして急場をしのいだが、その後も窮状から脱することができず、御用茶碗の品物、品柄が粗末になっていった。そこで同書によると、

惇信院様御代、宝暦五亥年、粟田口茶盌師ども御調べ有て、其時青蓮院宮御用陶工錦光山事、鍵屋喜兵衛、岩倉山事、錺屋吉兵衛之両人江、同六子年より、右御召御茶

盌被仰付

二代鍵屋茂兵衛「錦光舎柳仙」の墓（京都　超勝寺）

と、記されており、宝暦五年（一七五五）粟田口焼の諸窯元を調べて三文字屋九右《左》衛門家に代って、青蓮院宮御用陶工であった、錦光山こと鍵屋喜《き》兵《へ》衛《え》、および岩倉山こと錺屋《かざりや》吉兵衛が宝暦六年（一七五六）に将軍家御用御茶碗師の地位につくことになったとしている。この点に関して岡氏は「十八世紀前半に古清水色絵を完成させた。それが粟田口窯場における新興窯元の製品における新機軸であり、それをひとつの手段に錦光山や岩倉山などが十八世紀中期に三文字屋に代わって台頭していった」[26]と推測している。

先に述べたように、家系図では二代鍵屋茂兵衛が将軍家御用御茶碗師を拝命したと記されているのに対し、『本朝陶器考証』では錦光山事、鍵屋喜兵衛が任命されたと記されている。事の真相は不明であるが、二代鍵屋茂兵衛は、家系図では宝暦九年（一七五九）七月十五日に四十二歳で没したとあり、この点を錦光山家の菩提寺である京都の超勝寺の御住職井ノ口泰道氏に過去帳で確認していただいたが、やはり家系図と同じく宝暦九年卯七月十五日没となっていた。

しかし、この茂兵衛没年については、京都の名所旧跡を研究した文献である『京都坊目誌』には「錦光山茂兵衛之墓、超勝寺門前町超勝寺にあり、名は柳仙、粟田の陶工なり宝暦五年八月十八日没す、孫宗兵衛ノ墓傍にあり」(27)と異なった没年が記されている。実際、超勝寺には、いまも六代、七代宗兵衛が眠っている錦光山家の墓の前に「錦光舎柳仙」と記された二代鍵屋茂兵衛の小さな墓がぽつねんと立っており、墓石の側面には「宝暦五亥歳八月十八日」と刻まれていて、『京都坊目誌』の記録と一致する。もしこの墓の没年が正しければ、将軍家御用御茶碗師を拝命したのは二代鍵屋茂兵衛ではなく、三代錦光山喜兵衛ということになるが、家系図では三代錦光山喜兵衛は宝暦四年(一七五四)の生まれであるから、当時三歳の子供であり、『本朝陶器考証』の記録とも大きな矛盾が生じる。しかし、私には解きえないことであるのでいまは謎のままにしておこう。

三代錦光山喜兵衛と寛政十一年の「定」

次に三代錦光山喜兵衛のことを述べると、幼名を安兵衛といい、通称徳右衛門と名乗っていたという。宝暦四年（一七五四）に生まれ、文化三年（一八〇六）に五十三歳で没している。家系図には、将軍家御用御茶碗師を拝命した折に錦光山と改称したことからか、錦光山喜兵衛と記されている。彼の在世時代の宝暦十二年（一七六二）に刊行された『京町鑑《きょうまちかがみ》』の「今道町　東町」には「此町南側中程に仏光寺御門跡御墓《はか》所の入口の門有此辺粟田口焼とて陶器《とうき》の名物有南側に錦光山《きんこうざん》という御陶器師居宅有」[28]と記されている。これを見ると、十八世紀半ばには、将軍家御用御茶碗師となった岩倉山吉兵衛とともに、錦光山は粟田焼を代表する窯元になっていたものと思われる。また時代が下って寛政五年（一七九三）には、三代錦光山喜兵衛が薩摩の陶工である星山仲兵衛、川原芳工に錦手《にしきで》の技法を伝授したといわれている。前掲の『粟田焼』によると「尚、錦光山宗兵衛《ママ》伝習説。多くの文献は『寛政年間島津斎宜工人に命じ、白瓷《はくじ》に金襴《きんらん》の糸紋を着けしむ。世人の賞玩《しょうがん》する錦手之なり』と説明している。こは寛政五年星山仲兵衛金臣が川原十左衛門芳工と共に、京都粟田窯の錦光山宗兵衛《ママ》より伝授して、金附を始めた起りで、最も文献も判然しているものである」[29]と記されている。これに関連して私が平成十六年（二〇〇四）、鹿児島の「島津家磯お庭焼窯（有）磯お庭焼」を訪れた時に、工場長の藤崎隆氏と面談し、八重貫入の器を見せていただいた。

その際に、三代錦光山喜兵衛が錦手技法を伝授したことを年表で確認させていただいたことを付け加えておきたい。なお、三代錦光山喜兵衛の法名は豊岩良寿禅定門といい、二代鍵屋茂兵衛の墓石に刻まれているので、父と同じ墓で眠っているのであろう。

ここで、江戸時代中期から後期に移る時期の粟田焼の様子を見ておきたい。私の手元に寛政十一年(一七九九)十一月付の「粟田口焼窯元・窯焼仲間　定」(30)(雲林院寶山《うんりんいんほうざん》文書)の写しがある。この史料は、平成十九年(二〇〇七)八月二十五日に粟田焼ゆかりの陶家で現役の陶芸家であり、粟田焼のことをいろいろ教えてくれた二十代雲林院寶山氏の泉涌寺《せんにゅうじ》のお宅を訪問した際にいただいたものである。

定

一、近年仲間猥ニ相成弟子奉公人等取〆《しま》り悪敷《あしく》、殊更右体之御触も在レ之候事故、此度竈元《かまもと》中申合、左之名前之内より年寄壱人相極メ、仲間一統之取〆いたし候。然ル上ハ、向後新竈築候儀は相成申間敷候事。

寛政十一年

未ノ十一月

竈元　岩倉山吉兵衛(印)

宝山安兵衛(印)

錦光山喜兵衛(印)
暁山忠兵衛(印)
錦光山嘉右衛門(印)
宝山平兵衛(印)
帯山与兵衛(印)
洛東山治兵衛(印)

右従㆓竈元中㆒仲ケ間中之取〆之儀、御定被㆑下候段、一統承知仕候。依㆑之連判如㆑件。

帯屋吉右衛門(印)
高嶋屋佐兵衛(印)
白木屋与兵衛(印)
一文字屋太兵衛(印)
茶碗屋文蔵(印)
一文字屋喜兵衛(印)
鍵屋源七(印)
美濃屋源太郎(印)
一文字屋佐兵衛(印)

丸屋吉兵衛（印）
一文字屋藤三良（印）
銹屋源兵衛（印）
帯屋久太良（印）
銹屋伝兵衛（印）

この「定」によると、近年、窯元の弟子、奉公人に対する取り締まりが悪くなり、いろいろと問題を起こすようになったので、窯元が申し合せて年寄を一名選び、新窯築窯を厳しく禁じる旨が記されており、窯元と焼屋が連名で署名、捺印している。また、粟田の窯元として八名、その他焼屋中を構成している陶家が十四名ほどおり、計二十二名で粟田の仲間組織である「焼屋中」が結成されていたことがわかる。

十八世紀末の粟田焼

中ノ堂一信氏によると「これより粟田口焼の焼屋中の組織はすでに寛政十一年には窯元（登窯

を所有する陶家）を中心に結成されていたことが知られ、粟田口焼での量産体制が整備されるとともに新規にこの地へ流入する陶家が増加して仲間組織の膨張をきたしていたことがうかがえる。またその運営もこれまでは窯元の合議制にもとづきとくに定まった世話人、責任者も置かれていなかったようであるが、組織の拡大とともに陶家相互間の競合も激しくなってきたため『年寄』一人を選出することが定められている」と述べている。(31) 十八世紀に粟田焼が大いに発展するにともない、新規参入者も増え、また倅《せがれ》分家や奉公人別家など利害関係が複雑になるなかで、既存の窯元・焼屋が既得権益を守るために年寄や年番などの役職を設け、取り締まりを一層強めようとしたのではないかと思われる。

さらに、「定」に出ている窯元のなかで、将軍家御用御茶碗師を勤める錦光山喜兵衛、岩倉山吉兵衛、また雲林院寶山氏のご先祖であり、水戸徳川家、因幡池田家、加賀前田家などの諸侯方館入御用の窯元陶家である宝山安兵衛、さらに禁裏御用職の地位にあった帯山与兵衛《たいざんよへえ》などは粟田を代表する窯元であり、粟田焼の陶家が十八世紀末の京焼界にあって最も勢力を誇り、興隆を極めていたことがうかがえる。享和二年（一八〇二）五月から八月にかけて、京・大坂・伊勢地方を旅した曲亭馬琴は、その旅行記『羇旅漫録《きりよまんろく》』のなかで「京都の陶は、粟田口よろし。清水はおとれり」と書いており、江戸時代中期から後期のこの時期、粟田焼の評判がとりわけ高かったのであろう。

なお、吉田堯文氏は焼屋中の仲間組織に関連して「粟田の陶工は青蓮院宮に御出入を差許される事を名誉としたのであり、木米仁阿弥等も皆然りであった。それから青蓮院の御用窯と云う制度があった。始めは錦光山へ御用の懸札《かけふだ》を預けられたが、文化二年八月に宝山、帯山、岩倉山、錦光山、暁光山等より御出入を願い、かつ先年錦光山へ預けられた御用の懸札と新たに高張提灯一つを仲間へお預け願い、仲間の年番がこれを保管して、その代りに年頭と八朔《はっさく》に平茶盌五十宛差上げ、また係りの役人へ茶瓶の類を納める事を願い出て、その通りに差許され、丁度粟田の陶工の組合の様なものであった(32)」と述べており、文化二年(一八〇五)に錦光山だけでなく他の陶家も青蓮院宮の出入りを許されたことがわかる。なお錦光山や岩倉山、宝山、帯山などは山号と呼ばれ、屋号とは別であり、十八世紀から登場してくるといわれている。また「定」の窯元のなかに錦光山嘉右衛門という名前があるが、この錦光山嘉右衛門とわが錦光山家とどのような関係があるのかわからないものの、金田真一氏は「いま、三条通りの東、西の裏通の諸寺院に名窯粟田口の名を轟かせた名工の墓がある。金剛寺には雲林院宝山、城安寺には錦光山、岩倉山、帯山、ビルの谷間にある超勝寺には錦光山、宮永東山たちが眠っている(33)」と述べており、錦光山嘉右衛門の墓は京都三条通の城安寺にあるとされている。

粟田と五条坂の大抗争

伝統の粟田と新興の五条坂

四代鍵屋喜兵衛は家系図によれば天保三年(一八三二)九月に五十歳で没している。逆算すると天明二年(一七八二)に生まれたのであろう。この四代鍵屋喜兵衛には、寛政四年(一七九二)生まれの十歳年下の鍵屋與兵衛《よへえ》という弟がおり、ともに将軍家御用御茶碗師をしながら家業に従事していたと思われる。だが文政六年(一八二三)、彼ら兄弟に不運が襲う。その年、洛東岡崎の土地を五条坂の陶家が買い占め、粟田との間で「五条坂粟田焼出入一件」といわれる大抗争が起きたのである。

なぜ、同じ洛東の窯業地である粟田と五条坂との間で抗争が起こったのだろうか。それを理解するためには、粟田と五条坂との違いを知る必要がある。

まず、五条坂というのは東山の五条坂界隈の窯場のことで、「荒物」といわれる日用雑器を焼き出していた。文化年間(一八〇四~一八)に苦心して磁器の技術を導入し、染付の磁器をつくりはじめ、それ以降、新興勢力として急激に台頭していた。京都の窯業界にとって、磁器は硬くて割れにくいうえに白く清潔感があり、煎茶器のみならず食器として優れた新しい器材であり、五条坂の陶家は、いわば「材料革命」の波に乗って勢いを強めていったのである。また五条坂の登窯は、四、五人の陶工が協同で利用する寄り合い窯であることから新興の陶工が参入しやすく、それだけ人の出入りも盛んであり、これが新興の気風を強め、勢いに拍車をかけていた。

一方、粟田は、「上物」といわれる華麗で優雅な趣のある高級色絵陶器を製造していた。先にも述べたように、粟田では領主の青蓮院御用だけでなく、鍵屋喜兵衛家や岩倉山吉兵衛家のように将軍家御用、また帯山与兵衛家のように禁裏御用、さらには雲林院寶山家のように諸大名御用を勤める陶家が多く、伝統と格式を誇る既成勢力の牙城ともいえる存在であった。また、「雲林院寶山文書」にみられるように、粟田では登窯を持った窯元の力が極めて強く、彼らは登窯を持っていない陶家を含めて焼屋中という仲間を組織し、そのなかから年寄一名を選び出し、既得権益を守るために新規参入を排除し、登窯の新築などを厳しく取り締まっていたのである。

五条坂の陶家にしてみれば、粟田の陶家というのは、皇族の子弟がその法統を伝えている門跡寺院青蓮院の威光を背景に、既得権益に安住している守旧派であり、誇りだけ高い、鼻持ちならない連中に見えていたのではないだろうか。新興勢力の五条坂が、既存秩序を守り抜こうとしている粟田に対して、その本丸である高級色絵陶器をつくることによって、いわば既存秩序を破壊しようと攻勢をかけたのが「五条坂粟田焼出入一件」の背景であるといえる。

抗争の発端

私の曾祖父、六代錦光山宗兵衛は、まさに粟田と五条坂の抗争が起きた文政六年(一八二三年)四月八日、四代鍵屋喜兵衛の弟である鍵屋與兵衛の子として生まれた。幼名は文三郎といい、天保八年(一八三七)、十五歳で家督を相続することになる。だが、六代宗兵衛の話を進める前に、伯父の四代鍵屋喜兵衛と実父の鍵屋與兵衛が五条坂との抗争のなかでどのような運命をたどっていったのかを見ていきたい。私にはこの抗争とその後の鍵屋の運命が、六代宗兵衛に大きな影響を与え、彼の行動に影を落としているように思われるのである。

「五条坂粟田焼出入一件」だが、この騒動を記録した「五条坂粟田焼出入一件録(34)」が、茶道資料館編『茶の湯と京焼 II』に全文翻刻されたものが収載されているので、それに従って述べていきたい。

出入りの発端は、五条坂の陶家が粟田の腕の良い職人喜助を引き抜いて焼物をつくりはじめたことという。粟田では急いで喜助を引き戻そうと、仲間が寄り合い対応策を協議し五条坂と交渉したが、交渉は一向に進展せず、そのまま時が過ぎていったという。そのうちに今度は陶土の売買問題が起こった。粟田の陶家の一文字屋忠兵衛が、いろいろ身勝手なことをするのに腹を立てた粟田の陶家や岡崎の土取り扱い業者が、岡崎土の上土を五条坂の陶家へ売り払うという事件が起きたのである。以後、五条坂の陶家が岡崎の土を買い占めるようになり、岡崎土は専ら五条坂へ売却されるようになったという。粟田では『本朝陶器考証』によると、元禄十年（一六九七）に幕府に願い出て、江州野洲郡南桜村の山を給わり土取場として使用していたが、その地が粟田から十里余りと遠く不便であったことから、宝暦八年（一七五八）に幕府に返上し、その後粟田の近くの岡崎の土を使うようになっていた。粟田の陶家にとっては、真如堂や泉涌寺、日岡などのほかの土が入手できるので直ちに製作に不自由したわけではないが、元来自分たちが使ってきた本丸ともいうべき岡崎の「上土」を買い占められたことは大きな問題であった。というのも、五条坂の陶家が、引き抜いた粟田の職人と岡崎の土を使い、粟田焼と同じような製品をつくりはじめれば、粟田の陶家は大きな打撃を受けることになる。

粟田が恐れていたことは杞憂《きゆう》ではなかった。翌文政七年（一八二四）、五条坂は粟田焼と同じものを焼き上げて売り出しはじめたのである。それだけでなく、五条坂は、金を前貸しするやり方で粟田の職人を引き抜きにかかった。その結果、四代鍵屋喜兵衛家でも利介など細工人、絵書き、裏雇人まで引き抜かれる事態となった。粟田は五条坂と職人の引き戻しについて再三交渉を重ねたが、そのまま物別れになったという。そうこうしているうちに、五条坂焼物問屋から五条坂でつくられた粟田焼は上出来であるから、粟田でつくる焼物の値段を下げ、また「火入」や「茶碗」など利幅の少ない品物だけを製造すればよいと要求してきた。このため粟田は、これまでつくってきた高価な品は製作できなくなり、値段も下落、利幅の薄い品物しか注文がこなくなり、憂慮すべき事態となったのである。

焼物問屋を巻き込んだ攻防

こうした状況のなかで、このまま五条坂が「粟田焼似寄りの品」をつくり続ければ、苦境に陥る恐れがあると頭を痛めた粟田は、七月二十八日、年番であった四代鍵屋喜兵衛の家に集まって協議したという。そこで粟田は、粟田の製品には「粟田」と銘を焼き付けるとともに、五条坂が「粟田焼似寄りの品」をつくらないように申し入れた。また五条坂の焼物問屋に五条坂の「粟田焼似寄りの品」を買わないように頼み、もし五条坂の問屋のなかで「粟田焼似寄りの品」を買う問屋があれば、その問屋には粟田の製品は売らないことを取り決めて、五条坂の焼物問屋の代表である美濃屋太兵衛に申し入れたのである。

当時、五条坂の焼物問屋は、江戸、大阪をはじめ諸国へ売りさばく「積問屋」と、地元の京の市中へ売りさばく「地売問屋」とに分かれており、この粟田の申し入れに対して、十五軒の「積問屋」と五軒の「地売問屋」の合わせて二十軒の問屋は同意したものの、残りの十二軒の「地売問屋」はこれに同意せず、五条坂の焼物問屋は仲間割れを起して二派に分裂したのであった。十二軒の「地売問屋」を味方につけ強気になった五条坂は粟田に味方した焼物問屋には五条焼を売らないと言ってきた。それで粟田に味方した焼物問屋は一計を案じ、逆に粟田で五条焼の「荒物」をつくってくれれば、五条坂も困って「粟田焼似寄りの品」の製作を中止するのではないかと提案してきたのである。粟田の陶家は、五条坂の問屋がなぜそんな提案をしてきたのかと訝《いぶか》りながらも、これまでの経緯もあり、それまで「荒物」と蔑《さげす》んできた五条坂の磁器製品をつくることに渋々同意したのである。

　このあたりの事情はわかりにくいところだが、『京都の歴史6』によると「粟田側の方は、この提案が『問屋方之内々計略』であることは承知していた。五条職方の亀屋熊次郎に粟田焼をやらせたのも、問屋の美濃屋太兵衛が金子を前貸にしてのことであったからだ。しかし、粟田側としては、問屋側も意見が分裂しているし、粟田焼の不売通告はこちらで出したことであるから、五条焼の『荒物』づくりをやると返事した」[35]と記している。

　また、佐藤節夫氏は「もともと五条坂では粟田焼に似た品物が作られていたが、本来の粟田産と比べて品質が悪いので値崩れがして商売の邪魔になることがあった。粟田産は数が少なく、問屋は多く利益を得ることができた。それが五条坂で作られる粟田焼が多くなってから口銭が少なくなってしまった。五条焼は値段の安い荒物であるから商う者が多く口銭も薄いが、そのかわりに諸方から発注があった。それが五条坂で粟田焼を作るようになったために五条焼が品薄となり、粟田焼は供給過剰で、ますます値段が下ってもうけが少なくなったのである」[36]と述べており、粟田と五条坂の陶家や焼物問屋の間でもいろいろ利害が入り乱れていたことがうかがえる。

窮地に立たされる四代鍵屋喜兵衛

粟田の陶家は、焼物問屋に頼まれて五条坂の「荒物」をつくることになったが、その時に白羽の矢が立ったのが四代鍵屋喜兵衛であった。それというのも、彼はその年の粟田の焼屋中仲間の役員である年番であっただけでなく、新窯も築いていたのである。後に詳しく述べるが、四代鍵屋喜兵衛は前年の文政六年、登窯の傷みがひどくなって将軍家御用にさしさわりが懸念されたのか、粟田今道町に隣家の鍵屋源七家と共同で本窯の登窯を新築したのであった。費用は江戸表から金子三十両を借りていた。さらに鍵屋喜兵衛は当時隆盛を極めていた一文字屋忠兵衛から鍵屋源七と連名で八十三両を借りたという。新しい登窯は、長さ五十尺(約十五メートル)、幅一丈七尺(約五メートル)ほどあり、内部は九室に分けて造られていて、膨大な費用がかかったのであろう。

その頃、粟田では五条焼の技術を心得ていなかったので、五条焼をつくるといっても、当座は損を覚悟しなければならず、粟田はあまりやりたくはなかったが、四代鍵屋喜兵衛は自窯で五条焼をつくる準備を進めていったという。その一方で、四代鍵屋喜兵衛以外の粟田の陶家も、五条坂の焼物問屋の提案に従って、五条焼をつくる準備に取り掛かるのであるが、五条焼の技術不足を補うために、粟田と仲のよかった清水の陶家に頼むことになった。清水の陶家は、清水坂には焼物に適した土がなかったこともあり、伏見深草などの土を調べたり、新窯を築く準備を進めたり、明石や姫路に出かけて新しく細工人を雇ったりと準備を進めたが、立地条件が悪く築窯ができないなど、いろいろと障害が生じて思うようにいかず暗礁に乗り上げてしまう。

行き詰まった粟田の陶家が、公儀へ願い出て五条坂の粟田焼をやめさせる方法はないかと、領主である青蓮院にお伺いを立てたところ、青蓮院御蔵所の沙汰《さた》は、粟田がいずれ公儀へ訴えて五条坂の粟田焼をやめさせるつもりならば、公儀から水かけ論と言われないためにも、まず粟田で五条焼をつくるのをやめるようにというものであった。この沙汰により四代鍵屋喜兵衛は自窯で五条焼をつくることは中止し、それまでの準備がすべて無駄になったのであった。その後、妙法院が焼物問屋と五条坂陶家との調停に乗り出したものの、五条坂は粟田焼をつくることをやめると言わず、文政七年九月一日、粟田は東奉行所に訴え出る。奉行所は粟田、五条坂の双方を呼び出し取り調べたが、九月十五日頃、粟田の訴訟人のひとり、茶碗屋平兵衛（雲林院寶山氏のご先祖）が病気で倒れてしまう。

こうした状況のなかで、将軍家御用を勤める岩倉山吉兵衛と四代鍵屋喜兵衛が、御用の取次役である名越弥右衛門にこれまでの経過を話したところ、名越弥右衛門は五条坂の粟田焼をやめさせるよう自分が奉行所に願い出ることにしようと言う。というのも、四代鍵屋喜兵衛は窯普請をした際に江戸表から金子三十両を借りており、五条坂の粟田焼を中止させないと、その借金の返納にも支障が出るという願書を奉行所に出すことにしており、名越弥右衛門はこの願書に押印し、西奉行所の与力衆に働きかけを行うことを約束したのであった。「五条坂粟田焼出入一件録」には、「鍵屋喜兵衛困窮ニ付当春竈普請之儀申立、江戸表ゟ《より》金子三十両前借いたし候儀有之、左様之事右之趣ニ而ハ右金子返納ニも差支、又者御用之土何か万端差支ニ相成可申様之願書也」と記される。こうして名越弥右衛門が西奉行所に出頭し、四代鍵屋喜兵衛が幕府の御用にもさしさわりが出ている現状を訴えたが、奉行所は今度の一件とは別問題であるとして、これが解決した後に再度出願するようにと願書は返されたのであった。

奉行所の仲裁と和解——粟田の敗北

その後、粟田と五条坂から西奉行所へ出頭して、東西両奉行の前で対決することになった。その場で五条坂は、五条坂では往古から粟田焼は焼き出しており、粟田よりかなり古く、最近まで中断していただけだと主張したという。そこで奉行所が五条焼の開始時期を尋ねたところ、五条坂は承応年間（一六五二〜五五）と答えた。さらに五条坂は、この頃はどんな品物でも注文があれば焼き出しているので繁昌している。もちろん五条焼がどこでどれほどつくられようとも一向にかまわない。また粟田焼のほかにも唐物の偽物もこしらえているので粟田からこのような訴えを起こされるのは心外であると述べたという。一方、粟田からは病気の茶碗屋平兵衛に代わって、四代鍵屋喜兵衛が出頭したが、奉行所からの粟田焼の開始時期についてのお尋ねには、返答ができなかったという。

そこで困った粟田の陶家は粟田焼の開始時期を調べるために、青蓮院宮に古記録の提出を願い出て、「元禄十一年の書留」と御茶碗師九左衛門の子孫が経済的に行き詰まった際に奉行所の指図により江戸表から金を借りた経緯を記した「江戸表金子拝借致候節之御書」を借り出したのであった。それによると粟田で九右《左》衛門が粟田焼を始めたのは、五条坂が五条焼の開窯時期とした承応年間よりも三十年ほど古いことがわかり、この文書の写しを奉行所に提出したのであった。

一方、その頃、粟田ではもうひとつの騒動が起きていた。十月十二日の夜、誰が仕掛けたのか、岡崎の広道で稲ワラが燃えるという不審火が起きたのである。幸い膳所《ぜぜ》火消方が出動して火を消し止めたが、その際、将軍家御用の岩倉山吉兵衛ともう一軒が素焼をしており、火消方は素焼の窯煙を見つけ、家人の説明も聞き入れずに家の中に踏み込んで荒らしまわり、延焼を防ぐと称して素焼窯や屋根まで打ち壊し、家の表と裏に消口の立札を残して帰った。甚大な被害をこうむった岩倉山吉兵衛は、西奉行所に訴え出たが、粟田では窯焼の最中、青蓮院の御紋付高張提灯《たかはりちょうちん》を表門と軒先につけるという不文律の定めがあったにもかかわらず、それがなされてないことがわかり、奉行所はそれを咎《とが》め、出訴を取り下げるように申し付けたのであった。岩倉山吉兵衛らは渋々出訴を取り下げ、この不可解な事件の真相はわからずじまいになってしまう。

粟田と五条坂の対立に苦慮した奉行所は、十月二十日、双方の陶家と焼物問屋を呼び出し、事情説明を求めたところ、五条坂側の問屋は、五条坂が粟田焼を始めたのはおよそ二十年前からで、粟田が主張する六、七年前からというのはわからないと返答した。これに対して粟田側の問屋も強く反論しなかった。そこで奉行所は、五条坂の焼物問屋に内輪もめをせずに一体となって粟田・五条坂の仲裁をするようにと命じた。十一月五日頃、粟田側に味方していた積問屋の代表美濃屋太兵衛が、粟田の代表を家に招き、この度、妙法院の仲介で五条坂と和解が成立したと伝えた。その内容は、粟田側の問屋十五軒は、これまで通り五条坂の粟田焼を一品とも買い取らず、また五条坂側の十二軒の地売問屋も皆が和解するまで、それにならうというものであり、その一礼の下書を見せた。それを見た粟田は納得して、美濃屋太兵衛に仲裁をすすめてくれるように頼んで帰っていった。ところが、その翌日、粟田側に味方していたはずの積問屋は、五条坂と和解し、五条坂の粟田焼と五条坂の「荒物」をすべて買い取るという裏切り行為をしたのであった。

それを知って驚いた粟田が真相を問いただすと、粟田側に味方していたはずの積問屋は、得意先から頼まれて仕方がなかったのだと平然と答えたのであった。それからしばらくして奉行所から仲裁役を申し付けられた五条坂焼物問屋は、五条坂が粟田焼の生産を六割に減らすという調停案を粟田側に示してきた。粟田にとっては、元来、五条坂の粟田焼類似の品自体が不当であるから、そのうちの六割の生産を認めるなどということは、とうてい承服できないことであった。しかし、奉行所の下役から、これを認めれば、これまでどおりの値段と品選びで一品も残らず問屋が買い取ると言っているのだから粟田は立派に仕事を続けて行くことができるではないかと、早く済状を出すように促され、粟田側も納得せざるをえなかったのである。粟田にとっては、奉行所の言うことは、ほとんど気休めでしかなかったが、実際問題として、ご公儀の裁決が期待できないなかで、焼物問屋の大半が、五条坂の「粟田焼似寄りの品」を買い取る意向である以上、もはや手の打ちようがなかったのであろう。そこで、文政七年十一月十九日、粟田の陶家は奉行所に済状を提出して五条坂と和解することになったのである。

力をつけていた五条坂焼物問屋

こうしてこの抗争は、粟田の陶家が一方的に押し切られるかたちで決着することになった。このため、それまで粟田が専売にしていた高級色絵陶器を五条坂が本格的に製造することになり、粟田の陶家は大きな打撃を受けたのである。なぜ、粟田はこのように惨敗を喫したのだろうか。ひとつには五条坂には粟田を追い抜こうというエネルギーがあったのに対し、粟田は職方仲間を組織し特権的地位に安住して磁器などの技術開発を怠ったことが大きいだろう。だが、五条坂の焼物問屋が流通支配権を握り、五条坂の味方をしたことも無視できないのではなかろうか。

中ノ堂一信氏によると、粟田焼の色絵陶器は大きく分けて二つあるという。そのひとつは逸品製品であり、女院御所御用、青蓮院御用、南禅寺御用、諸藩御用のもので、それらは年貢物として義務的に上納するものと問屋から特別に注文生産されるものとがあり、いずれも良質な「上物」で、数量的にも少なく、問屋側の利益が大きかったという。もうひとつは五条坂焼物問屋において諸国、市中へ売りさばかれるものであり、粟田焼の主力はこの焼物問屋を通して販売されたものであるとしている。(37)

また『京都の歴史6』でも「粟田焼にとっては、この御用品が必ずしも主流だったわけではない。もちろん御用を受けるということは、それだけ粟田焼の技術・技能といったものが、全国的にみてもすぐれたものであったことによるのだが、丸抱えの御用窯でない限りそれだけでは粟田の窯業がなり立つわけではない。数量的には、五条問屋へ送られる場合が多かったといえる。粟田焼と五条問屋との関係がいつごろから成立したかについては、明らかではないが、十八世紀後半には、少なくとも問屋側の取引き量いかんによっては、粟田の死命を制するところにきていたことは事実であった」(38)と五条の焼物問屋の力が強くなってきたことが述べられている。

富井康夫氏によると、文政五年(一八二二)の五条焼物仲間の売出高は総計一万五千九百五十両に達し、その内訳は粟田焼が最も多くて全体の約四割の六千五百両、清水と五条は合算で全体の約五割の七千五百両となっている。また売り方別の内訳は、地売(京都)が四千九百両、江戸売が四千五十両、大阪売が千五百両となっている。(39)この数字を見ると、京焼の独占的販売権を有していた五条坂焼物問屋が、いかに力をつけていたのかがわかる。この時すでに伝統と格式を誇った粟田の窯元といえども、五条坂の焼物問屋に首根っこを押さえられていたのではあるまいか。

茶陶の興隆と京焼流通の背景

ここで五条の焼物問屋がどのようにして流通支配力を握るに至ったのか、その背景を知るために京焼の流通の流れを簡単に見てみよう。中ノ堂一信氏[40]によると、茶器製作に特色を発揮していた寛永期の京焼の流通形態の特色は、『隔蓂記《かくめいき》』にみられるように、茶匠と実際に製品を取り扱う特定の茶道具商人(唐物屋《からものや》)が担っていたという。具体的には当時随一の大茶匠であった小堀遠州《こぼりえんしゅう》を後盾に、鹿苑寺《ろくおんじ》の住職、鳳林承章《ほうりんじょうしょう》に茶器を納めていた大平五兵衛であるという。というのも、初期京焼の唐物写し、高麗物《こうらいもの》写しなどの作品には、「遠州好み」のいかにも洗練された都会的な美意識で裏打ちされた「きれいさび」「きれいすき」の作風が強く反映されているとしている。さらに小堀遠州が正保四年(一六四七)に没したのち、京都の茶湯界をリードしたのが金森宗和《かなもりそうわ》であり、茶器においても「姫宗和」と称せられる優美さを兼ねそなえた宗和好みの茶陶が賞玩され、それを焼造したのが野々村仁清《ののむらにんせい》の御室焼《おむろやき》であったという。そして金森宗和を斡旋者として注文生産の形態をとって売買されたとしている。

そして中ノ堂氏は、金森宗和の死によって室町時代の村田珠光《むらたじゆこう》、武野紹鷗《たけのじようおう》、そして千利休、古田織部《ふるたおりべ》、小堀遠州、金森宗和と続いてきた茶匠による茶湯道具の斡旋の時代が終わりを告げ、先人の茶風を継承する茶の宗家による家元制度の成立とともに、茶湯が特定の茶人の間に限定されていたものから、江戸時代中期の都市における町人階層の台頭を背景に、新たな大衆化の方向へ向かったと述べている。この変化は茶湯数寄者《すきしや》を背景として発展をとげてきた京焼のあり方にも大きな変化をもたらし、明暦二年（一六五六）の金森宗和の死後、「町売」の時代が始まったとしている。具体的には、仁清の嫡男清右衛門が主宰者となっていた御室焼、さらには尾形乾山《おがたけんざん》の「乾山焼」は町売の時代のなかで開花した京焼であるとしている。中ノ堂氏は、「乾山焼」により仁清陶の典雅とも称しうる「京風」とはまた異なる明るい華やかさと雄渾《ゆうこん》さ、そして異国趣味的な色調をも兼ねそなえたもうひとつの「京風」が伝統のうえに付加されたと述べるとともに、新しい時代への対応は、ひとり乾山焼のみで行われたのではなく、粟田口焼、音羽焼など東山山麓の諸窯の陶家の間でもその努力は行われていたと述べている。

このように中ノ堂氏は、町売の時代を迎えると、京焼生産地のなかで粟田、清水、五条などが発展をとげ、色絵陶器が量産されるようになり、京焼が全国的な規模で展開される商品流通のなかに組み込まれていくことになり、焼造された京焼を買い取り、諸方に売りさばいていったのが、天明二年(一七八二)に結成された京焼の地場問屋「五条焼物仲間」であったと述べている。

焼物問屋の支配

先述した富井康夫氏が分析した、文化十年(一八一三)の五条焼物仲間の「仲間定法」によると、仲間の新規加入の条件は倅《せがれ》分家と奉公人別家に限られ、しかも加入するには全会一致が要求されるという強い閉鎖性をもっていたという。また仲間の取引では、せり売りの禁止、他の問屋の注文品の抜け買い禁止、値の下げ売りの禁止という五条焼物仲間の不正行為の禁止が厳格に取り決められており、問屋相互の競合にもとづく乱売を強く規制していたという。また下職直売・仲間外の営業の禁止、さらに売掛金未収による取引停止の販売先には仲間一統商売しないという一項が設けられていた。これらは、五条焼物仲間が仲間組織そのものを強固に維持、運営することによって京焼の諸国、市中での販売権の独占という特権的な利権を頑《かたく》なに守ろうとしていたことを示すものといえよう。さらに富井氏は、五条焼物仲間は陶家を丸抱え(これを窯立という)にし、品位の選別や買い叩きによって、対焼屋支配を強めていたと指摘しているが、五条焼物仲間は、仲間以外の問屋、商人たちと窯元陶家との直取引を禁止し、また粟田焼、清水焼、五条坂焼の逸品を注文生産させて売りさばくという特権を有し、京焼陶家に対する絶対的な支配力を確保していたと述べている。(41)

それでは、なぜ五条坂焼物問屋が五条坂の陶家に味方したのであろうか。それは先述の『京都の歴史6』のなかで「問屋方之内々計略」と書かれているように、五条坂焼物問屋は、金を前貸しして五条坂に粟田焼を焼き出させたり、五条坂が苦境に陥った時にひそかに金を貸してやったり、さらに五条坂がつくる粟田焼を一品とも買い取らないという一札を粟田の陶家に見せておきながら翌日には買い取るなど、マッチポンプのようなことをしており、この抗争は五条坂焼物問屋の計略で引き起こされた可能性は否定できないのではないだろうか。いずれにしても、流通支配を強めていた五条坂焼物問屋が、既成勢力の牙城であった粟田を切り崩すことによって、価格支配力を強め、利潤を増大させようとしたのではないかと思われるのである。

先にも述べたように、「上物」といわれる粟田焼の高級色絵陶器は富裕層からの注文も多く、それを扱う問屋の口銭も大きかったが、その分、仕入れ値も高く数も多くなかった。それに対して、五条焼は「荒物」といわれる値段の安い日用雑器であるから、口銭も薄いが、その代わり諸方から注文があり、扱う数量は粟田焼をはるかに上回っていた。そこで、五条坂が粟田焼をつくり出せば、五条坂焼物問屋は仕入れ値を安くでき、おまけに数量も増やすことができる。

実際、五条坂焼物問屋は、五条坂が粟田焼を製造しはじめると、粟田の陶家に対して値下げを要求しただけでなく、製品の生産まで口出ししたのである。

ただ、五条坂焼物問屋にも多少の誤算はあったようだ。それは、五条坂でつくられる粟田焼が多くなって供給過剰となり、あまり儲からなくなったことである。一方、五条焼が品薄となってしまい、窮余の一策として、五条坂焼物問屋は、粟田の陶家が「荒物」と見下す五条焼の生産に粟田の陶家を引き入れようと試みたといえよう。いずれにしても、五条坂焼物問屋は、流通面での独占権を背景に、五条坂や清水焼の陶家に対してだけでなく粟田の陶家に対しても、生産・価格支配力を強め、力関係が名実ともに逆転したことを示すのがこの騒動の真相といえるのではないだろうか。

粟田と五条坂のその後

こうして粟田と五条坂の大抗争は一応落着したものの、佐藤節夫氏によると、粟田と五条坂は依然として反目し合っていたという。その後、五条坂の職方のなかには居宅を焼失し、おちぶれてかろうじて渡世している者や、身代が傾いて名前が変わったりして、昔のままの家は少なくなったという。そんなある年、五条坂職方の亀屋平吉が粟田の宝山と一文字屋喜兵衛に出会い、その時、平吉は双方の職方の昔のような親密な交流を復活したいと言ったという。その後、五条坂の職方三人が一文字屋喜兵衛のところをおとずれて挨拶し、粟田側も職方仲間と話し合ったうえでこれを承知し、天保十二年(一八四一)一月二十日、安井前の平野屋座敷で粟田と五条坂職方一同が出席して仲直りの盃を交わしたという。それは出入りの一件が起きてから十八年後のことであった。こうして粟田と五条坂は和解したのであるが、粟田と五条坂との確執の根は深く、明治期になっても、粟田と五条坂は当初別々の組合を結成し、また昭和初期に五代清水六兵衛(六和)を中心に五条会が結成されると、粟田ではこれに対抗して伊藤陶山、楠部《くすべ》彌弌《やいち》、宮永東山《みやながとうざん》などが三条会を組織するなど後々まで尾を引いたのである。(42)

六代宗兵衛、家督を継ぐ

二軒の錦光山家

少し先に進み過ぎたので話を元に戻そう。結局、四代鍵屋喜兵衛家は、この時の騒動で、粟田の専売であった高級色絵陶器が五条坂でもつくられることになり、利幅が大幅に減ったところに、江戸表から借りた金子三十両、鍵屋源七家と連名で一文字屋忠兵衛から借りた八十三両の膨大な借金が重くのしかかり、窮地に追い込まれていた。そうしたなかで将軍家御用をなんとしても勤めていかなくてはならず、四代鍵屋喜兵衛と弟の與兵衛(のちの五代錦光山喜兵衛)の兄弟は身を粉にして働き、借金の返済に努めたのであろう。

このあたりの事情は、粟田焼の旧家で現役の陶芸家である鍵屋安田浩人氏からいただいた資料である、吉田堯文氏の「粟田焼の一話」(43)が当時の様子をよく伝えているので、それをここに記しておこう。

一体粟田焼には有名な錦光山の山号を持った家が二軒あった。その一つは現在錦光山を姓にせられる錦光山家で、古くは代々多く喜兵衛、後には宗兵衛を名乗って、幕府へ御召茶盌を納めていた名家である。もう一家は現在安田源三郎氏当主の代々源七を名乗った旧家で、共に屋号を鍵屋と云った。もっとも錦光山家は後には丸屋と改められた。

この両家の関係はもと屋号も同じであるから、何等の関係がある筈であるのに未だ私には解き得ないが、右の文献に現われた処によって見るに、当時両家相隣っていた。すなわちその場所は、安田源七家は旧来の侭で、現主源三郎の住せられる粟田今道町北側で、その東隣には鍵屋喜兵衛家があった。この事は古老の伝える事でもあり、鍵屋喜兵衛家は始めもっと西の夷町に住したのを、粟田焼の名家三文字屋九左衛門家が絶えて、その跡を移って来た訳であり、源七家は中之町に住したのを、こゝに移ったのであるが、とにかく文政六年に両家共同でその裏に九袋の窯と仕事場とを造った。挿図はその図面であって、窯は喜兵衛家の地面、仕事場は源七家の地面に造られた。

さて当時は粟田に於ては、一文字屋忠兵衛(暁山)の非常に盛であった時代であった。丁度忠兵衛は是等両家の同町、じき西の方に住していたが、これに反して鍵屋の方は不如意であったらしい。そして右の文献に依れば、両家共同で築いた窯も、一文字屋忠兵衛がその費用をとりかえた訳であり、窯の出来上った文政六年九月に喜兵衛、源七連名で金八十三両借用している。そして更に文政十三年正月には、喜兵衛家の地面にある九袋の窯を地面共に二十両で一文字屋忠兵衛に売渡したが、爾後五ケ年、即ち天保五年までにその金子を返すならば、窯や地面を元へ返して貰う約束であったらしく、その証文が右の文献の後に書かれている。

処が喜兵衛家は不幸にも、当主の喜兵衛(四代)が天保三年九月に歿し、悴市太郎は当時十二歳の幼少で、岩倉山に引取られ、幕府へ納める御用は岩倉山より代ってしていた。

記事の内容が少々複雑なので補足すると、ここに記されているように、鍵屋喜兵衛家と鍵屋源七家は屋号が同じ鍵屋であるだけでなく、山号も同じ錦光山であり、私が父の雄二から聞いた話でも何代か前に源七家から喜兵衛家に嫁いでいて、両家は遠い親戚関係にあったといわれている。それはともかく、両家は文政六年に共同で窯と仕事場を造ったが、江戸表から借りた金子三十両だけでは足りずに、一文字屋忠兵衛から連名で八十三両を借りた。しかし、文政十三年正月には窯と地面を一文字屋忠兵衛に売渡している。このため、当時、鍵屋喜兵衛家は相当苦境に陥っていたのではないかと思われる。

四代・五代喜兵衛を相次いで亡くした幼少期の六代宗兵衛

こうした厳しい状況のなかで六代宗兵衛は幼少期を過ごしたのである。幼い文三郎（六代宗兵衛の幼名）は、『京焼百年の歩み』のなかで、「青木木米《もくべい》に師事して磁器の製法を習い(44)」と記されているように、粟田の名工といわれる青木木米から磁器の製法を学んだといわれている。おそらく四代鍵屋喜兵衛と文三郎の父親である鍵屋與兵衛は、磁器を製造して勢いのある五条坂に手痛い敗北を喫したこともあり、なんとしても文三郎に磁器の製法を学ばせておきたいと考えたのではなかろうか。

ところで、磁器は、粟田からは「荒物」と見下されていたが、京都の富裕な質屋の主人であった奥田頴川《おくだえいせん》が磁器の焼成に成功し、その基礎を築いたといわれている。彼は煎茶、南画などの文人趣味に通じており、磁器に呉須《ごす》赤絵《あかえ》などの中国風の絵付をしたものを得意とし、その門下に青木木米、仁阿弥道八《にんなみどうはち》などの名工が輩出したのである。その頃の京都は文人趣味の最盛期で、富裕な町衆を中心に煎茶が流行した。磁器は煎茶器に適していたのである。そうした状況のなかで、祇園《ぎおん》の茶屋「木屋」に生まれた青木木米は、大阪の高名な文人である木村蒹葭堂《きむらけんかどう》と交わり、三十歳で陶工を目指し、最初、粟田の宝山文造に陶技を習い、次いで奥田頴川に学び、粟田の東町に窯を開いたのであった。[45] 彼は文人趣味の唐物写しの煎茶器などにすぐれており、文化二年（一八〇五）には青蓮院御用焼物師になっていたが、文三郎が習ったのは、彼がすでに六十歳を超え、耳が遠く「聾米《ろうべい》」と号していた頃であった。彼は孫ほど歳の離れた文三郎に熱心に陶技を教えたのであろう。

幼い文三郎はこうして成長していくのだが、文三郎が七歳になった時に、四代鍵屋喜兵衛家は一段と苦境に陥ったのである。四代鍵屋喜兵衛は文政十三年（一八三〇）にどうやら江戸表から借りた三十両のうち二十四両は返済したようであるが、一文字屋忠兵衛から借りた金を返済できずに、登窯と地面を二十両で一文字屋忠兵衛に売り渡すことになったのはすでに述べた通りである。前掲の「五条坂粟田焼出入一件録」によると、[46] この一文字屋忠兵衛という男は、酒器や煎茶器などをもっぱら製造し、時流に乗って羽振りもよく、豊富な資金で金貸しもしており、粟田の窯元も何人か融通を受けていたという。若輩にもかかわらず口も達者で、金を貸していたせいかなにかと親分風を吹かせて介入してくる男であったという。おそらく四代鍵屋喜兵衛は、金はあっても横柄な一文字屋忠兵衛に、窯と地面を売り渡すことになったのは、それこそ断腸の思いであったであろう。それでも、四代鍵屋喜兵衛は、四年後の天保五年（一八三四）に借金を返済したら一文字屋忠兵衛から窯と地面を返してもらう約束をなんとかとりつけたのである。ところが、窯と地面を売り渡した心労がたたったのか、二年後の天保三年（一八三二）九月二十五日、四代鍵屋喜兵衛は五十歳で亡くなり、窯と地面は一文字屋忠兵衛のものとなり、四代鍵屋喜兵衛の倅、当時十二歳の市太郎は同じ将軍家御用を勤めている岩倉山吉兵衛に引き取られ、代わって岩倉山吉兵衛が将軍家御用を勤めることになったのであった。

その後どうなったかというと、「粟田焼の一話」は次のように記している。

> 結局窯は東隣の一文字屋嘉兵衛家の有になり、丁度一文字屋嘉兵衛家と鍵屋源七家とが隣り合った事になった。他方喜兵衛家は今道町の南側、もっと西の方に移る事になったらしい。錦光山家の記によれば、前記の四代喜兵衛が没して、弟の與兵衛が五代喜兵衛をついだが、それも間もなく、四代没後四年にして天保七年十一月に没し、四代の遺子市

太郎はその後直ぐ、同十一年二月に二十歳で没するという不運であった。しかし運命は皮肉にも、当時さしも栄えた一文字屋家は、明治になって凋落して、今ではもう皆絶家している。

すなわち、四代鍵屋喜兵衛の弟である鍵屋與兵衛が五代錦光山喜兵衛を継いだが、この五代錦光山喜兵衛は四代没後四年の天保七年(一八三六)十一月五日、四十五歳で没する。さらに四代の遺子市太郎はその後天保十一年(一八四〇)二月九日に二十歳の若さで亡くなってしまう。家系図には「青□柳芳信士　良意ノ子天保十一年二月九日死」と記されている。

十五歳で継いだ家督

こうして度重なる不幸のなかで、天保八年(一八三七)、五代錦光山喜兵衛(與兵衛)の息子の文三郎は、丸屋長兵衛の養子となり、十五歳で家督を相続し、名を宗兵衛と改め、六代丸屋錦光山宗兵衛となった。家系図には左記のように記されている。

錦光山宗兵衛

幼名文三郎
文政六年癸未四月八日誕生
大光良円ノ実子長晃ノ養子
天保八年丁酉十五歳ニ而家督相続

ここで大光良円の実子と記されているが、大光良円とは五代錦光山喜兵衛(與兵衛)の法名であり、また長晃(丸屋長兵衛の法名)の養子と書かれているが、家系図には丸屋長兵衛が五代錦光山喜兵衛の義兄弟と記されているので、丸屋長兵衛というのは五代錦光山喜兵衛の姉か妹が嫁いだ先ではないかと思われる。

それにしても、なぜ、鍵屋は丸屋に変わってしまったのであろうか。この間の事情は必ずしも詳《つまび》らかではないが、おそらく五代錦光山喜兵衛(與兵衛)は生前、一文字屋忠兵衛に借金を返済すれば窯と地面を返してもらう約束の期限、天保五年(一八三四)になっても借金を返済できず、このままでは鍵屋家が将軍家御用御茶碗師の地位を失うだけでなく、廃業に追い込まれかねないと強く懸念したのではなかろうか。それはなんとしても避けなければならない。そこで五代錦光山喜兵衛は、姉か妹の嫁ぎ先である丸屋長兵衛と相談して、錦光山の山号とともに息子の文三郎を丸屋長兵衛の養子にして、文三郎が六代錦光山宗兵衛を襲名し、家督を相続することにしたのではなかろうか。その代償として、屋号を鍵屋から丸屋に変えることになったのではないか。丸屋長兵衛は武士出身ではなかったので、姓はなく錦光山を通称としたのであろう。それが「天保八年丁酉十五歳ニ而家督相続」の実相ではないだろうか。なお、前掲の『粟田焼』では丸屋長兵衛を五代としているが、私には錦光山喜兵衛（與兵衛）を五代とすべきではないかと思われる。

もっとも、宗兵衛の父である五代錦光山喜兵衛にしてみれば、代々続いてきた鍵屋の屋号を失うことは、身を切るようにつらいことであったろう。だが家勢が衰えていくなかで、将軍家御用御茶碗師の地位を維持し、廃業を免れるためにできることは、丸屋長兵衛の助けを借りて、息子の文三郎に六代錦光山宗兵衛として家督を継がせることであったにちがいない。死の直前、なんとか廃業を免れる目途を立てて五代錦光山喜兵衛は、安堵《あんど》しつつも窯と地面を取り返せなかった失意のなかで没したのであろう。

養子先、丸屋家の家業

宗兵衛の養父となった丸屋長兵衛家とはどんな陶家であったのだろうか。先に触れた「雲林院寶山文書」によると、寛政十一年（一七九九）、粟田の窯元・窯焼仲間二十二名のなかの登窯を持たない陶家十四名のなかに丸屋吉兵衛という名がみえる。この丸屋吉兵衛が丸屋長兵衛の祖先なのかどうかはわからないが、ただ、私が父の雄二から聞いた話では、丸屋長兵衛はコンロを製造していたという。吉田堯文氏も「丸屋といい俗称焜炉《コンロ》屋であって、鍵屋ではない。すなわち丸屋宗兵衛であった。この鍵屋より丸屋に改称された事情は詳らかではないが、喜兵衛は鍵屋であって、六代より丸屋宗兵衛になった。古老は六代宗兵衛は錦光山の山号とともに養子に来たと伝える」(47)と述べている。おそらく丸屋長兵衛は、抹茶道具の炉、風炉《ふろ》や煎茶道具の涼炉《りょうろ》などのコンロもつくっていたが、実用的なコンロの製造が主力であったのではないだろうか。

コンロは日常的にどこの家でも使うものだけに、丸屋長兵衛の金まわりは悪くはなかったであろう。折しも、六代宗兵衛が家督を相続した天保八年は、数年前から続いていた天候異変により米などの農作物が大打撃を受け、米価が急騰し、天保の飢饉《ききん》といわれる大凶荒が一段と深刻化していた時期であった。そうした大不況期であっても、コンロは好不況にあまり関係なく、丸屋長兵衛は手堅く商売をしていたと思われる。もっとも、格式と伝統を誇っていた粟田では、丸屋長兵衛は「コンロ屋」と見下されていたであろう。そんな丸屋長兵衛にとって、「腐っても鯛」ではないが、粟田で陶家にとって最高の地位である将軍家御用御茶碗師を勤めていた「錦光山」という当時の粟田のトップブランドを手に入れることは、決して悪い話ではなかったろう。

さて十五歳という多感な時期に他家へ養子に入り家督を相続し、若き当主となった六代錦光山宗兵衛はどのような思いで過ごしていたのだろうか。おそらくは苦渋の選択をした父、五代錦光山喜兵衛の無念さを十分にわかっていたであろうが、その一方で時勢が変化するなかで鍵屋小林家を維持できなかった父に対して不甲斐《ふがい》ない思いも抱いていたのではなかろうか。また、思春期の少年として、ひとたび時勢の変化に乗り遅れると家運を傾けるほどの痛手をこうむり、逆に時勢の変化をうまくとらえれば時流に乗っていけるという思いを胸に刻みつけたのではなかろうか。そして、六代宗兵衛が十八歳になった天保十二年（一八四二）、先に述べた、粟田と五条坂の陶家が平野屋座敷に一堂に会し、仲直りの盃を交わしたのであった。折しもその年、老中水野忠邦により「天保の改革」といわれる緊縮令が出され、西陣織や高級陶磁器などの奢侈品《しゃしひん》をつくっていた西陣の機業、呉服屋、陶家などが大打撃を受け、不況風が吹き荒れていた。そうしたなかで六代宗兵衛はもっぱらコンロをつくり、厳しい時期を乗り切っていったのではなかろうか。

いま六代宗兵衛の油絵の肖像画が残っているが（口絵27参照）、その肖像画を見ると、一点を見すえ、口を真一文字に結び、何かを貫き通すような強い意思を感じさせる厳しい表情をしている。その厳しい表情は、何度も苦難に遭いながらもそれに屈することなく耐えてきた男にしか醸し出すことができない表情のように思える。おそらく六代宗兵衛は幼少の頃から窮乏化する一族を見て育ち、長じては江戸後期から幕末、そして明治という激動の時代に翻弄されながらも、新しい時代を切り拓くために、すさまじいまでの情熱と努力を傾けていったものと思われる。

幕末に向けての錦光山家

屏風絵に描かれた安政二年の錦光山

十五歳で家督を継いだ錦光山宗兵衛（以下六代）は、幕末に向かってどのように商売をしていったのだろうか。詳しいことはわからないが、私の父雄二が安政二年（一八五五）当時の錦光山の店構えや工場全景を描いた二曲の屏風絵のことを「女丈夫輸出之魁《おんなじょうぶゆしゅつのさきがけ》」のなかで書いているので、少し長くなるが引用してみよう。(48)

私は京都粟田焼の窯元で徳川将軍家御用陶工の家に生れた。祖母の宇野は、私が子供のころ、折りにふれ、さまざまな出来事を語ってくれたものだ。それらはいつも私の心のなかに祖母の面影とともに長い間生きていた。だが、長じてこの物語のひとつひとつが、当時の歴史を裏付けする甚だ興味ある問題であると自覚した時にはもう手遅れであった。記録的なものはほとんど散逸していて施す術もなかったからだ。せめて大福帳でも残っておればと思うこと切なるものがある。ただひとつ、安政二年の春に描かれた二曲の屏風絵の記憶だけは、今も鮮やかに残っている。それは当時の錦光山の店構えや工場全景を描いたもので、大変リアルに工場とその生産様式を見事に描き切っており、陶器の生産に従事した者でなければ到底理解できない点まで実に細微に活写してあったのには驚嘆したものだった。しかし、この屏風絵も、現在では家になく、その所在も不明であるので、この絵の記憶と多少の文献を参照しながら、話を進めてみることにしたい。（中略）

屏風絵は当時の錦光山の店構えと工場全景がリアルな筆で画かれている。安政二年といえば徳川幕府も終末に近く、明治天皇の前、孝明天皇のころで、開化のきざし近しといえども、まだ封建・鎖国で、数年前ペリーの黒船が浦賀沖に現われたころなのである。この絵を概観すると現代の中小工場とさして変わりのない規模や生産様式を持っていることがわかる。まず店先の構えは三条通りに面した間口七、八間の畳敷の座敷である。道路を牛が荷車をひいている風景があり、その先をあめ屋が小旗を丸桶のぐるりにさしこんだものを頭にのせ、股引とはっぴ姿、手に鉦《かね》をもち、槌でそれを打ち鳴らしながら売り歩いている姿が画かれている。むろん町人まげを結っている。店先の床几《しょうぎ》に侍が一人チョンマゲ姿で腰掛け、小刀を帯し大刀は床几の上に置いてあって、そのそばに煙草盆、また一匹の狆が、チリメンのような布で首輪を巻かれて坐っている。座敷には陳列棚が並べられ、花生、茶器、像などが数十点陳列されている。こうしたところに一人の女(二十四、五歳ぐらい)が赤いまえだれをつけ、絣の着物を着て、手にお盆をもち、お茶と菓子を客の侍に運んでいるところの図柄である。
この女性が、おそらく私の祖母宇野の若き日の姿であったと思う。私はこの狆が実に来客者によく馴れ、おとなしく客人のかたわらに坐っているのに興味を持った。日々来客が絶えることなく、神経質な狆も、客馴れしていたのに違いない。土産物がよく売れて妻女が大変忙しく、と記録にあったように、幕末の一風景によって、このことがよく理解できると思うのである。(中略)
店先の上部の空間に画かれている図が工場全景である。一人の男が鉢巻をしめ、毛脛《けずね》を出し、股引を高くたくしあげて、陶土を足で踏んでいる図である(昔は足で陶土に水をやりながら踏んで揉み、粘力をつけた)。その向うの屋内で三人の絵師が、陶器に絵付けをしている(絵師の内の一人があるいはこの屛風絵の作者かも知れない)。また、別棟ではロクロ師が二人、手ロクロをまわして製品の成形をしている。手ロクロを使っているところからみると、当時の粟田焼はかなり繊細な作品を作っていたと思われる。さらに別の屋内では、一人の男が大きな木桶の中に、素焼の製品を漬けて釉がけをしている様が画かれている。それらの小屋の前庭を、〝五条坂〟と書いた大福帳を腰にした問屋の手代が歩いていることは先に記したとおりである。裏門から牛が荷車をひき、薪《まき》を積みこんで、いま入ってきたところらしい。二人の男が薪を、窯場の方へ運びこんでいる。そこには登り窯があって、いまさかんに焰と黒煙を吹き出している。登り窯は斜面を階段式な登りになって、窯室が連続している様式である。一室一室を松薪材で焼き上げて次の室へ移り登ってゆく方法である。だから、焼き上り、焼いている最中、まだ焼け切っていない窯室の状態が、その煙や焰の色で判明するので、この窯の焰の色を実にリアルに画き分けたこの屛風絵の作者は陶器に関しては玄人の人間であるといえる。（中略）私はこの窯の煙や焰の状態がこれほど専門家の眼で画かれていなければこの工場全景も単なる当時の風俗か空想画として見逃したであろう。

私は、これこそ安政二年に現存した工場の真の姿としてこれを評価したい。安政二年にすでにこの絵のようなかなり進んだ生産様式をもっていたことから推して、明治初年のころも大差ないと思える規模の工場を持っていたことが想像される。いわゆるこれはマニファクチュア的生産様式としての分業と協業様式を実施しているのであって、機械制大工業出現以前の段階としては最高の生産様式を具備していたのであった。

この記事がどこまで信憑性のあるものか定かでないが、安政二年といえば宗兵衛が十五歳で家督を継いでから十八年後のことで三十三歳と油が乗ってきた頃のことである。もしこの父の記事が正しければ、宗兵衛は養父丸屋長兵衛の助けもあってか、登窯を持って、十数人の人を使いながら順調に焼物商売をしていたことになる。そして幕末のこの時期、ペリーの浦賀来航以来、京都に集まりだした各地の尊王攘夷派の志士たちを相手に土産物としての陶器の販売も盛況であったのだろう。

父の文章のなかに出てくる宇野という女性は六代宗兵衛の妻である。宇野は天保元年(一八三〇)生まれで、粟田の東町伊勢屋亦兵衛の三女、十九歳で宗兵衛に嫁し、大正十一年(一九二二)に九十三歳で没した。したがって嘉永元年(一八四八)、宗兵衛が二十六歳の時に、代々粟田の陶家であった伊勢屋亦兵衛の三女である宇野と結婚したことになる。

鍵屋・岩倉山両家と将軍家御用の推移

ところでこの頃、将軍家御用はどうなっていたのだろうか。そこで、先に紹介した吉田堯文《ぎようぶん》氏の「粟田焼の一話」を再度見てみると、以下のように記されている。

御数寄屋掛リ名越弥右衛門
下職御茶碗師
錦光山喜兵衛　儀ハ、当年九月ニ病死仕、名跡倅市太郎義、漸々拾弐歳ニ相成候故、今暫之処、御用向も相勤兼候故、岩倉山吉兵衛方へ引取世話仕、御茶碗之義者、岩倉山方ヨリ両家分共上納仕、御用向少も御手支ニ者相成不申候、尤御拝借金三拾両ハ当年迄ニ廿四両相済、残リ六両ハ来ル巳年ヨリ両度ニ上納仕、皆済ニ相成申候、則喜兵衛方ヨリ相納之分御茶碗為株代金口銭御代金四分返リ吉兵衛方ヨリ差遣ハシ、其内ニ而金三両宛、分両年ニ上納仕候得者、皆済ニ相成申候(49)

これによると、御数寄屋掛りの名越弥右衛門は、四代鍵屋喜兵衛が天保三年九月に病死し、いましばらくのところ将軍家御用を勤めかねるため、岩倉山吉兵衛が当時十二歳の息子の市太郎を引き取って世話をし、将軍家御用のお茶碗については岩倉山吉兵衛が両家分をともに上納し、将軍家御用にさしさわりがないようにしたと述べている。

この時点で将軍家御用は鍵屋から岩倉山吉兵衛家へ移ったと考えられなくもないが、記事をよく読むと、鍵屋喜兵衛家が将軍家御用御茶碗師を辞したという記述はない。また、いましばらくのところとあるので、市太郎がもう少し成長すれば将軍家御用を元に戻すという意図があったと推測できる。さらに岩倉山吉兵衛が両家分をともに上納するとあるので、四代鍵屋喜兵衛の息子市太郎を岩倉山に預けたのは、鍵屋が将軍家御用を辞したかたちにしないための方便、苦肉の策だったのではなかろうか。つまり、名越弥右衛門は実際は岩倉山が鍵屋の代わりに将軍家御用を勤めていたとしても、市太郎が岩倉山に預けられていることにより、名目的には鍵屋が御用を勤めているというかたちにしたかったのではなかろうか。

名越弥右衛門は将軍家御用の取次役であり、「五条坂粟田焼出入一件」の時に、岩倉山吉兵衛とともに四代鍵屋喜兵衛が借金をし、幕府の御用にもさしさわりが出ているとして、五条坂の粟田焼をやめさせるように西奉行所に願い出てくれた人物である。おそらく四代鍵屋喜兵衛は生前、名越弥右衛門や同じ将軍家御用を勤めている岩倉山吉兵衛と十分に相談して、万が一のことがあった場合、倅市太郎を引き取ってもらい、岩倉山吉兵衛が両家分を上納するということにしたのであろう。ところが岩倉山に預けられた市太郎は天保十一年に二十歳で亡くなる。そこで丸屋長兵衛の養子になっていた六代宗兵衛が家勢を立て直し、それにより岩倉山家から将軍家御用を戻してもらったという可能性もあるのではなかろうか。

『名家歴訪録　上篇』を見ると、明治のジャーナリストである黒田天外が七代宗兵衛と面談して次のように書いている。

明治己亥一月五日、陶工錦光山宗兵衛氏を粟田口の宅に訪い、導びかれて其一室に入り、茗を啜って対談す。氏曰く、私方は初代が鍵屋徳右衛門と申し、正保の頃業を此地に始めましてから私で七代になりますので、二代は茂兵衛と申し、三代も同しく茂兵衛《ママ》と申しましたが、此時初めて幕府の御用を勤めて錦光山の号を賜わりました。四代、五代が喜兵衛で、六代が宗兵衛、七代でやはり私が宗兵衛を襲ぎました。

ハイ、初代の作というては、五年程前でございましたか、某家新築の祝宴の折に一度拝見しましたのみで、宅にはございません。何分昔は品物のたまって売残るということを嫌いましたから、宅には残しませず、僅かに御保存のよい方で。御所蔵になっているのが今日では驚ろくべき高価になっておりますので。そこで宅に重に残っておりますのは、先々代より先代にかけての品でございますが、之等は目下歴史的に取調べております。また明治の初代より引つゞき、目ぼしいものを自家の変遷と、今後製品の上の参考に供したいと、いさゝか集めてはございます。

それで三代目から幕府の御用を勤めましたが、納めましたのは鷹野茶碗、天目茶碗等で、一年の御料として長持に三四杯も入れ、之に葵御紋附の被をかけて、東海道を下に下にと喝道して下りました程で、えらい威勢でございまして、先代に至り帯刀も許されました[50](後略)

また京都貿易協会の『明治以降　京都貿易史』のなかでも「初代は今を距《へだて》る三百数十年前正保年間に粟田口に陶業を創始し鍵屋総右衛門《ママ》と称せしが、その製品常に抜群の長技を有し代々相継ぎしをもって三代茂兵衛《ママ》に至りて幕府の御用達となり鷹野茶碗、天目茶碗等を納め年々御用品と称して長持に葵の紋を打ちたる被をかけ東海道を威勢よく持下り、世人より陶工界の名家として認めらるゝに至りかつ幕府は錦光山の姓を与えたり、爾来益々斯業の改善に力を致し六代すなわち当主宗兵衛の先代に至りて帯刀をも許されたりという」(51)と、先代の六代宗兵衛が帯刀を許されたことが書かれている。

幕末まで将軍家御用を勤めた六代宗兵衛

『名家歴訪録　上篇』を見ると、明治元年生まれの七代宗兵衛が、父親の六代宗兵衛から御茶壺道中のことを聞いていたことがわかる。また『名家歴訪録　上篇』および『明治以降　京都貿易史』とも、先代に至り帯刀が許されたと述べていることは、帯刀を許されることがすべて将軍家御用を勤めていることの証ではないにしても、六代宗兵衛がどこかの時点で将軍家御用を岩倉山吉兵衛のところから元に戻したことを示す証左になるのではないだろうか。そして、それは四代鍵屋喜兵衛の倅市太郎が没した天保十一年、宗兵衛が十八歳の時である可能性が高いと思う。というのも、市太郎が亡くなった時点で、岩倉山吉兵衛のところで岩倉山・鍵屋両家分の将軍家御用を勤めるという名分が成り立たなくなるからである。そうしたこともあって六代宗兵衛は岩倉山吉兵衛から将軍家御用を引き継ぎ、幕府より帯刀を許されたのではないだろうか。

また、父の雄二も、子供の頃に祖母であり、六代宗兵衛の妻であり、幕末から明治まで生き抜いた宇野からいろいろ話を聞いているのだが、父の話では六代宗兵衛は幕末まで将軍家御用陶工を勤めており、江戸に御用御茶碗を運んだ駕籠《かご》が大正になっても屋敷に残っていたと言っていた。このように見てくると、六代宗兵衛は幕末まで将軍家御用を勤めていたと思われる。

岡佳子氏は、明治十一年に六代錦光山宗兵衛が京都府知事槇村正直宛てに提出した「錦光山宗兵衛系図幷賞誉」を翻刻して次のように紹介している。[52]

> 粟田口ニ而陶器開業之年月者不可考、私祖先陶工鍵屋徳右衛門義、元禄六年癸酉三月十五日ニ生レ、明和七年寅二月十五日死去、行年七十八、法名実翁無外、鍵屋茂兵衛、享保三年戊戌四月五日ニ生レ、延享三年寅廿九歳ニ而家督相続仕、当時粟田口今道町ニ陶工九左衛門与申者、往古寛政(永)年中ヨリ将軍家御用相勤来候処、宝暦五年八代将

軍徳川幕府ヨリ御茶碗試焼被命粟田口陶工一統見本奉指上候所、翌宝暦六年丙子正月御用被仰出候ニ付、錦光山与改称仕、累代陶調進仕、明治二年迄凡百拾余年之間、年々五中旬ノ御茶壺役人中上京之節、御用陶相納来申候(中略)嘉永六年正月、粟田口陶器会社出来ニ付、悉皆御買上則二ケ年ニ而止ム(後略)

これによると、六代宗兵衛は、明治二年(慶応二年の誤記と思われる)に御茶壺道中がなくなるまで将軍家御用を勤めていたと自ら述べており、岩倉山吉兵衛家から将軍家御用を戻していたことがわかる。また幕末の嘉永六年(一八五三)に粟田口陶器会社が出来、製品をすべて買い上げてもらったと記されているが、この年には青蓮院宮が陶器物産会所を開設しており、この陶器物産会所が六代宗兵衛の製品をすべて買い上げたものであろう。青蓮院宮の物産会所がすべて買い上げたということは、六代宗兵衛がそれだけの陶技を極めていたことの証左となろう。それ故に六代宗兵衛は将軍家御用を勤めることができたともいえる。ではなぜ将軍家御用を勤めていたことが大切なのであろうか。現役の陶芸家である二十代雲林院寶山氏は「その権威に頼るのではなく、京都ではそれにより最高のものをつくろうという心構えが求められた」からと言う。

御用茶碗と御茶壺道中

ところで将軍家へどのような茶碗を納めていたのだろうか。前掲の『本朝陶器考証』によると、御用の品々として、御召京焼御茶碗、黒絵御紋付御茶碗、御薬天目茶碗、御召糸目御茶碗などがあり、これらは大小二つ納め、それ以外にも別称御鷹野茶碗といわれる粟田口御茶碗、御好御茶碗などが納められたとしている（参考資料２参照）。そして次のように記されている。

右等調進方之義は、毎年五月頃関東より、御召御茶詰御用、御数寄屋御茶道頭之内一方宛、宇治之里、御茶御用掛り上林殿へ御登り之節、御入洛則御数寄屋頭、御釜師綾小路室町東江入町北側名越弥右ェ門方江御着、同人より御用御召之御茶盌御注文、数御茶盌師前両人江申参り、御注文員数持参いたし御茶道頭江直に相納候よし

当時粟田口陶工師

粟田領三条通夷町御数寄屋御茶盌師

錦光山喜兵衛

同東町御数寄屋御茶盌師
岩倉山吉兵衛[53]（後略）

これによると、毎年五月、新茶の季節になると、御茶道頭が入洛し宇治を訪れて採茶を行い、その折に御数寄屋掛りの名越弥右衛門のところに寄り、名越弥右衛門が御用御茶碗師である錦光山喜兵衛、岩倉山吉兵衛から御用御茶碗を受領し、御茶道頭へ納めたとある。泉秀樹氏によると、将軍家の茶の買い付けは、正式には「宇治採茶使」といい、一般には「御茶壺道中」と呼んだという。この御茶壺道中は、慶長十八年（一六一三）から始められ、三代将軍・家光の寛永年間に制度化され、将軍の行列と変わらないほどの権威をもっていたという[54]。父の雄二も「女丈夫輪出之魁」のなかで次のように書いている。

さて、これらの御召御茶碗は毎年、宇治の新茶が出初めるころとなると、関東から御使者がつかわされる。その節に粟田口の方にも御籠が廻されてくる。関東よりの御使者は御召御茶詰御用御数寄屋御茶道頭であったらしい。御茶道頭は御入洛になると御数寄屋御釜師、綾小路室町東へ入町北側、名越弥右衛門方へ御着、名越家が粟田口の御召京焼御数寄屋御茶碗師である錦光山、岩倉山両家へ御茶碗を受領のために来られることになっていた。御使者が参られる当日となると、当主は家の前の三条通りに盛砂を敷き、裃《かみしも》を着用に及んで待ちうける。供廻りを従えた御籠が到着する。使者はずっと座敷に通り、当主がうやうやしく捧げ持つ白木の箱を受領されるのである。白木の箱にはお茶碗、薬茶碗、御鷹野茶碗など前記のような品々が収納されている。白木の箱はやがて御籠に移される。すると、お茶碗は〝御茶碗さま〟となり、当主平伏のうちに御籠は静々と東海道三条通りを進んでゆくのである。自家で作ったお茶碗は御茶碗さまに昇格し、御籠に従う供廻りの者達は「下におれ！　下におれ！」と掛声をかけながら進む。このような風景が、幕府崩壊に至るまでの間、毎年見られたということであった。(55)

ここに書かれているように、御籠がくると、町人たちは慌てて土下座したり、軒先に身を避けたりして御茶碗様のお通りを見送ったという。童歌で採茶使の行列は〝茶壺に追われ　戸ぴんしゃん　抜けたらどんどこしょ……〟と歌われているように、大名の行列でさえ道を譲らねばならないほど格式が高かったという。だが、二百数十年間、毎年欠かすことなく続けられてきた御茶壺道中も、慶応二年（一八六六）、宿次人足たちによって籠に積み込まれたのを最後に終りを告げたのである。

こうして宝暦六年以来、百十余年にわたって代々将軍家御用御茶碗師を勤めてきた錦光山も、六代宗兵衛の代になってその地位を失うことになったのである。時に宗兵衛、四十四歳。五人の娘と幼い息子、十数人の家人を抱え、宗兵衛は未知の世界に乗り出さねばならなかった。

註

(1)オークションハウスのカタログは以下の通りである。『Christie's London Japanese Works of Art』一九八八年十一月、一七二〜一七三頁。『Christie's London Japanese Works of Art』一九八九年三月(錦光山の作品は忠臣蔵の十二枚の絵皿セットをはじめ、典型的な京薩摩である瑠璃地に窓絵があり、そのなかに花を愛でる女性を描いた壺など合わせて十点余が出品)、八三〜八五頁、九〇頁、九二頁、九五〜九七頁。『Christie's London Japanese Works of Art』一九九〇年三月(錦光山の作品が十点近く出品)、一〇四〜一一一頁。『Sotheby's Japanese Works of Art』一九九一年三月(錦光山の作品が九点出品)、八七〜九〇頁、九二〜九三頁。
(2)夏目漱石「現代日本の開化」(三好行雄編『漱石文明論集』)三四頁。
(3)以下、満岡忠成氏の引用部分は「初期の京焼」(『粟田焼』)二五頁による。
(4)岡佳子『近世京焼の研究』四〜五頁、一二五〜一二六頁、四六頁、五五頁。
(5)同前　一〇八頁。
(6)金森得水『本朝陶器考証　巻二』一五〜一六頁。
(7)中ノ堂一信「粟田焼の開窯」(『粟田焼』)四〇頁。
(8)岡佳子『日本のやきもの　京都』八七〜八八頁。
(9)澤野久雄・宇野三吾『日本のやきもの　6京都』一一九頁。
(10)吉田光邦『京都　日本のやきもの　6』五七〜五八頁、六二〜六三頁。
(11)中ノ堂一信『京都窯芸史』三四頁。
(12)吉田光邦『京都　日本のやきもの　6』六七〜六八頁。
(13)満岡忠成「初期の京焼」(『粟田焼』)二九頁。

(14)岡佳子『近世京焼の研究』二二五頁。
(15)岩生成一監修『京都御役所向大概覚書』二〇二〜二〇三頁、および清水焼・音羽焼の部分については二〇三頁。
(16)中ノ堂一信『京都窯芸史』七四頁。
(17)岡佳子『近世京焼の研究』二三三〜二四頁、二二六頁、二四二頁、二四四〜二四六頁。
(18)蜷川式胤『観古図説』「粟田焼」の項。
(19)澤野久雄・宇野三吾『日本のやきもの　6京都』一四八〜一四九頁。
(20)「陶工録」『明治十八年五品共進会解説』東京国立博物館蔵。
(21)吉田堯文「粟田焼　清水焼」(『陶器講座第五巻』)八〜九頁。
(22)「京焼物初め之事」および「山城」の粟田焼の項。田内米三郎『陶器考附録』。なお本稿では明治十六年刊行の版を用いた。
(23)澤野久雄・宇野三吾『日本のやきもの　6京都』一〇〇頁。
(24)「京都の錦光山」(荒川清澄編『関西之実業』)九三頁。
(25)金森得水『本朝陶器考証　巻二』引用箇所は、一六〜一七頁、および一七頁、一八頁。
(26)岡佳子「近世京焼の展開—十八世紀を中心に—」(『近世信楽焼をめぐって』関西陶磁史研究会)七四頁。
(27)碓井小三郎編『京都叢書』「京都坊目誌」。
(28)野間光辰編『新修京都叢書　第三巻』「京町鑑　横町」二六八頁。
(29)『粟田焼』一〇二頁。
(30)雲林院寶山文書「粟田口焼窯元・窯焼仲間　定」。
(31)中ノ堂一信『京都窯芸史』七八頁。
(32)吉田堯文　前掲書　一六頁。
(33)金田真一『国焼茶碗のふる里を訪ねて』一九八〜一九九頁。
(34)「五条坂粟田焼出入一件録」春窓庵蔵(『茶の湯と京焼Ⅱ　仁阿弥・保全を中心に』茶道資料館)九九〜一一四頁。
(35)『京都の歴史6』二二六頁。
(36)佐藤節夫「粟田　清水　五条坂(2)」(『陶説』四七一号)六三頁。

(37)中ノ堂一信『京都窯芸史』八五頁。
(38)『京都の歴史6』二二四〜二二五頁。
(39)富井康夫「京五条焼物仲間の組織と機能」(『社会科学　3・4』同志社大学人文科学研究所)一九五〜一九七頁。
(40)中ノ堂一信『京都窯芸史』、引用箇所は、四六〜五〇頁、五二〜五六頁、五九〜六一頁、六五〜六六頁、七〇頁、七七頁、八二頁。
(41)富井康夫　前掲書　一八七〜一九一頁。
(42)佐藤節夫「粟田　清水　五条坂(4)」(『陶説』四七四号)六二〜六三頁。
(43)吉田堯文「粟田焼の一話」(『茶わん』八二号)九〇〜九二頁、後段の引用箇所は九二〜九三頁。
(44)藤岡幸二『京焼百年の歩み』二三二頁。
(45)杉田博明『京焼の名工・青木木米の生涯』を参照。
(46)前掲「五条坂粟田焼出入一件録」一〇九頁、一一三頁。
(47)吉田堯文「粟田焼　清水焼」(『陶器講座第五巻』)一八頁。
(48)錦光山雄二「女丈夫輸出之魁」(『月刊ペン』昭和四十九年十一月号)一一二頁、一一四〜一一七頁。
(49)吉田堯文「粟田焼の一話」(『茶わん』八二号)八八〜八九頁。
(50)黒田天外『名家歴訪録　上篇』三二九〜三三〇頁。なお、七代宗兵衛は「二代は茂兵衛と申し、三代も同じく茂兵衛と申しました」、また『明治十八年五品共進会解説』のなかでも「延享年間三代同茂兵衛」と述べ、三代茂兵衛が将軍家御用を拝命したと記している。茂兵衛は家系図では二代であり、三代は錦光山喜兵衛である。どうして七代錦光山宗兵衛がそのように書いたのか不可解である。
(51)松野文造『明治以降　京都貿易史』七四頁。
(52)岡佳子「近世京焼の展開—十八世紀を中心に—」(『近世信楽焼をめぐって』関西陶磁史研究会)七八頁。
(53)金森得水『本朝陶器考証　巻二』一九〜二〇頁。
(54)泉秀樹『文物の街道Ⅰ』六五頁。
(55)錦光山雄二　前掲書　一一三頁。

第二章　幕末から明治へ、世界へと拓かれた京薩摩

陶磁器輸出の道のり

六代宗兵衛は開国派？

さて幕末という動乱の時代を宗兵衛はどう生きたのだろうか。将軍家御用御茶碗師を勤めていた彼は、徳川幕府に対してご恩というか忠義というか、一定のシンパシーを感じていたのはまちがいなかろう。その意味では安政五年(一八五八)六月、幕府が日米修好通商条約を調印し、翌安政六年(一八五九)に横浜が開港されたが、宗兵衛もこうした動きを十分頭に入れていたはずである。幕府の締結した条約を容認するという立場からは開国派であった可能性はある。ただ悩ましいのは、一方で宗兵衛が長州藩に味方した形跡もあるとみられることである。というのも、私の父雄二は自伝的小説を書いているのだが、その小説のなかで父が幼い頃、山科《やましな》の毘《び》沙門堂《しゃもんどう》の近くの中島康男家に預けられた際に、宗兵衛がひとりの長州藩士を助けたことに触れているのである。ほかにその点に触れた資料がないので、参考までに引用してみよう。

食事のあと少量の酒で赤くなった中島のおじさんが、壁に掛かっている肖像画を指さして、「あれは僕の父でね、長州毛利《もうり》藩の武士で、明治維新後には男爵を授けられた人なんだ。僕の父はね、華族一代論を唱えていた人で、国から授けられた栄誉というものは、子孫に伝えるべきものではない、自分一代限りで結構という考えを持っていた人なんだ。それで父が亡くなると、僕の母の頼子も父の説を実行した。（中略）

僕の父は、維新前、三条粟田口にあった陶器師で六代目錦光山宗兵衛というお方にかくまわれて、そのお方から大変なお世話を受けたことがあった。いまは亡くなってしまったが、その錦光山宗兵衛というお方が君のお祖父さまなんだ。僕の父はひそかに維新の志士として働いていたのだが、折々、錦光山家の工房で陶土をこねたり、陶器に絵付をしたりして、すっかり陶工の一人になりすましていたというわけだ。錦光山家は、徳川家へお出入りできる家柄で、将軍家がご使用になる御茶碗などを作っていた。代々約三百年ずっと続いた家柄だった。お祖父さまは維新の志士達とは深い交友関係だった。幕府の役人もそこまでは手が届かなかったのだろう。うまく明治の御維新を迎えることができた。しかしある時は、父が密偵に尾行されて、青蓮院《しょうれんいん》の坂を下り、いまもある知恩院の黒門まで来たときは、もう錦光山家が眼と鼻の先だし、絶体絶命、夜陰に乗じて密偵を切ってしまったこともあったということだ。鳥羽伏見の戦いでは、僕の父の忠告で、錦光山家の人々は遥かに立ち上る火焔を望みながら、大きなお櫃《ひつ》を抱えて山科まで逃げなさったが、眼の前では、三条街道を鳥羽伏見の戦場へ、西へ西へと進軍する官兵たちの殺気だった姿でいっぱいであった。それをくぐり抜けながら、ひょっとしたら丸焼けとなってしまうかもしれないわが家を捨てて、いま住んでいるこの寺へ逃げてきなすったのだ。(中略)おまけに今度は思いがけず君のことを、この寺で預かることになってしまったのも面白い縁だ。明治になって君のお祖父さまは惜しくも亡くなられてしまった。だが、今、僕の代になって父の恩返しが果せるということかな(後略)[1]

この話が本当であれば、宗兵衛は維新の志士と深い交遊関係にあったことになる。私の父は生前、この自伝的小説はほとんどすべて自分の体験にもとづいていると語っていたので、おそらく嘘ではないのだろう。とすると、宗兵衛は将軍家御用御茶碗師を勤めながら、倒幕の急先鋒であった長州の志士をかくまったりして支援していたことになる。どうしてそんなことになったのかわからないが、ただ、前掲の「女丈夫輪出之魁」のなかで父は「維新前の京都は、いうまでもなく勤皇倒幕派と佐幕派が昼夜をわかたず激烈に争った時代であった。そのころ、祖母の話によると、朝になって家人が大戸をひき上げてみると、軒下に紋付羽織袴《はかま》の立派な武士の斬殺された死骸《しがい》が横たわっていたり、夜中に横町でいりみだれた足音や、剣戟の響きや雄叫びの声が聞こえたりすることがよくあったという[2]」と書いている。おそらく助けを求めてきた武士をかくまってやったら、それが長州藩士であったというのが真相なのではなかろうか。それに加えて、京都の人々は先祖代々幾多の動乱、政変をいやというほど体験してきていて、時の権力は移ろいやすいものであるという覚めた眼をもっていたことも影響していたのかもしれない。

幕末の京洛、煎茶文化の影響

いずれにしても、私が抱いてきた疑問としては、宗兵衛は代々将軍家御用御茶碗師を勤めていた家に生まれ、どちらかといえば保守的な立場にもかかわらず、どうして幕末から明治にかけて一挙に輸出に活路を見出すという発想の転換ができたのかということである。この点を抜きにしては、その後の宗兵衛の展開が考えられないのである。

そこで、私が注目したいのは、煎茶《せんちゃ》文化の影響である。前に述べたように、宗兵衛は幼い頃、粟田の名工といわれる青木《あおき》木米《もくべい》に師事して磁器の製法を学んでいるが、その青木木米こそは煎茶文化・精神を体現したような陶工であった。青木木米は大阪の高名な文人である木村《きむら》蒹葭《けんか》堂《どう》と交わり、三十歳で陶工を目指し、煎茶、南画などの文人趣味に通じ、磁器に呉須《ごす》赤絵《あかえ》などの中国風の絵付を得意とした奥田《おくだ》頴川《えいせん》に学び、急須などの文人趣味の唐物写《からものうつ》しの煎茶器などを盛んにつくっていたのである。

小川後楽氏の『煎茶への招待』(3)によると、煎茶というのは、もともと中国において、元などの異民族に支配された体制をうとみ、世俗的な富や権勢の道を歩くことを避け、自然を友とする脱俗隠棲《いんせい》の生活に強い憧れを抱いた中国の詩人、文人の喫茶などを源流としているという。そうした中国隠士の清雅な生活文化への憧れが売茶翁《ばいさおう》をはじめわが国の近世文人の生き方に影響を与え、その限りない憧憬《しょうけい》が「煎茶」をひとつの形あるものとし、江戸時代半ば以降独自の道を歩みはじめることになったと述べている。

一方、「茶の湯」は江戸時代に入って、小堀遠州などの武人が茶匠として登場し、将軍家、諸藩武士上層の必須教養のひとつになり、それまでの豪商・町人が主要な役割を果たしていたものから、「武家茶の湯」「大名茶」として隆盛していったと述べている。このように茶の湯が武士のたしなみとして欠かせないものになっていったのに対し、煎茶は京洛の文人墨客の間に広まっていったのであった。とりわけ、大きな籠のなかに、茶を煎じる道具を入れ、ひとりで背負い、水や石の清らかなところで茶を煎じ、身分や貧富の差なく、訪れる人たちに茶を飲ませていた売茶翁の影響は大きく、その影響を受けた上田秋成《うえだあきなり》、頼山陽《らいさんよう》、青木木米などが煎茶に熱心に取り組むようになったという。

さらに、小川後楽氏によれば、茶の湯を大成させた千利休《せんのりきゅう》の時代にあって、「茶の湯」がもった積極的な意義は、安土・桃山以来の絢爛《けんらん》豪華な美意識に対する「わび」「さび」の主張であり、また武士も町人も同座させるという平等主義等があげられるという。しかもこれらはそれぞれが深く追求されていく過程で禅に邂逅《かいこう》し、茶禅一味が茶の湯の究極の世界として求められていったという。しかし、当初から権力者との因縁浅からぬ茶の湯は、利休の理想どおりにはいくことはなかったと述べている。

こうして京洛の文人たちは反権力な意識から茶の湯に対する反発を示し、さらに時代が下がるとともに、茶の湯そのものが依拠している背後の権威、江戸幕府とその社会体制への批判に進展していったという。幕末に向けては、幕府側の保守的な教養としての茶の湯に対して、頼山陽や田能村竹田《たのむらちくでん》などの文人が煎茶を革新的な喫茶趣味としてとらえるようになり、煎茶は最盛期を迎え、尊皇攘夷の志士らとも関係するようになっていったという。

抹茶・煎茶の二つの文化に軸足を置く宗兵衛

こうした煎茶文化の中心人物のひとりであった青木木米に師事した六代宗兵衛が、反権力、反幕府的な煎茶文化の洗礼をまったく受けなかったとは考えにくい。むしろ、こうした下地があったればこそ、長州藩の志士をかくまったりしたのではなかろうか。澤野久雄・宇野三吾氏[4]は、「仁清のころから京都にある反骨の精神は、歌舞伎、俳諧、俳句、茶道などすべてにわたっていた。

独特華麗な茶の湯の流行は江戸に対する京都の息吹きでもあり、誇りでもあった。江戸の武士が儒教的に傾けば傾くほど、京都は和風で、宮廷風を強調した。元禄以後は逆の形で中国風文人墨客を愛し、鎖国への抵抗を示したように思われる。江戸の朱子学は、京都、浪花では陽明学であった」とし、また「徳川末期には武士を中心とする儒教が盛んであったが、京都では鎖国に対する反発とともに、文化の面でもきわめて在野的で、町人文化を発展させ、独自の中国文化を吸収しようとしていた。まさに京都は反骨精神の旺盛な文人墨客の巷であった。文人、画家が氾濫《はんらん》し、焼物の世界も中国趣味が溢《あふ》れていた」とも述べている。

幕末に至る頃、京都は文人墨客の巷であったようであるが、前﨑信也京都女子大学准教授によると、幕末の粟田の領主・青蓮院宮である中川宮（朝彦親王）は宮廷政治家でもあり、抹茶と煎茶の両方を嗜《たしな》んでいたとみられ、粟田の陶工である六代宗兵衛も抹茶、煎茶の両方の文化に触れており、陶器も磁器もつくっていたと思われると述べる。そう考えると、宗兵衛のなかには将軍家御用を勤めてきた御茶碗師としての抹茶文化および在野的で旺盛な反骨精神にあふれた煎茶文化が併存していた可能性があるのではなかろうか。宗兵衛はこの二つの文化が併存する柔構造の精神をもっていたがゆえに、時代の大きな変わり目に、柔軟で自由な発想の転換ができたのではないかと私には思われるのである。

陶磁器輸出の動き

宗兵衛は陶磁器輸出へとどのように発想の転換を行っていったのであろうか。それを考えるひとつのヒントになるのが、粟田焼の陶家で、幕末から明治にかけて活躍した丹山青海《たんざんせいかい》家の過去帳である。

三好一氏によるとその過去帳には「安政三年京都所司代・久具因幡守《いなはのかみ》、井上遠江守《とおとうのかみ》、奉行浅野和泉守《いずみのかみ》等と陶器を欧州に輸出するの国利なるを談ず⑤」と記されている。安政三年（一八五六）というと、ペリーが浦賀に来航してから三年後、日米修好通商条約が締結される二年前のことであり、その時点で、京都所司代や京都の奉行が陶器を欧州に輸出することが国益になると考えていたことは注目に値する。

では、なぜ彼らは安政三年の時点でそのように考えていたのか。町田明広氏によると、当時の老中である阿部正弘・堀田正睦はアメリカが圧倒的な軍事力を背景に日本に対して強硬に通商を迫るなか、嘉永七年（一八五四）に日米和親条約を締結する一方、海岸防禦御用掛を任命し、品川台場の造営を急ぎ、また海軍士官養成機関である長崎海軍伝習所を設置、日本の海防・軍事の強化をめざしていたという。彼らは強力な軍事力をもつ欧米諸国に対抗するためには、貿易によって利益を出し、その利益でもって日本の武力の拡充を図ろうとしていたと述べる。(6) 当時、陶磁器は日本最大の工業製品にして輸出ができる有力な商品であった。日本は「鎖国」という海禁政策により自由な往来と貿易は禁止されていたが、完全な鎖国ではなく、一部貿易は行われていた。ただし、それらの貿易は幕府と少数の御用商人、一部の藩に限られていた。そんな貿易のうま味を知る幕府が、陶磁器輸出が国益になると考えても不思議ではないだろう。

ところで、なぜ丹山青海は幕府の幕閣とそのようなことを談じたのだろうか。丹山青海は、嘉永元年(一八四八)に粟田で窯を開いた人物であり、粟田の代々の陶家ではなかったが、陶器に銅版絵を点彩する銅版転写絵付技法を開発するなど進取の精神に富んだ陶工であった。嘉永六年(一八五三)に青蓮院御用陶器師になっており、粟田を代表して陶器を欧州に輸出するという話を京都所司代や奉行と談じたのであろう。実際、丹山青海は食器数十点を江戸に送って欧州に輸出したようだが、継続はしなかったようである。では、なぜ陶器輸出は継続しなかったのであろうか。それは、徳川幕府が日米修好通商条約を朝廷の勅許を得ずに締結したことから、過激な尊王攘夷の嵐が吹き荒れ、輸出どころの騒ぎではなくなったからであろう。

いずれにしても、幕末の安政三年の時点で幕府と粟田の陶家の間ですでに陶器輸出の動きがあったことがわかる。この動きは攘夷の嵐により中断を余儀なくされたものの、慶応三年(一八六七）に徳川幕府が大政奉還し、王政復古の大号令が出されて、徳川幕藩体制が名実ともに崩壊する情勢になると、再び息を吹き返してきたのではなかろうか。というのも、幕末の動乱のこの時期、将軍家や諸藩の御用が著しく減り、粟田の陶家は軒並み青息吐息となっていた。粟田焼は巧みな作陶の技を活かして、京の洗練された意匠を絵付した陶器をつくっており、その匠の技がもっとも活きるのは、茶陶などの高級陶器である。ところが、その高級陶器の最大の需要家である将軍家や禁裏《きんり》、公家《くげ》、大名家などが茶陶どころの騒ぎではなくなっていたのだ。窮地に追いこまれた粟田の陶家は、途方に暮れながらも、新しい一歩を模索していたことだろう。

黒田天外『名家歴訪録　上篇』によると、七代宗兵衛が「ハイ、亡父の功労と申しまするは、慶応の二三年頃から、そろそろ外国貿易に着目しておりましたが(7)」と述べており、輸出への動きが始まっていたことがわかる。慶応二、三年頃といえば、徳川幕府が崩壊寸前とはいえ、まだ存在していた時期である。おそらく宗兵衛をはじめとして粟田の陶家は、時勢の変化を感じ取り、徳川幕藩体制が崩壊したらどうやって生きていくのか、頭のなかで何回も真剣にシミュレーションしていたのではなかろうか。なぜならば、粟田の陶家はなにより徳川幕藩体制に支えられて生活していたのであり、その最大の庇護者がなくなれば、もっとも打撃を受けるのは自分たちであることがよくわかっていたと思われる。

慶応三年、第二回パリ万博で評判を博した日本の美術工芸

ここで注目されるのが、宗兵衛が長州の志士たちと交遊関係があったことである。というのも、志士たちと交遊していれば、当然彼らから様々な情報が入ってきたであろうし、そのなかには外国の情報も含まれていたのではなかろうか。実際、長州藩は攘夷を実行するために、下関を通過中の外国船に砲撃を加えた文久三年(一八六三)に、一方で長州ファイブといわれる青年たちをイギリスへ秘かに留学させていたし、元治元年(一八六四)、長州藩が下関で四国艦隊に砲撃されて惨敗を喫したのを契機に強硬な攘夷派から開国・近代化の方向へ舵を切っていく。宗兵衛は折にふれて長州藩の志士からこのような話を聞きおよんでいて、時勢の変化を鋭敏に感じ取っていたのではないだろうか。

攘夷から開国というこうした動きは長州藩だけのことではなかった。薩摩《さつま》藩も、薩英戦争で手痛い敗北を喫し、開国・近代化路線に転換、慶応元年(一八六五)に親善使節団と留学生をイギリスに派遣し、明治に改元される前年の慶応三年(一八六七)には、第二回パリ万国博覧会に薩摩藩も徳川幕府とともに参加している。

すでに嘉永四年（一八五一）には世界最初の万国博覧会がロンドンで開催され、会場となった鉄とガラスの建築「水晶宮」が評判を呼び、また安政二年（一八五五）の第一回パリ万国博覧会では日本の文物が紹介され、さらに文久二年（一八六二）の第二回ロンドン万国博覧会では初代駐日公使のオールコックが滞日中に収集した六百十四点の日本の美術工芸品が展示されたが、日本が初めて正式に参加したのは慶応三年の第二回パリ万博からのことであった。

佐藤節夫氏によると、ナポレオン三世から正式に招請された徳川幕府は十五代将軍徳川慶喜《よしのぶ》の実弟徳川民部大輔昭武《あきたけ》（当時十四歳）を代表に総勢二十八名を派遣したという。一方薩摩藩は「薩摩琉球国」と称し、藩主島津家の家紋である丸に十字の旗を掲げ、家老の岩下方平を代表として独自に使節を派遣していた。薩摩藩は徳川幕府とは別のパビリオンを確保し、外国の高官に「薩摩琉球国勲章」を配るなどして、薩摩藩があたかも徳川幕府から独立した国であるかのように宣伝した。権威を著しく失墜させられた徳川幕府は、薩摩藩と激しくやりあったが、徳川幕府が日本における唯一の正統な政府である前提が崩れたかたちになり、徳川幕府はフランスから六百万ドルの借款契約を白紙に戻されるなど大きな痛手を負ったという⑧。武力による倒幕に傾いていた薩摩藩による巧妙な外交戦略の勝利であった。半年後に勃発する鳥羽伏見の戦いの前哨戦がパリ万博を舞台に激しく繰り広げられていたのである。

こうして第二回パリ万博には、日本は陶磁器、浮世絵、屏風、絵巻物、刀剣、蒔絵《まきえ》、漆器《しっき》、根付《ねつけ》、印籠《いんろう》など幅広く出品した。日本から船積みされた磁器の詰め物として浮世絵が使われていて、たまたまそれを見たフランス人が、こんなにすごいものがあるのかと度肝を抜かれたという。浮世絵とともに陶磁器では有田焼や薩摩焼の錦手などが大変な評判を博したという。ヨーロッパの人々にとって、極東の島国の日本にヨーロッパとはまったく異質な美の世界があることは驚きであり、大きな衝撃であった。そればかりでなく、江戸の商人瑞穂屋清水卯三郎も独自に参加し、浮世絵などを展示して人気を博した。この第二回パリ万博は、日本の美術工芸品がヨーロッパに多大な影響を与えることになったジャポニスムの潮流の一大契機となる記念すべき万国博覧会だったのである。

佐藤節夫氏によると、六代錦光山宗兵衛は「慶応二年(一八六六)かその翌年に横浜港を通して海外貿易を開始した(9)」と述べており、また『明治以降　京都貿易史』でも「亡父宗兵衛よく祖業を継承し志を製陶に励まし力を改良に尽くし慶応年間輸出品を造り始めて販路を海外に開き(10)」とあるので、すでに慶応年間に貿易を開始していたとするならば、志士たちとの交遊を通して、海外の最新情報が宗兵衛の耳にも届いていた可能性が高いのではなかろうか。

先の「女丈夫輸出之魁」のなかで父は「長く、暗い、激烈な時代をくぐり抜け、ついに明治維新を迎えたときの京都の人々の胸のうちには、どのような想いが去来しただろうか。おそらく第二次大戦の敗戦直後にみられたような虚脱感と将来への不安とが、重々しくのしかかってきたことであろう。しかしまた、その半面では嵐の過ぎ去ったあとにみる青空を仰ぎみたときの感慨もまた身に沁みたことであったろう。そしてこの空の彼方から、とうとうと海鳴りのように西欧の文明が海を渡ってくる音を耳にしたのに違いない(11)」と書いている。

京薩摩をつくる

外国人に蹴られた宗兵衛の製品

慶応四年(一八六八)七月に江戸が東京と改称され、九月に元号が慶応から明治と改元された年に、ひとりの外国人が宗兵衛の店先に現われた。前掲の『明治以降　京都貿易史』では「彼が始めて外人に接したるは慶応三年の頃にして(12)」と記されている。店番をしていた家人はさぞ驚いたことであろう。その頃、外国人は日本国内を二十五マイル以上移動することが禁止されており、それができる特権は諸外国の外交代表だけに限られていた。とりわけ京都は朝廷のお膝下であり、外国人にとって京都は神秘のベールにつつまれたミカドのいる禁断の聖地であった。京都の人々にとっても外国人を見たのは、その年の三月に朝廷との謁見《えつけん》のために上洛したイギリス公使ハリー・パークス一行が朝廷に向かって行進するのを見たのが初めてであったろう。余談ながら、その時、ハリー・パークスの一行が縄手通りを右折する際に数人の浪士に襲われ、騎馬兵に多数の負傷者が出た。パークス一行だけでなく多くの外国人にとって、京都は依然として狂信的な排外主義のテロリストが跋扈《ばつこ》する危険な都だったのである。

さて宗兵衛の店先に現われた外国人は尋常な人物ではなかった。どう尋常でなかったのかは、前掲の『名家歴訪録　上篇』のなかで七代宗兵衛が、「ハイ、初代以後の逸事というては、何も残っておりません。もっとも製品に於ける特別の釉薬《ゆうやく》調合法などは、幾分か記録に残っておりますが、其他は一向分りません。ハイ、亡父の功労と申しまするは、慶応の二三年頃から、そろそろ外国貿易に着目しておりましたが。明治の初年頃に米国人でございましたか一人参りまして、未だ言葉も分らぬ時分でございますが、ともかく亡父と談じまして、亡父はかねての計画を述べ、また製品をも示し、こゝで初めて外国貿易に着手しようとの意思を確かめました。其時分には非常に困難であったそうで、通弁なども一向ございませんから、僅かに手真似などで双方の意向を呑込むのでございますが、其また外人の傲慢《ごうまん》は甚だしいもので、折角《せっかく》此方で苦心した製品を見せましても、自分の気に入らぬ何かすると、直《す》ぐ靴で其品を蹴返す。それを見て、アゝ之ではいかぬと、また着色等を改めるといふ塩梅《あんばい》で、其他なかなか苦しみました。それで私の母も粟田の陶器師田中《ママ》家の出で、其当時陶器の製造、釉薬の調合等についても精通しておりましたから、能《よ》く亡父を助けて着々製造を盛んにし、年を経るに従って、外人との交際も広くなって、自然にお得意も殖《ふ》えました。而して其頃輸出しましたのは、おもに珈琲道具で、其他花生、香炉等でございます(13)」と語っている。

この宗兵衛の製品を蹴った外国人はどうやらアメリカ人らしいが、たったひとりで訪れたと書かれているから、二十五マイル以上の移動が許されている外交官であったのか、それとも、何度か訪れてきて製品に注文をつけているところをみると、横浜か神戸の外国商館の商人であったのであろうか。神戸港はその年開港されたばかりであったが、横浜でも神戸でも外国商館の外国人は海千山千の人間が多かったというから、何か特別な理由をつけて許可を得て京都にやってきたのかもしれない。いずれにしても、この外国人の傲慢な振る舞いに対して宗兵衛もよく耐えたものである。それに耐えられたのは、「亡父はかねての計画を述べ、また製品をも示し、こゝで初めて外国貿易に着手しようとの意思を確かめました」と書かれているように、六代宗兵衛はその時点ですでに外国貿易に着手する意思を固めていたからであろう。

ところで、この傲慢な外国人は、何が気に入らなかったのだろうか。いろいろあったであろうが、七代宗兵衛が述べているように、ひとつには着色であったことがわかる。その頃、顔料の調合は、各陶家の秘中の秘であり、秘伝として当主が代々子に伝えていくものであったが、絵付けの顔料は和絵具が用いられていたという。和絵具は濃いふのりを使って、ボテっと塗るので、どうしても盛り上がってしまう。盛り上がれば、それだけ緻密な絵付けが難しくなるので、それが気に入らなかった可能性はあるだろう。また色にしても、それまでの粟田焼は古清水《こきよみず》と呼ばれる作風で、貫入《かんにゅう》のある薄玉子色の素地に、主に紺青と緑青、黄、金彩で絵付けされたものが多く、それほど多彩な色は使われていなかった。さらにその外国人が、飲食器を考えていたならば、粟田焼の貫入が気に入らなかったことも考えられる。貫入というのは、釉《うわぐすり》と土の収縮の度合いの違いから自然に生地に入る細かいひび割れのことである。日本では雅趣があると珍重されていたが、純白な生地の飲食器を好む外国人には疵《きず》と見られて敬遠されることは大いにありうることであった。

遷都による京都の地盤沈下と新たな色絵陶器の模索

いずれにしても、幕末の動乱のさめやらぬこの時期に、まったく違う文化や価値観の外国人が突然現われ、傍若無人の振舞いをするのに宗兵衛も大いにとまどったことだろう。ましてや意思の疎通を手真似や身ぶりでしたわけであるから、誤解や勘違いなど悲喜劇も多々あったと思われる。だが、その一方で宗兵衛はいかに多彩な色を使って、精美な色絵陶器をつくっていくかという新しい彩画法の開発に没頭していったのではなかろうか。ただ多彩な色といっても、それぞれの顔料の溶融温度が違うため、高温で焼き上げると、顔料が変色してしまったり、溶けて混じり合ってしまったり、うまくいかずに苦しんだことであろう。だが、宗兵衛はそれがどれほど困難なことであってもやり遂げる必要があった。

というのも、粟田の陶家にとって新たな衝撃が起きたのである。翌明治二年（一八六九）の正月、京の町は、まだ松の内から蜂の巣を突ついたような騒ぎになっていた。前年の九月に、天皇は江戸から改称されたばかりの東京へ行幸した。その年の暮れには京へ帰ってきたものの、明治二年の二月には太政官の東京移転が決まった。それればかりでなく、京都の人々の猛烈な反対運動にもかかわらず、三月には天皇が再び東遷してしまい、京都は事実上、千年以上にわたる帝都としての地位を失うことになったのである。御一新を迎えて、これで京の都もやっと陽の目をみるようになると思っていた京都の人々の落胆、失意は大きかった。

東京遷都に伴って、天皇家とともに宮家六家、公家百三十七家、諸侯、志士や官僚なども新都に移り、また一般の富裕な実業家のなかにも新都や大阪などへ移り住む者が多くなった。これらの人々は、陶磁器や西陣織、京友禅、漆器などの庇護者であり、また最大の需要家でもあった。それだけに、京都の地盤沈下が避けられない情勢となった。

それでなくても、維新後、政府高官など多くの人が西洋かぶれとなり、その影響から茶の湯が廃れ、茶道具の需要がほとんどなくなっていたところに、東京遷都が重なり、粟田だけでなく五条坂、清水の陶家のなかにも廃業や倒産に追い込まれるところも多くなり、古物の修理や日用品の製作などで辛うじて渡世していく有様となっていた。

　こうした大きな転換期のなかで、宗兵衛は何度も壁にぶち当たりながら、新しい彩画法を求めて暗中模索の日々を過ごしていたと思われる。外国人にどのような陶磁器が好まれるのかを考えていた宗兵衛には、慶応三年の第二回パリ万博で評判を呼んだのが薩摩焼であったということは大いに参考になったのではなかろうか。とりわけ評判を博したのが朴正官の錦手《にしきで》の大花瓶であったという。錦手というのは、多彩な色で絵付された華麗な色絵の焼物のことであり、そのなかでも濃厚な彩色美を誇るものは十錦手《じっきんで》といわれている。錦手のうち金襴《きんらん》のように金色で描かれた文様のあるものを金襴手《きんらんで》と呼んでいる。中ノ堂氏によると、粟田では明和年間（一七六四～七二）に「堆朱沈金唐草《ついしゅちんきんからくさ》等ノ金銀彩色」、天保年間（一八三〇～四四）に「人物画始メ製ス」という色絵金彩人物画の意匠が新たに加わったと述べており[14]、粟田は錦手を伝統的に得意分野としていたのである。また先にも述べたように寛政五年（一七九三）、三代錦光山喜兵衛が薩摩の陶工、星山仲兵衛と川原芳工に錦手の技法を伝授しており、薩摩焼とは浅からぬ縁があったのである。

彩画法「京薩摩」の開発

ここで、星山仲兵衛、川原芳工との関連もあるので簡単に薩摩焼に触れておこう。

薩摩焼は、豊臣秀吉の朝鮮出兵の慶長の役の際に、島津家十七代島津義弘が朝鮮陶工を連れ帰ってきたことに始まるという。慶長三年（一五九八）、串木野島平、鹿児島前之浜、東市来神之川、加世小湊に上陸した朝鮮の人々が、いくつかの系統に分かれて、苦心惨憺《さんたん》の末、白薩摩や黒薩摩などの焼物をつくり上げていった。白薩摩は、白土を用い、土と釉薬の収縮率の差によって焼成後に生ずる細かいひびである貫入が入った生地に繊細な錦手の上絵付を施したもので、かつては島津家の御用窯でしか焼くことを許されなかった。この御用窯の流れを竪野《たての》系といい、星山仲兵衛はこの流れに属し、川原芳工は串木野島平に上陸した陶工のうち龍門司《りゅうもんじ》系と呼ばれる流れに属していた。

江戸時代の末になると、串木野島平に上陸した朴平意を中心とする人々が移り住んだ苗代川《なえしろがわ》（日置郡東市来）系でも、苗代川に錦手の技法がないことを残念に思い、朴正官の父の朴正伯が薩摩藩の焼物奉行に談判したところ、竪野系から錦手を教えるために陶工が派遣されることになった。朴正官がその弟子となり、苗代川でも錦手や金襴手がつくられるようになったという。嘉永四年(一八五一)に第二十八代薩摩藩主島津斉彬《なりあきら》が島津藩の近代化のための集成館事業に着手し、洋式工場群の一環として磯《いそ》御庭窯《おにわかま》を築き、苗代川の朴正官を招いて錦手の製作を指揮させた。朴正官は京色絵風の錦手に繊細緻密な金彩を施し、金盛高《きんもりだか》技法を確立するなど金襴手の品質向上に尽力し、島津斉彬侯から大いに称賛されたという。こうして薩摩焼は、島津家代々の保護を受けながら、陶工たちの不断の努力によって、いくたの試練を乗り越え、パリ万博で評判を博すことになったのである。

宗兵衛はこうしたことも勘案しながら、何百、何千回と顔料の調合を変えて試焼を繰り返したものと思う。というのも、雲林院寶山氏のお話では、多彩な色を出すためには、硅石に唐ノ土といわれる鉛分を調合して基礎の釉をつくり、それに顔料を加えて上絵付の絵具をつくるのだそうだが、それが極めて難しいのだそうである。陶土をいろいろ変えたり、何度も練り直したり、試行錯誤を重ねたことだろう。おそらく宗兵衛は寝食も忘れて、一心不乱にそれをやり遂げたのであろう。もちろん妻の宇野も粟田の陶家の生まれで、嫁してもまた陶家であり、生まれながらに粟田の土に生きぬいた女である。釉薬《ゆうやく》の調合や試焼などいろいろな面で宗兵衛を助けたにちがいない。

明治三年(一八七〇)、後に「京薩摩《きょうさつま》」といわれる粟田焼に錦手技法を取り入れた精密な彩画法

（錦彩画）が完成の域に達した。この彩画法は、高温で焼成すると顔料の溶融温度の違いから、顔料が溶けて混じり合ってしまうので、技術的に極めて難しかったとされる。どのような工夫があったのかわからないが、新しい採画法のひとつの典型が、瑠璃地《るりじ》錦手の香炉であろう。香炉の上面と胴部の上下、左右が瑠璃釉で縁取りされていて、その瑠璃地の上に金彩の唐草文が細かく描かれている。瑠璃釉で囲まれた胴の面に窓を開け、その窓のなかに草花と着物姿の若い女性たちが緻密に描かれている。女性の着物にも細かく金彩が施されていて、豪華で気品のある香炉となっている（図柄は違うが口絵19参照）。これが可能となったのは粟田で色絵金彩人物画の伝統があったからではなかろうか。

明治二十四年（一八九一）に発行された『京都府下人物誌』によると、「六世宗兵衛氏に至りて専ら外国輸出品を製す、慶応年間に至り従前の粟田焼は其質外人の嗜好《しこう》に適せさるを以て大に之れが改良を企図し数年の精苦研磨を経て終《つい》に外人の好評を得たり」さらに「氏は其質の改良と共に其製法を改良し大小形貌彩画の法に至るまで皆外人の嗜好と便宜とを慮かり製せさるものなく是を以て外国の市場到る処に粟田焼の名声を博し今や彼等の間に於て装飾品として飲食器として大に愛翫せらるゝに至れり、又粉画の法に於けるも非常の工夫を費やせり、明治三年に至り初めて粉画顔料の新法を案出し大に其製品をして優美に且簡雅ならしむるを得て一層の好評を博するに至れり(15)」と記されている。

これによると宗兵衛はただ単に彩画法を開発したというだけでなく、粟田焼の製法を改良し種々の工夫を施して、徹底して外国人の嗜好および便宜を研究したようである。いずれにしても、宗兵衛の店に現われた外国人がひどく傲慢であったことが、宗兵衛を奮い立たせ、粟田焼を海外に輸出することにつながったとすれば、その傲慢な外国人は宗兵衛にとって大恩人ともいえるのではなかろうか。

なお、慶応三年のパリ万博に参加した江戸の商人瑞穂屋清水卯三郎が持ち帰った西洋絵具は服部杏圃《きょうほ》が実用化し、全国へ普及に努めていた。しかし京都において宗兵衛や幹山伝七《かんざんでんしち》などが、本格的に西洋絵具を採用するのは、それから六年後の明治九年まで待たなければならなかった。

神戸の外国商館との取引から始まった海外貿易

外国人の嗜好に応じた顔料の採画法を開発した宗兵衛は、神戸の商館と交渉をはじめた。『京焼百年の歩み』によると「明治五年ニ至リ、錦光山宗兵衛、帯山与兵衛等ハ大ニ販路ヲ海外ニ試ミント欲シ先ツ素地ヲ焼キ、錦雲軒之レニ彩画ヲナシ神戸港ナル外国商館ニ至リ試売ヲナス、之レ京都ニ於ケル海外ニ販路ヲ開キタル始祖トス」(16)と記されている。明治五年(一八七二）といえば、宗兵衛はすでに五十歳になっており、当時でいえば晩年といえる年齢であった。ところで、ここに登場する帯山与兵衛というのは、粟田で代々禁裏御用を勤めていた窯元であり、瑠璃釉に妙技を発揮してきた陶家である。東京遷都により禁裏御用がなくなり、彼も外国貿易に活路を開くという志を同じくしていたのであろう。また錦雲軒というのは、本名は尾崎九兵衛といい、幕末から明治にかけての粟田焼の窯元であり、慶応三年のパリ万博で人気を博した七宝《しっぽう》の前途に望みを託していたという。彼が彩画したとあるから、絵付の腕は相当なものであったのだろう。

こうして宗兵衛たちは神戸の外国商館を訪れることになったが、開港当初（慶応三年十二月に開港）の神戸は、背後にある山並みが海に迫り、海に面した砂浜には松林が立ち並び家もまばらで、船入り場には和船が何十隻か係留されているだけの寒村にすぎなかったという。それでも宗兵衛が訪れた頃には、外国人居留地の競売が数回にわたって行われ、各国の外国商館が次々に進出し、海岸に面した外灘には、円柱で飾られたベランダのある豪壮な建物が立ち並んでいたという。宗兵衛たちはその威容に驚いたにちがいない。

その頃の外国商館の商人たちは、その大半は本国で食い詰めて、新天地で一旗揚げようという冒険者が多かったという。彼らは各藩との貿易が禁止されるまで武器取引などで上得意客だった諸藩の大名の心をとらえようと万事侍風にしており、外国商館はお屋敷と呼ばれていたという。彼らは武器や毛織物、舶来雑貨などを輸入し、生糸、茶などを輸出して貿易に圧倒的な力をもっていたという。また外国商館の人たちは、自分たちは世界の優等国人、日本人は劣等国人と見なして、海外の事情も為替のことも貿易実務も知らない日本人から不当に口銭をせしめたり、商品に難癖をつけて値引きさせたりして、日本商人を手玉に取っていたという。

おそらく宗兵衛たちもこうした海千山千の外国商館員を相手に大変な苦労をしたのではなかろうか。だが、その苦労の甲斐があってか、『京焼百年の歩み』によれば、「其後外人サッタンナルモノ錦光山へ来リ直接注文アリシヨリ花瓶、水指、香炉等粟田陶品ノ販路大ニ拡リ今日ニ至ツテハ巨額ノ輸出ヲ見ルニ至リタリ、斯ク輸出額ハ年々増加スルト同時ニ製品ノ技術著シク進歩ヲナシタリ」と記されている。ここに出てくるサッタンという外人は同書に欧州人と記されており、ヨーロッパ人であったことがわかる。

考えてみれば、その頃はまだ明治も揺籃期《ようらんき》であり、これから西洋の科学技術を学び産業を振興していこうという時期であった。この明治初期に、粟田焼が海外に貿易の道を切り拓いたということは、すでに粟田に相当の技術力とデザイン力があったということになるのではないか。京都府の勧業政策があったとしても、明治の元勲に成り上がり、やたらといばるようになった薩長の顕官らに指導されたものでなく、自助努力の賜物であった。それは逆に言えば、むしろ江戸時代後期から幕末に至る徳川幕藩体制下で豊かな生産力があったこと、またそれを支える職人の技術や町衆の文化があったことを示すのではないだろうか。

こうして神戸の外国商館員が、宗兵衛のところに直接やってきて注文するようになったわけであるが、父の雄二は「女丈夫輸出之魁」のなかで祖母の宇野から聞いた話を次のように書いている。「宇野はかつての地方武士のチョンマゲの代りに金髪の紅毛人が店先に現われる姿を想像して、ハタと膝をたたいた。（中略）おそらく家人、親戚の猛反対に遭ったことと思われる。しかし宇野は英断をもって実行した。彼女が考え抜いた外国人誘致の方法は、明治初年ごろとしてはまことに思い切った方法であった。かつて維新前地方武士が訪れたころにも店舗であった広い座敷一面に、赤毛氈《あかもうせん》を敷き詰めた。この赤毛氈を敷くという思いつきも、かつて店の前に置いた床几《しょうぎ》に敷いてあったことがヒントとなったことは確かである。その座敷に陳列棚を配置し、選りすぐった粟田焼の品々を並べた。テーブルとか腰掛けなども置いた。訪れてくる外国人たちの靴をぬがすなどというやぼったいことはやらず、靴をはいたままどっしどっしと赤毛氈の上を歩かせたのであった。うす暗い日本家屋特有の座敷、畳の上の眼の醒めるような赤毛氈、日本情緒《エキゾチズム》ゆたかな陶器の放つ妙なる光沢、珍しい品々を、思う存分観賞させた。外国人たちはこの日本の美に驚嘆した。彼らは争ってこの珍品を購ったのであった」(17)。

苦難の末にやっと粟田焼を輸出できるようになった宗兵衛や宇野は、意気に燃えていたことだろう。

万博を契機とした飛躍的な発展

京都の勧業政策、博覧会と舎密局

宗兵衛らが神戸の外国商館と海外貿易の端緒を切り拓いたことにより、粟田の輸出は急増していき、東京遷都で衰微していた京都を復興に導いていく。先述したように東京遷都により天皇家、宮家、公家、有力実業家などが新都に移っていったこともあり、京都は衰退の一途をたどっていた。しかし、京都府も京都の衰退をただ眺めていたわけではなく様々な政策を打って出たのである。具体的には、新政府から借り入れた勧業基立金十五万円に加えて、遷都と引き換えに下付された産業基立金十万両の資金をバックに、京都振興のために勧業政策を進めていった。その勧業政策のひとつが産業の発展と市民への勧業啓蒙のための「博覧会事業」であり、もうひとつが科学技術の研究発展のための「舎密局《せいみきょく》」の設置であった。

まず「博覧会事業」を簡単に見ておこう。京都で最初に博覧会が開催されたのは明治四年（一八七一）だが、博覧会の陳列品が古器旧物ばかりで、新時代の勧業にふさわしいものとはいえず、プレ博覧会ともいうべきものであった。翌明治五年に第一回京都博覧会が、本願寺、建仁寺、知恩院を会場として開催された。甲冑《かっちゅう》、刀剣類とともに西陣織物、漆器、陶器も出品され、宗兵衛も京薩摩風の瑠璃地金彩の花瓶を出品し、銅牌を得ている。この博覧会は、府参事の槇村正直が付博覧として祇園芸妓《ぎおんげいぎ》の「都をどり」を公演させたこともあって大変な盛況で、日本人の入場者は三万人を超え、外国人も七百七十人が入場したという。なお、槇村正直というのは、京都府参事から後に二代京都府知事となった人物である。彼は自由民権運動を空論として排斥する一方で、断髪、洋装を奨励し、お盆行事や雛祭《ひなまつ》り、七夕などをすべて迷信として禁止するなど毀誉褒貶《きよほうへん》の激しい男であったが、京都府の勧業政策を強引に推し進めていたのである。

中ノ堂一信氏によると、明治五年一月十五日、宗兵衛は丹山青海や幹山伝七らとともに「其方、近来種々工夫ヲ凝ラシ専ラ外国向ノ陶器製造致シ候ヨリ、追々諸国ヘモ輸出土地繁栄ノ一端ト相成、心得宜敷事ニ候」(18)と「職業出精の者」として京都府から表彰されている。また清六兵衛も洋製敷瓦《しきがわら》をつくったことなどで同じく表彰されている。

さらに翌明治六年(一八七三)に第二回京都博覧会が、京都御所と仙洞御所《せんとうごしょ》庭園で開催された。この博覧会では、陶器、漆器、扇子などの実演、即売会も開かれ評判を呼んだ。この実演に粟田からは宗兵衛、帯山与兵衛、丹山青海、五条坂からは高橋道八、清風与平《せいふうよへい》、清水六兵衛、清水から幹山伝七が参加していた。会期終了後、品評会が開かれ、フランス人のチュリー氏が「粟田窯花瓶（長さ一尺六寸、胴張七寸五分）金画着色、梅花鴛鴦《おしどり》等ノ図、錦光山製　チュリー氏曰く／金ヲ用ル過多ナリト雖モ凡テ着色ノ揚ラザルヲ惜ム」(19)と品評を加えたという。

もうひとつの勧業政策の舎密局であるが、京都府は河原町の旧長州藩屋敷のあとに、京都の理化学研究の先駆者で勧業課長の明石博高を主任として殖産興業施設を所管する勧業場を開場した。その中核的な理化学実験研究施設が舎密局であった。明治五年に旧角倉邸跡に分局二棟が、翌六年に本局が建設された。舎密局は、陶磁器、七宝、織物、紙などの手工業加工品の研究・改良を図るとともに、石鹼《せっけん》、ラムネ、ガラスなどの製造工場を兼ねて、京都の近代化に先駆的な役割を果たしていくのである。宗兵衛も明治六年、帯山与兵衛、丹山青海、清水六兵衛などとともに勧業場の御用掛に任命されている。

急伸する粟田焼の輸出

このように京都府は勧業政策を推し進めていったが、明治五年頃の京都は依然として遷都の痛手がさめやらず不振を極めていた。そうしたなかで京都経済復興の起爆剤となったのが、粟田の海外輸出であった。以下、『京焼百年の歩み』によってその状況を見ていこう。(20) 同書によると、「長年王城の夢を誇った京都も、東京遷都となるや、政界はもちろん産業面においても混乱はまぬかれず、陶業界も沈滞を心配されたが、この頃より我が国陶磁器業界が繁栄の途をたどるにつれ、京都でも粟田焼が輸出面に急進的発展をとげ、錦光山等の名が全国的に喧伝されるようになった。またこの勢いは五条清水にも及び、競って輸出に乗り出す業者が増えはじめた」と記されている。

実際、粟田焼の製陶業者は、明和七年(一七七〇)に十九戸あったが、幕末に向けて衰退の一途をたどり、明治五年(一八七二)には十二戸まで減少し、不況に喘《あえ》いでいたが、輸出が活況を呈していくにつれ、再び息を吹き返していったのである。それでは、なぜ粟田焼の輸出が急激に伸びていったのだろうか。それはひとつには、宗兵衛をはじめ粟田の陶工が外人の嗜好に配慮した様々な意匠を工夫していったことにある。『京焼百年の歩み』によると、京都では陶磁器の多くは茶器や飲食器などの日用品が主流で、装飾品は少なかったが、明治初年頃より海外輸出の道が開け、装飾品の製造が盛んになったという。これに伴って意匠も大いに改良され、明治四、五年頃には花鳥人物画や能、舞などの意匠が流行し、明治七年頃には鴛鴦や千鳥の画が大流行となり、明治九年頃には唐人画に金紗子《きんすなご》を振ったものが世人の喝采《かっさい》を得たという。さらに明治十三年頃には磁器染付物に草花、とりわけ蘭を描いたものがよく売れ、金付物茶器類も大いに流行して品物が底をつき注文の半分しか応じられず、また陶器では安南《あんなん》写しが

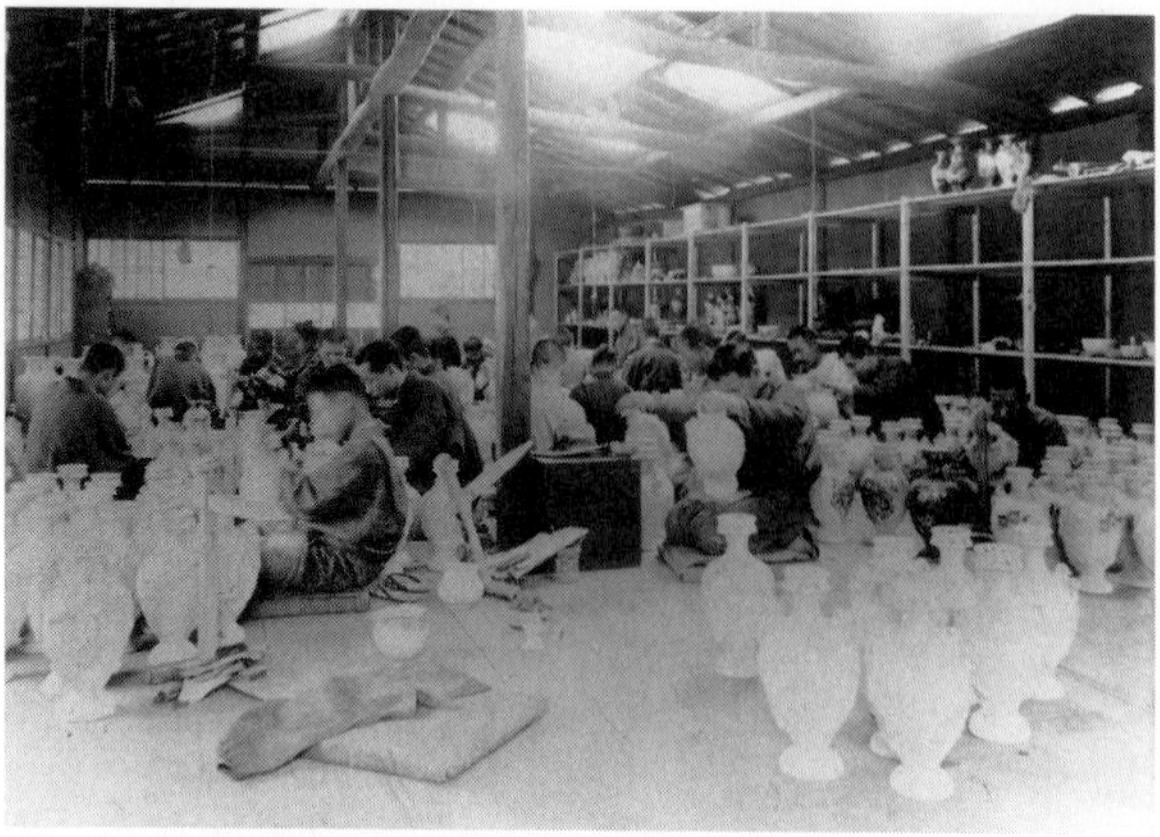
錦光山宗兵衛輸出陶器工場１（明治期末～大正初期）
京都府立総合資料館「京の記憶アーカイブス」から旧一号書庫写真資料より転載

流行したという。

こうした不断の努力によって、明治四年の京都府の陶磁器生産額は、九万円でこのうち輸出は約三万円で約三十パーセントにすぎなかったのが、明治六、七年頃より花瓶、水指、香炉等の販路が拡大し、明治八年には輸出の占める割合は六十七パーセントを占めるようになった。また明治九年のフィラデルフィア博覧会を契機として輸出は一層伸長していき、明治十二、三年頃には粟田が輸出ブームに乗り、旭日昇天の盛況を見せ、粟田の生産額の九十パーセント以上が輸出に向けられ、明治十二年の生産額は五十万円に達するなど、かつてない好況を享受するまでになるのである。

こうして粟田焼の輸出の伸長が、五条清水へも波及し、ひいては京都の復興に大きなインパクトを与えていく。明治五年当時の五条清水の製陶業者は四十五人と粟田を上回っていたが、国内向けが中心であり、乾山伝七を除くと職人、徒弟は五、六人で、販売額も三千円程度と小規模であったという。それでも、粟田の輸出の活況に刺激されて、五条清水でも次第に輸出に取り組む業者も増えていった。粟田では大規模、少数経営であったが、主な製陶業者は安田源七、帯山与兵衛、初代伊東陶山、丹山陸郎、宝山文蔵などであり、安田源七、帯山与兵衛の工場では職工四十人以上を雇用していたといわれている。宗兵衛の工場は、敷地面積が五千五百坪あり、本窯三基、錦窯二十基、職工二百五人を有し、生産額も年間十万円に達し、一躍京焼の最大手に躍り出たのである。宗兵衛は海外輸出に活路を見出したことにより、幕末の動乱期、その後の東京遷都という激変を乗り越えて大きく飛躍できたのであった。

ウィーン万博での大成功

このように粟田焼の輸出が急発展したことにより、京都においても陶磁器が次第に産業のひとつの形態になっていき、京都を復興に導いていくわけだが、こうした動きに拍車をかけたのが、海外で盛んに開催された万国博覧会であった。十九世紀後半は、万国博覧会が盛んに開催され「博覧会の時代」とも称されるが、万博により熱狂的にジャポニスムが広がり、粟田の輸出を加速度的に伸長させていったのである。

慶応三年のパリ万博についてはすでに触れたが、明治政府が初めて公式に参加したのは明治六年(一八七三年)のウィーン万博であった。『明治以降　京都貿易史』によると「明治政府はこれによって、西欧諸国の進歩せる文物を摂取し、国民の智能を啓発し、由って以て我国の幼稚なる産業の発達を助成し、かねて我商品の海外販路を開拓せんと意図した」(21)のである。このため、明治政府はウィーン万博のために六十万円という巨費を投じて態勢を整え、明治五年二月に墺国《オーストリア》臨時博覧会事務局を開設した。これを受けて京都府は同年四月に出品準備のために粟田の丹山青海、清水の乾山伝七などを東京に派遣し、粟田焼、清水焼の製法や特質を説明させ、七月には御用掛のドイツ人、ゴットフリート・ワグネルが万博に出品する美術品の調査のために京都へ出張してきた。

ちなみに、ゴットフリート・ワグネルというのは、日本が江戸幕藩体制から近代国家として歩み出そうとした時期に来日し、日本の近代窯業の発展に大きく貢献した人物であった。彼はドイツのハノーバー出身で、慶応四年五月に長崎に来日し、明治三年に佐賀藩に招聘《しょうへい》されて有田で陶磁技術の指導を行い、その後東京で大学南校・東校(現東京大学)の教師をしていたところ、明治五年一月に臨時博覧会事務局の御用掛に任命され、副総裁の佐野常民らとともにウィーン万博に参加したのであった。彼は六年後の明治十一年に京都の舎密局に招かれて陶磁器、七宝の化学的指導を行うなど京都窯業界と深い繋がりがある人物となる。また明治十七年には東京職工学校（現東京工業大学）で窯業学を教え、その門下生からは藤江永孝、飛鳥井《あすかい》孝太郎、平野耕輔《こうすけ》など錚々《そうそう》たるメンバーが輩出した。(22)

ウィーン万博はドナウ河に臨むブラーテル公園を会場として開催され、日本は庭園を築造し五重塔の模型などを展示して欧米人を驚かせるとともに、『明治以降　京都貿易史』によれば「斯の如く我国の出品は、我東洋文明の粋を鍾《あつ》め、美術工芸品の優秀なるものを選択し、又我特色ある各種の産物を展示したので、欧米の来観者に多大の感興を与え、我国を紹介するを得て、我商品の海外販路を開拓するに著功あった(23)」のである。こうして明治政府は、陶磁器、織物、漆器、銅器、七宝、蒔絵などを陳列し、陶磁器では薩摩の陶工沈壽官《ちんじゅかん》の大花瓶が高い評価を受けたほか、京都も粟田五条坂陶工の名義で有功賞牌を受けるなど好評を博したのであった。もっとも、日本の訪問団のひとりが「当時は欧州人は日本は支那の属国位に考えており日本人をみれば小声で支那人支那人と言い合った位である処に出品を見れば美術品、工芸品から農産物、水産物に至るまで中々立派であるから大に驚いたのも無理はない(24)」と述べているから、日本の認知度はかなり低かったのであろう。いずれにせよ、日本はウィーン万博で大成功を収め、ジャポニスムは燎原《りょうげん》の火のように勢いを増していったのである。またウィーン万博では技術伝習生として丹山青海の次男丹山陸郎《たんざんりくろう》らが派遣され、外国の先進技術の導入に努めたのである。丹山陸郎はウィーンの工芸技術学校に入学し、博覧会閉会後、ボヘミアのカルスバットの陶器専門大学校に転校し、独、仏、英の陶器製造所を視察して明治八年に石膏鋳型製法と水金を持参して帰国したのである。

フィラデルフィア万博・パリ万博で加速するジャポニスム旋風

ウィーン万博に続いて明治九年(一八七六)にフィラデルフィア万国博覧会が開催された。この万博はアメリカ合衆国独立百周年を記念するとともに新興国家アメリカの勃興を示すものとして注目され、日本も総力をあげて出品したのである。二階堂充氏によると、明治九年の『米国博覧会報告書』には、フィラデルフィア万国博覧会における日本出品物の出品原価が記録されており、香蘭社が一万八千九十円、錦光山宗兵衛が五千二百三十一円となっている。有田の香蘭社が一万八千余円と突出しているが、これは同社が有田をあげての製造販売会社であり、京都では錦光山宗兵衛が五千二百三十一円ともっとも多く、これを含めた京都全体の出品原価は一万四千四百九十四円余りに上り、総額では有田に次いで他の産地を圧していると述べている。(25) また出品目録によると、錦光山宗兵衛は花瓶四十一対、栽花盆二個、コーヒー具五組、高盃二個、菓子器・皿十二枚、香炉六十六個などを出品したと記されている。(26) こうしてアメリカでも日本の工芸品が好評裡に受け入れられ、これを契機にアメリカでもジャポニスム旋風が巻き起こったのである。

明治十一年(一八七八)の第三回パリ万国博覧会は、セーヌ川を挟んでシャン・ド・マルスとトロカデロとの二会場で開催された。シャン・ド・マルス会場では輸出陶器の主流である色絵陶磁器が展示され、もうひとつの会場であるトロカデロでは、日本政府肝いりの輸出商社である起立工商会社が蒐集《しゅうしゅう》した瀬戸や信楽《しがらき》の茶入、伊賀の花入や備前の水指などの日本の古陶磁器が展示された。陳列された古陶磁器のうち一部は万博終了後売却され、残りの六十九個は九百三十二円で、セーブル製の磁器壺一対と交換された。交換された日本の古陶磁の内訳は、京焼二十件、肥前磁器、伊万里・有田十三件、瀬戸十一件、薩摩六件、備前四件などであったが、京焼のなかには、宗兵衛が出品した「色絵金彩人物図菱形平鉢」も含まれていた。(27)

なぜ、交換されたのかわからないが、ただ、その頃のフランスは、浮世絵や陶磁器といった日本の美術工芸品の色彩や意匠に触発され、生活に根ざした民衆芸術としての様々な意匠の革新が図られていたという。それまでも北斎《ほくさい》や広重《ひろしげ》などをモチーフにした「セルヴィス・ルソー」という陶磁器セットが人気を博していたが、第三回パリ万博でも、ジャポニスムの影響を受けたバカラ社のクリスタル製品やエミール・ガレのガラス作品などが好評を博した。(28) 富国強兵、殖産興業という大方針のもとで熱に浮かされたように貿易振興にはやっていた明治日本には、そうした変化を十分に知る余裕もなかったのであろう。歴史とは皮肉なものである。底流でこうした微妙な変化が起きているにもかかわらず、日本の色絵陶磁器、七宝などは絶賛を博し、数々の賞を受賞しただけでなく、次から次へと売約済の札が貼られ、飛ぶように売れたのである。京都の製陶家のなかでも、丹山青海や幹山伝七、七宝で並河靖之《なみかわやすゆき》などが銀牌を受賞し、清水六兵衛、高橋道八などが銅牌を受賞するなど奮闘していたのである。

このように、ウィーン万博、フィラデルフィア万博、パリ万博と回を重ねるごとに、ジャポニスムの波は広がっていき、ロンドンで『日本の陶磁工芸』、ニューヨークで『日本美術瞥見』などの本が出版され、日本の工芸品に対する一般の人々の関心も高まり、パリでは美術商のジークフリート・ビングが東洋古美術店を開き、次第に日本の美術・工芸品を扱う店も増えていった。また、フランスの実業家エミール・ギメやフェリックス・レガメなどの著名なコレクターが来日し、浮世絵、陶磁器、蒔絵、象牙彫刻などを大量に買いつけていくようになっていった。

ヨーロッパに衝撃を与えたジャポニスムの熱狂が頂点に達したのは、一八七八年の第三回パリ万博であった。三浦篤氏は「当時のパリにおいてジャポニスムは『もはや流行ではなく、熱狂であり、狂気で』あった。このように語った批評家エルネスト・シェノーは、一八七八年のパリ万博における日本美術の展示やフランス美術における日本趣味の広まりと意義について、論文『パリの日本』の中で活写し、詳しく分析している」(29)と記している。

なお、国内でも海外の博覧会にならって明治十年(一八七七)に第一回内国勧業博覧会が東京上野で開催され、宗兵衛も出品している。『内国勧業博覧会委員会報告書』のなかで「錦光山宗兵衛ノ粟田焼金象耳花鳥取合画ノ花瓶人物ノ大壺及香炉ハ先ヅ可ナリ、コーヒ器ハ面白カラズ、且斯ノ如キ大ナル碗ハ早朝茶ニ用フルノ外用所ナシ(30)」と少々手厳しい批評が加えられている。いずれにしてもジャポニスムは、第三回パリ万博の時期にまさに絶頂期を迎えたのであった。

粟田焼の失墜と六代宗兵衛の死

輸出による活況と狂奔

その後、活況に沸く粟田はどうなったのであろうか。『名家歴訪録　上篇』によると、七代宗兵衛は「そうして明治六年頃から、追々発達してまいり、十年から十二三年頃まで、最も盛んでございました(31)」と述べている。これを見ると、ヨーロッパにおける日本陶磁器の評判が次第に高まり、粟田では色絵陶器の伝統を継いだ宗兵衛や帯山与兵衛らの精密な錦彩画が外国で好んで迎えられて陶磁器輸出が急増し、明治十二、三年頃が絶頂期となったのであろう。当時の盛況については、すでに述べたように、海外からの注文が多すぎて品物が払底し、その

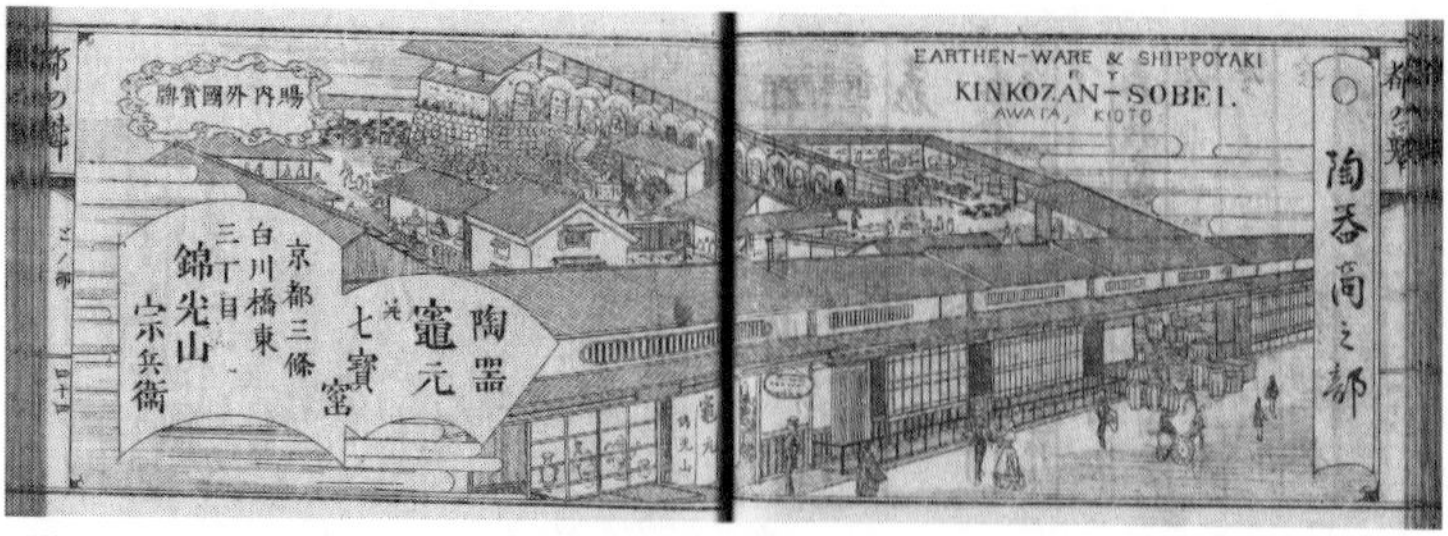

明治16年頃の錦光山商店の店舗・工場図
石田有年編『都の魁』(1883年)京都府立総合資料館蔵より転載

半分も応ずることができないほど活況を呈していたのであった。

　こうした状況のなかで粟田の製陶業者が競い合うように職工を増やし、三条通の白川橋から蹴《け》上《あげ》にかけて、陶磁器や七宝関係の職工が増え、彼らの家が狭い路地から路地に密集し、夕方になると三条通は家路に急ぐ職工の群れで一杯になるほどであったという。さらに、粟田の界隈では、零細業者も雨後の竹の子のように増え、これらの零細業者は、職工上がりや瀬戸や九谷から移り住む者も多く、朝から夜遅くまで、年老いた両親から幼い子供まで家族総がかりで、数千個の陶磁器を生産していたという。こうして京都の陶磁器の生産額は、明治十年頃までは十万円程度で推移していたものが、明治十一年に一挙に二十五万六千円余りと倍増。さらに明治十二年には五十万五千円と凄まじい勢いで増加していき、そのうち輸出が九割近くを占めるまでになっていた。まさにつくればなんでも売れるという状況となり、人々は熱に浮かされたように輸出に狂奔していたのである。

　宗兵衛のところも例外ではなかったようだ。父の雄二が宇野から聞いた話では、宗兵衛の名も海外で鳴り響くようになり、京都の店にも見知らぬ外国人客が急増し、女たちは陶磁器を売った代金を着物の袖に入れ、だいぶお金がたまって重くなると、袖から帳場の金庫のなかに、ジャラジャラと入れるほどの盛況を呈したという。明治十六年に発行された京都の買い物案内書の『都の魁《さきがけ》』(写真参照)を見ると、その頃の宗兵衛の店舗および工場を描いた図が載っており、当時すでに十五室ある巨大な登窯があったことがわかる。

粗製乱造で失墜する粟田焼の声価

ところで、当時の粟田の状況を書き残した外国人がいたのである。それは、大森貝塚を発見したアメリカの生物学者で陶磁器のコレクターでもあったエドワード・モースである。彼は明治十五年(一八八二)に京都の粟田や清水を訪れた際の印象を彼の著書『日本その日その日』のなかで次のように記している。

京都の近郊は芸術と優雅の都、各種の点から興味の多い都のそれとして、如何にもふさわしいものである。清潔さ、厳粛さ、及び芸術的の雰囲気が人を印象する。数ある製

錦光山宗兵衛輸出陶器工場２
京都府立総合資料館「京の記憶アーカイブス」から旧一号書庫写真資料より転載

陶の中心地――清水、五条坂、粟田――を訪れたことは、最も興味が深かった。粗野な近接地と、陶器の破片で醜くされた周囲と土地とは見出されず、まるでパリに近い有名な工房でも訪問しているようであった。奇麗な着物を着た附近の子供達は、我々が歩いて行くと、丁寧にお辞儀をした。製陶所の入口は控え目で質素であり、内へ入ると家長が出て挨拶し、即座に茶菓が供された。見受ける所、小さな男の子や女の子から、弱々しい体力で、ある簡単な仕事の一部を受持つ、老年の祖父までに至る家族の者だけが、仕事に携わるらしかった。製作高は、外国貿易の為の陶器で日本語では『ヨコハマ・ムケ』即ち横浜の方角、換言すれば輸出向きを意味する軽蔑的な言葉で呼ばれるものを除くと、僅少である。この仕事には、多数の家族以外の者が雇われ、十位の男の子が花、胡《こ》蝶《ちょう》その他、日本の神話から引き出した主題ではあるが、彼等の国内用品の装飾が繊美にも控え目であるのと反対に、これはまた胸が悪くなる程ゴテゴテした装飾を書きなぐっている。外国人の需要がある迄は、直系の家族だけが、心静かに形も装飾も優雅な陶器を製作していたのである。今や構内をあげて目の廻る程仕事をし、猫と杓子《しやくし》とその子供達とが総がかりで、バシャリバシャリ、何百何千と製造している。外国の代理人から十万組の茶碗と皿との注文があった。ある代理人が私に話した所によると、『出来るだけ沢山の赤と金とを使え』というのが注文なのである。そして製品の――それは米国と欧州とへ輸出される――あわただしさと粗雑さとは、日本人をして、彼等の顧客が実に野蛮な趣味を持つ民族であることを確信させる。而もこれ等の日本製品が我国では魅力に富むものとされている。(32)

『京都の歴史8』では、エドワード・モースが訪れた製陶所のことを「この錦光山宗兵衛の工場は最大の規模をもっていた(33)」と記している。私はこの製陶所が錦光山の製陶所なのか多少疑問を持っていたが、エドワード・モースが錦光山宗兵衛商店の広告である引き札をボストン美術館に持ち帰っているところを見るとおそらくまちがいではないのだろう。(34)

ところでモースは「今や構内をあげて目の廻る程仕事をし、猫と杓子とその子供達とが総がかりで、バシャリバシャリ、何百何千と製造している」と書いており、子供たちが働いていることが奇異なものと映ったようであるが、当時は子供の頃から徒弟として修業していた時代であり、現代の感覚とは多少違うのではないだろうか。とはいえ、いくら外国人の代理人から要求があったとしても、いたずらに赤や金を塗りたくって粗製乱造していたとすれば、あまりほめられたことではないだろう。さらに言えば、エドワード・モースがアメリカに帰国したのちに粟田焼の輸出品のイメージを悪く語り、輸出用の粟田焼は日本の伝統的な陶磁器ではないと批判したことが後にアメリカ市場で大きな影響をおよぼすのである。

こうした粟田の状況について、亀谷伴吉氏編『成功亀鑑(第一輯)』によると「錦光山で海外貿易の端緒を開いたのは先代宗兵衛氏であって之を助けたのは今の英太郎氏其人であるが始め先代が海外貿易を開始して専心外人の意を迎えんと勉めていると他の同業者も之に倣って海外貿易に手を出し、例に依て粗製品を輸出したから忽ち粟田焼の声価を失し先代がせっかくの苦心も水泡に帰せんとしたのであった(35)」と書かれており、錦光山工場が率先したかどうかはともかく、粟田全体が超繁忙状態にあり、粗製乱造に走ったことはまちがいないようである。父の雄二も、その頃の輸出品のなかには、水銀がはげたり花瓶の底が抜けたりと粗悪品が混じっていたことがあったようだと語っていた。いずれにしても、このように活況に沸く粟田の熱気は、次第に京都の町全体に熱病のように伝播していったのである。多くの人々が好況を謳歌《おうか》していると、この繁栄は永久に続くような浮かれた気分になってくるものである。人々が活況に酔いしれ、いつしか人々の間に熱狂的陶酔感が生まれていた、そんな矢先、舞台は突如暗転したのである。

大不況による打撃と六代宗兵衛の死

どのように暗転したのか、重なる部分はあるが、もう一度、七代宗兵衛の言葉を『名家歴訪録　上篇』から引いてみよう。「そうして明治六年頃から、追々発達してまいり、十年から十二三年頃まで、最も盛んでございましたが。十四年から十五、十六と三年程続きまして、世間一般の不景気で、粟田の陶業もほとんど廃絶に帰せん光景で、同業者中にも多く休業いたし、亡父も余程苦心いたしましたが。私の義兄の栄太郎というを相談相手にして、種々挽回策を講じ、ようやく困難に打勝ち、いざこれより少しよくなろうという十七年に亡父は六十一歳にて死去いたしました(36)」。

これを見ると、明治十三年を景気の頂点として、明治十五、六年にかけて景気が急激に悪化していき、明治十七年頃が不況の底であったと推察できる。では、なぜ明治十五年頃から景気が悪化したのかというと、大蔵卿の松方正義が、西南戦争の戦費調達で大増発され物価騰貴の原因となっていた不換紙幣の整理を強力に推し進め、明治十五年には米価の暴落と農民の困窮を招き、不況風が全国的に吹き荒れる松方デフレが起きたのである。さらに追い打ちをかけるように、主要な輸出国であったフランスとアメリカで恐慌が起こり、京都の輸出額は激減したのであった。実際、京都の陶磁器生産額は明治十二―四年に比べて明治十六―七年頃には、ほぼ半減を余儀なくされている。七代宗兵衛は「粟田の陶業はほとんど廃絶に帰せん光景」と述べているが、この大不況で強固な経営基盤をもつ業者は生き残り、弱小業者は陶汰された。とりわけ零細業者の多かった五条・清水では業者は半減し、深刻な不況に陥ったのである。

こうした大不況のなかで、六代宗兵衛は苦しみながらも種々の挽回策を講じたらしい。具体的にどのような挽回策を打ったのかは必ずしも定かではないが、広田三郎氏によると「当時宗兵衛氏は漸次彼の外人の俗眼を惹かんが為めに製出したる注麗綉飾の器皿を廃して風韻雅趣、脱俗超凡なる鷹野製陶、固有の美を発揚せんことを力め、再び旧様に復して更に其陶窯を拡大にせり、けだし氏は己に一旦洋人の顧眄《こべん》を求めて鷹野製陶の名を知らしめたる其声価は再び失墜すべきに非ざるを確信し、此の好機に投じて更に其製陶に固有なる高尚無類の風趣を彼に知らしめ、層一層の声誉を博して大に其販売を隆盛ならしめんと期したる也、惜むべし明治十七年遠大の雄図を九泉の下に齎《もた》らし溘然《こうぜん》として長眠す、其志業は未た予期の半ばに達せざる也(37)」と書かれている。

これによると宗兵衛は、挽回策のひとつとして外国人の嗜好を優先した過剰気味の装飾を廃して、粟田焼本来の雅趣のあるデザインを活かした製品をつくろうとしたのではないかと思われる。おそらく宗兵衛にとっては輸出ブームに酔いしれて粗製乱造に陥り、粗悪品を輸出し、粟田焼の信用を失墜させてしまったことは痛恨の極みであっただろう。将軍家御用御茶碗師の家に生まれ、常に瑕疵《かし》のない最高の品質のものをつくることを求められてきたにもかかわらず、その初心を忘れてしまったことは慙愧《ざんき》に堪えぬことであったにちがいない。それ故に、宗兵衛は外国人の嗜好に迎合するだけではなく、絵具などの彩画に一層の改良を加え、粟田焼が本来もっていた雅趣のある製品をつくり上げようとしたのであろう。

明治十一年から京都の舎密局で陶磁器の研究・指導をしていたゴットフリート・ワグネルが「日本は固有の美術を発展させるべきで、西洋のものはなんでも良いからそれを借りるというのでは、成長した木を伐り倒してその代りに生えるかどうかもわからない木の種をまくようなものである」(38)と言って欧米迎合を手厳しく戒めていたことも宗兵衛の胸に去来していたのかもしれない。そのワグネルも、第三代京都府知事に就任した北垣国道が、明治十四年に琵琶湖疏水事業に着手するために、これまでの勧業政策を転換し、舎密局を廃止したのに伴い、京都を去っていたのである。

七代に引き継がれる六代の遺志

いろいろな挽回策を講じていた明治十七年一月に宗兵衛はその意図を果たせずに亡くなった。ここで注目すべきは、六代宗兵衛が海外貿易を開始して専心外人の意を迎えんと努めていると、同業者もこれにならって海外貿易に手を出し、粗製品を輸出したために粟田焼の信用が失墜し、その声価が低下したことに深く心を痛めたのは、ひとり六代宗兵衛だけではなかったことである。当時十七歳であった息子の七代宗兵衛も父以上に心を痛めていた。前掲の『成功亀鑑(第一輯)』によると「然るに今代の宗兵衛氏深く之を遺憾とし、要するに技倆に於て競争するより他に策なしとして錦光山独特の技術を発揮するに勉めた結果が一旦失墜した粟田焼の声価を更に猛然と挽回するに至ったのである(39)」と書かれている。

つまり七代宗兵衛もまた「深く之を遺憾とし」とあるように、粟田焼の信用が失墜したことに深く傷ついていたのである。そして、彼は十七歳の若輩ながら父の遺志を継いで、失墜した粟田焼の声価をなんとしても挽回しようと深く心に刻んだにちがいない。そうでなければ、なぜ七代宗兵衛が生涯を通じて陶磁器の改良にこだわり、釉薬《ゆうやく》や意匠改革に取り組んだのか、その理由がわからないのである。私には七代宗兵衛を理解するうえで、明治十七年の不況期におけるこの体験が決定的に重要であり、ここに彼の原点があるように思われる。

六代宗兵衛を語り終えるにあたって、『関西之実業』の「京都の錦光山」から六代宗兵衛に関する部分を引用してみよう。「其始めて外国輸出を思い立ったのは先代宗兵衛氏の時に係わり、同氏は夙《つと》に粟田焼に幾何の意匠を加へて珈琲茶碗、花瓶等として外人間に売り込まば必ず歓迎さるべきを認め種々困難を経た後始めて米国に輸出したのである。実に慶応年間の事であって要するに我粟田焼が輸出品として今日の盛を致すに至った動機たり遠因たるものは此に在るのである、此六代目宗兵衛氏の功績は深く世の認めらるゝ処となって氏の没後十年、即ち明治二十六年に賞勲局は左の如き名誉ある賞状に添ふるに銀盃一組を以て下賜されたのである[40]」

最期に息子、七代宗兵衛の言葉に耳を傾けてみよう。

夫で私が申すと異なようでございますが、とにかく粟田の産額を増加して、海外貿易を盛んに致しましたのは亡父の功で、それがため明治二十六年十二月六日に、賞勲局より亡父へ追賞として、銀盃一組下賜なりました。と、当時の文は左の如し。

　亡父宗兵衛よく祖業を継紹し、志を製陶に励まし、力を改良に尽し、慶応年間輸出品を造り、はじめて販路を海外に開き、併せて彩画顔料の配色を案出し、品質益々優れ、広く粟田の窯、錦光山の名を欧米市場に喧伝す。かつて貿易衰退し生業窘厄《きんにく》に遭うも、すこしも屈撓せず、鋭意回復を図り遂によく今日の旺盛を見るに至る。洵《まこと》に奇特とす、よって追賞のため銀杯一組下賜候事

　と、先代宗兵衛氏たるもの、以て瞑すべし。[41]

註

（1）錦光山雄二「自伝的小説・廃園（あれ果てた園）」原稿　三〇～三二頁。
（2）錦光山雄二「女丈夫輸出之魁」（『月刊ペン』昭和四十九年十一月号）一一五頁。
（3）小川後楽『煎茶への招待』参照、以下、引用箇所は六一頁、七三頁、一六二頁、一六六頁、一九三頁、一九五頁、一九六頁、一九七頁、二三二頁、一四頁。
（4）澤野久雄・宇野三吾『日本のやきもの　6京都』一一九頁、一四二頁。
（5）三好一「粟田焼（3）」（『陶説』三二四号）四八頁。
（6）町田明広『攘夷の幕末史』五三頁、六〇～六四頁。
（7）黒田天外『名家歴訪録　上篇』三三一頁。
（8）佐藤節夫「ドクトル・ワグネルの生涯と明治初期の日本（1）」（『陶説』四二一号）六四頁。
（9）佐藤節夫「粟田焼人物誌（4）」（『陶説』五三九号）四二頁。
（10）松野文造『明治以降　京都貿易史』六九頁。
（11）錦光山雄二「女丈夫輸出之魁」（『月刊ペン』昭和四十九年十一月号）一一五頁。
（12）松野文造『明治以降　京都貿易史』七四頁。
（13）黒田天外『名家歴訪録　上篇』三三〇～三三二頁。
（14）中ノ堂一信『京都窯芸史』七七頁。
（15）桜井敬太郎他『京都府下人物誌』九六～九七頁。
（16）藤岡幸二『京焼百年の歩み』引用箇所は二つとも一七頁。
（17）錦光山雄二「女丈夫輸出之魁」（『月刊ペン』昭和四十九年十一月号）一一五頁～一一六頁。
（18）中ノ堂一信『京都窯芸史』一〇五頁。
（19）佐藤節夫「明治の京焼き（上）」（『陶説』四六八号）三三頁。
（20）藤岡幸二『京焼百年の歩み』引用箇所は二二頁、二五頁、二八頁、二三頁、三〇頁。
（21）松野文造『明治以降　京都貿易史』二五頁。
（22）愛知県陶磁資料館『ゴットフリート・ワグネルと万国博覧会』参照。

(23)松野文造『明治以降　京都貿易史』二五頁。
(24)同前　三〇頁。
(25)二階堂充『宮川香山と横浜真葛焼』五七頁、五八頁。
(26)吉田光邦『京都　日本のやきもの　6』一〇四頁。
(27)『日仏交流150周年記念　薩摩焼』一三三頁。
(28)三浦篤「フランスにおける陶磁器のジャポニスム」(『フランスが夢見た日本』)一三五～一三八頁。
(29)同前　一三五頁。
(30)吉田光邦『京都　日本のやきもの　6』一〇七頁。
(31)黒田天外『名家歴訪録　上篇』三三二頁。
(32)エドワード・モース『日本その日その日3』二〇～二一頁。
(33)『京都の歴史8　古都の近代』一二〇頁。
(34)東京藝術大学美術館『ダブル・インパクト　明治ニッポンの美』三五頁。二〇一五年四月、東京藝術大学大学美術館で開催された『ダブル・インパクト』展で「陶器七宝店引き札」として展示された。
(35)亀谷伴吉編『成功亀鑑(第一輯)』二八～二九頁。
(36)黒田天外『名家歴訪録　上篇』三三二頁。
(37)広田三郎『実業人傑伝』四ノ三二頁。
(38)佐藤節夫「ドクトル・ワグネルの生涯と明治初期の日本(4)」(『陶説』四二四号)五九頁。
(39)亀谷伴吉編『成功亀鑑(第一輯)』二九頁。
(40)「京都の錦光山」(荒川清澄編『関西之実業』所収)九二頁。
(41)黒田天外『名家歴訪録　上篇』三三一～三三三頁。

第三章

ジャポニスムからアール・ヌーヴォーへ——七代宗兵衛の試練

十七歳で家督を継いだ七代宗兵衛の取り組み

若き七代宗兵衛の改良への試み

さて、いよいよ七代宗兵衛である。

七代錦光山宗兵衛は、明治元年(一八六八年)二月十三日、京都の下京区三条通白川橋東入三丁目夷町十三番地に、父、六代宗兵衛が四十六歳、母の宇野が三十九歳の時に、錦光山家の次男として生まれた。幼名は鉄蔵である。彼の上には五人の姉がいたが、長女津留は十二歳、二女もんは十七歳で早世し、三女恵以《えい》は山本栄太郎に嫁し、四女知か《ち》(千賀)は山本竹三郎を婿《むこ》養子に迎えて分家し、五女勢以《せい》は初代宮永東山《みやながとうざん》(剛太郎)に嫁した。妹の六女リウは小黒安雄に嫁した。なお安太郎という長男がいたが、明治十一年に十四歳で早世した。長男の安太郎が早世したこともあって、明治十七年一月十九日六代宗兵衛が逝去するに伴い、七代宗兵衛は十七歳で家督を相続した。思えば、不況の真っ只中で偉大な父、六代宗兵衛を失い、計り知れないほど大きな衝撃を受けたことであろう。いくら母の宇野や義理の兄(三女恵以の夫)

の山本栄太郎がいるとはいえ、七代宗兵衛はまだ多感な十七歳の若者である。家業を廃絶に導くことがないよう、不安に襲われながらもなんとか不況からの脱出を図ろうとしていたのではないかと思われる。

ここでさらに筆を進める前に、七代宗兵衛(以下、宗兵衛)の少年期から青年期にかけての姿を簡単に見てみよう。もちろん宗兵衛は陶家の子弟のならいとして、幼少の頃より父六代宗兵衛のもとで製陶の技を厳しく修業させられたことはまちがいないだろう。その辺りのことは、『実業人傑伝』に次のように記されている。(1)「君は実に此業務更革の際に於て出生し、幼少より父に従て製陶の術を習練し、彫琢、彩画、窯焼の技に至るまで悉《ことごと》く職工と相伍して之れが実修をなし、且つ勉めて広く各地製出の陶皿、磁器を歴覧して其業大に進む、而して君が成童に達するの頃は宛かも父宗兵衛氏が内外通商の要機を握り販路漸く拡張して家運将さに昌隆ならんとするの時なり(中略)君は年十七才にして父の遺業を継承し慨然として其壮志を成就せしめんことを期し、爾来親しく製品、地質、彩薬の法を研窮して漸々波の一時の方便に出でたる綉麗睆美の凡皿俗品を改良し、力めて高尚優美の韻致を韜蔵《とうぞう》せしめて以て大に内外の賞賛を得んことを欲す」とあり、さらに同書の後段の方に「君は常に師を其家に聘《へい》して漢学、数学、理化、法律の学を修め、且つ英人を招いて語学を講習し今日に至るまで仡々として能《よ》く其日課を執ると云う」。

これを見ると、宗兵衛が幼少の頃より職工に混じりながらロクロによる成形技術、絵付のための彩画技術から窯焼の技術、さらには各窯業地の製品を閲覧して研究するなど窯元として必要なあらゆる技術を学んでいたことがわかる。また父六代宗兵衛が亡くなってからも、製品の品質からデザイン、釉薬《ゆうやく》まで研究改良に務め、さらに講師を家に招聘《しようへい》するかたちで漢学、数学、理化、法律を学んでいることがわかる。数学、理化については、窯業が当時先端化学技術から成り立っていたことを考えれば当然必要な知識であった。また英人を家に招いて英語を学んだことは、貿易を志すものとしては当然のことであったろう。一言つけ加えると、一九〇〇年に宗兵衛がパリ万博に遊学した際に、同行した日本画家の竹内栖鳳《たけうちせいほう》が自宅宛の手紙のなかで「錦光山宗兵衛の英語で過している。近日英国へ参り、再びパリに引きかえすつもり」(2)と書かれており、宗兵衛の英語が実用的なレベルにまで達していたことがわかる。

こうして青年期に達した若き宗兵衛は、父の遺志を継いでどのような改良に取り組んでいたのだろうか。尾野好三編の『成功亀鑑(第二輯)』によると「幾多の改良を施さざるべからざるものあるを、氏は早くも看破し、爾来苦心経営其改良を図り、一而又熱心誠意販路の拡張に向って努力し、顧客嗜好の変遷に因って、輸出の道将に頽廃せんとする大勢を挽回し、以て今日の盛名を博しつゝあるのである。今氏が苦心の跡を尋ねて、其功績の偉大なるものを挙ぐれば、『水金の応用』。従来我国陶磁器に使用する金は、内地産の純金で、其価格高貴なるのみならず、其使途も亦一定の範囲に限られ、不便尠《すくな》からざりしが、明治十七年の頃、氏水金の応用を発見して頗《すこぶ》る好結果を得た。然るに他の同業者は、水金は本金にあらずとて、之れを軽侮《けいぶ》し、其応用を冷淡に看過したりしが、氏は素《もと》より信ずる処あり、他の軽侮に頓着せず、弥々之れが研究に集中し、終《つい》に完全なる製品を得るに至ったのである」(3)と書かれている。

この記事で水金《みずきん》のことが触れられているが、丹山陸郎《たんざんりくろう》が明治八年にヨーロッパから持ち帰った絵付用水金が思いのほか普及していなかったので、宗兵衛が水金を応用して実用化したものと推測される。同書によると、水金の使用により、彩色が著しくよくなり、また意匠(デザイン)も自由に描けるようになり、その後同業者も研究し使用するようになり、陶磁器の輸出が伸長するのに大いに貢献したと記されている。

明治二十年頃の京都の窯業界と宗兵衛の活躍

同書はそれ以外の改良にも触れているが、それは追々述べていくことにして、ここでは京都の窯業界の動きに簡単に触れておこう。というのも、未曾有《みぞう》の大不況のなかで、京都の窯業界でもいくつかの改革の努力がなされていたのである。そのひとつに、明治維新以降、従来の同業者による相互扶助的組織であった「仲間」が商業特権を握り、営業の自由が制約されるという弊害があったことからこれが改変されたのである。加えて輸出不振の一因が粗製乱造による生産過剰であったことから、組合設立の動きが強まったのであった。明治十七年に清風与平《せいふうよへい》が創立委員となり、五条・清水と粟田においてそれぞれ京都陶磁器商工組合が設立され、明治十九年には地域別に乾《いぬい》、坤《ひつじさる》、巽《たつみ》、艮《うしとら》の四つの組合に分けられ、五条、清水《きよみず》が巽、粟田が艮に属することになった。宗兵衛も明治十八年二月に十八歳の若さで京都粟田陶器商工組合副組合長に選任されたという。(4) こうして巽組合などが中心になって研究会、品評会などを開催し、また広く陶磁器の標本を蒐集《しゅうしゅう》して閲覧に供し、製品の改良が図られていくことになった。

こうして京都の窯業界が改革に取り組むなかで、明治十九年頃から市況も次第に好転していき、明治二十一から明治二十三年頃にかけて再び活況を呈してくるのだが、そうした状況のなかで若き宗兵衛がどのような活動をしていたのか概観していこう。

明治十九年六月、京都の名所旧跡を訪ねる外国人が漸次増加し、古器名画を求めるのに注目した宗兵衛は、井上徳三郎、田中利七、林新助および神戸の池田宗兵衛、大阪の山中吉兵衛などと真葛原《まくずがはら》に美工商社を新設。金銀銅器、陶器、漆器《しっき》、織物骨董《こっとう》を販売し、開店以来十二月までに三千九百七十七円、翌年一月より六月までに一万二千三百九十二円の売上があったという。(5)

また、京都における近代七宝《しっぽう》は明治五年に始まり、明治七年頃から先代の六代宗兵衛が有線七宝の製造に着手したといわれているが、通称錦雲軒こと尾崎久兵衛や並河靖之《なみかわやすゆき》らの活躍によって生産額は順調に増加していった。ところが好況に乗じて粗製、乱売に陥り、明治十五年には急激に衰退、倒産する業者が続出した。こうした状況のなかで宗兵衛は副組合長として、明治二十年には粗製乱造を防ぐために七宝組合の結成に尽力したのである。(6)

このほかにも、宗兵衛は、京都市工業物産会審査委員、米国博覧会委員、京都市美術工芸品展覧会審査委員など多くの業界関連の役職についている。また内外の博覧会においても、明治十八年に東京四品共進会で受賞したのを皮切りに、明治二十年の京都新古美術会で名誉紀念牌を贈られ、「粟田焼窯花瓶」が天皇の御用品として買い上げられている。さらに明治二十一年のバルセロナ万博では金牌、明治二十三年のパリ万博では銀牌賞褒状《ほうじょう》、同年の第三回内国勧業博では褒状と枚挙にいとまがないほど受賞している。

粟田は海外需要の変化を見誤った？

このように見てくると、若き宗兵衛が父の遺業を継ぎ、馬車馬のように奮闘していた様子がうかがわれるが、『京焼百年の歩み』にはやや意外とも思われることが書かれている。「粟田はこの不況に際し、その因ってきたる原因を反省し、徹底的に、これが打開策を講ずべきであったにもかかわらず、後に至って僅かに回復した市況に満足して、その処置と研究を怠った（中略）粟田不振の原因としては前述の海外、国内の不況がその根元であるとしても、次の事は看過出来ない事情であると思考せられる。それは、端的にいって、海外需要の変化に応ずる態勢の採られなかったことである。例えば、愛知、岐阜方面では十一年以降、日用食器の製産に乗出し、二十二年頃にかけて、輸出の急増を続けている反面、粟田では、当初装飾品、玩弄《がんろう》品を中心として、急発展をとげてきたのに安心をして、その後の需要の変化にもかかわらず、相変わらず従来の生産を続けてきたことである。もっとも、その後においても、装飾用品（従来の形態、彩画による）の需要は伸長の度合こそ低下したが、依然相当の額に達したことは事実であり、このときの新しい需要の変化に応ずる態勢に切りかえられなかったことが、是か否であったかは、軽々と判断することは出来ないが、とにかく、この点が、京都に長く培われた、伝統産業の特質ともいえるし又限界を示しているとも、いえるのではなかろうか」(7)と述べられている。

つまり、『京焼百年の歩み』によれば、明治十七、十八年を不況の底とした今次の不況期に、粟田はその原因を深く反省せずに、その後の回復に満足して、その処置と研究を怠ったというのである。とりわけ問題であったのは、海外需要が変化し、愛知、岐阜などでは日用食器の製造に乗り出していったにもかかわらず、粟田ではそれまでの装飾品中心の生産を続けたことが後の不振を招いたという。

もし、そうであれば、今次の不況は過剰生産というだけでなく、海外需要そのものがそれまでの伝統的美術品から一般日用品に変化したことによって引き起こされた面があったことになる。それにもかかわらず、粟田はそれに気づかなかったのだろうか。この点に関しては、海外でジャポニスムが終焉《しゅうえん》に向かったという要因もあるだろうが、粟田は清水・五条坂より規模が大きく、その分小回りがきかず、また安価な日用品の製造については瀬戸などの名古屋勢が優位であったことも否めないであろう。さらに言えば、明治十八年頃、粟田では装飾品が主であっても、花瓶や香炉、ランプ台、七宝焼といった装飾品ばかりつくっていたわけではなく、煎茶《せんちゃ》茶碗、コーヒーセット、菓子器・皿など日用食器もつくっていたのである。だが、愛知や岐阜のように日用食器が主流にならなかったのは、王城の都であったという京都の特殊性があったことに加えて、京都陶器株式会社の破綻《はたん》の影響も大きかったのではないかと思われる。

京都陶器株式会社の破綻

京都陶器株式会社は、明治二十年五月、田中源太郎、浜岡光哲、内貴《ないき》甚三郎《じんざぶろう》などの京都財界の実力者が発起人になり、丹羽圭介を支配人として、アメリカ向けに洋食器を生産する近代的な陶磁器生産会社として資本金二十万円で設立された。京都の深草に新設された工場には、フランスのリモージュの最新式の製陶機械がすえつけられ、洋式の円筒窯が築かれた。また滞仏期間九年におよび、その間に結婚したリモージュの画工の娘を連れて意気揚々とフランスから帰ってきた佐藤友太郎が技師長についた。ところが、京都陶器株式会社は設立後わずか二年を経て早くも経営が行き詰まり、明治二十四年には機械の運転を停止することになり、翌年には当初百二十名ほどいた職工を半減させるところまで追い込まれたという。その原因はいろいろあるようだが、最大の誤算は期待していたアメリカ市場を確保できなかったことだという。

佐藤節夫氏によると「明治二十六年五月一日から十月三十日まで、アメリカのシカゴでコロンブス万国博覧会が開催されたのを機に渡米した丹羽圭介は、博覧会の鉱山館で陶磁原料が米国内で豊富に産出されているのを知った。しかも、ニュージャージー州のトレントンの磁器工場では、フランス人の熟練工が雇用され、さながらフランスのリモージュを移転させたかのような活況を呈していることもわかった。これでは輸出品を日本で生産しても、対抗できないと判断し、帰国後田中源太郎にそのことを報告した」(8)という。こうしたことから京都陶器株式会社は、国内向け生産に転換したが、結局うまくいかず、明治三十二年に解散に追い込まれていった。経営が失敗した原因として、高額の資本の割に利益が少なかったこと、京都の熟練工を雇用したためコストが割高になったこと、また最新式機械の導入により職工の指導に時間がかかったこと、そのほかにも同社の株主や重役が目先の利益にこだわり、また品質向上のために設けた試験場を零細な同業者が打ち壊したなどいろいろあったようだが、やはり手先が器用で工賃の安い日本の職工ならばフランス製品を凌駕《りょうが》できるだろうと目論んでいたアメリカ市場を確保できなかったことが大きかったのではなかろうか。

もし京都陶器株式会社が軌道に乗って発展していたら、京都が洋食器のメッカになっていたかもしれず、また愛知や岐阜、有田などの他地域の窯業地との競合関係も違っていたかもしれない。だが、実際にはうまく軌道に乗らなかった。それは、最新の機器を使う技能が不足していたことや最新の技術の研究などが足りないなど様々な要因があったのであろう。いずれにしても、粟田で洋食器をつくっていくには、貫入《かんにゅう》のない、白くて硬い白色半磁器を開発しなければならないというような制約があったにちがいない。宗兵衛の二十代からの半生を見ると、私には彼がいかにこうした制約を打ち破ろうと苦悶し、試練に耐え、原料や釉薬の改良、生産技術および意匠の改革に苦闘した人生のように思われるのである。

「SATSUMA」の人気急落とジャポニスムの衰退

シカゴ万博出品の自信作、予想外の低評価

その試練は早くも二十代半ばの宗兵衛にやってきた。彼が二十六歳になった明治二十六年(一八九三)にコロンブスの新大陸発見四百年を記念してシカゴ世界博覧会が開催され、宗兵衛は「色絵《いろえ》金襴手《きんらんで》龍鳳文《そうほうもん》獅子《しし》鈕《ちゆう》飾壺《かざりこ》」を出品したのである(口絵1参照)。ところが、彼のその飾壺は受賞を逃しただけでなく、シカゴ万博の白亜の美術館に展示されることもなく、一群の陶磁器とともに工芸館の片隅にひっそりと置かれていたのであった。

それは宗兵衛にとって大きな衝撃であった。なぜ、それほど大きな衝撃かというと、シカゴ万博は、農商務省が六十三万円の予算を計上して、わが国が欧米並みの一流国家であることを誇示し、国家の威信を高めることを目的とし、わが国の出品作品を美術品として認めさせることを目標にしていたからである。そのために臨時博覧会事務局は出品方針を示し、作品を下図の段階で検閲するなど、国家的統制を強めていた。

明治二十年には東京美術学校が開設され、「美術は国の精華なり」と日本美術の復興を唱えたアーネスト・フェノロサや、その弟子で二十九歳の若さで東京美術学校の校長に就任していた岡倉天心が主導する復古主義的で国粋的な美術行政が整ってきていた。また臨時博覧会事務局の副総裁には九鬼隆一が就任して実権を握っていた。九鬼隆一というのは、「九鬼の文部省」と呼ばれるほど文部省に君臨し権勢を誇った人物であり、帝国博物館総長に就任していた。ちなみに、アーネスト・フェノロサは明治二十三年に東京美術学校を去り、アメリカに帰国し、ボストン美術館の日本美術部初代部長に就任、シカゴ万博では日本部門の審査員を勤めていた。

日本が国家の威信を高めることに躍起になっていたのは、清国、ロシアなどと朝鮮半島の領有権をめぐって緊張が高まっていたことも忘れてはならないだろう。実際、翌年には日清戦争が起きている。こうした状況のもとで、これまでの万博では日本の出品作品が美術館に展示されることは皆無であったが、日本は積極的な外交交渉によフランスやイギリスと肩を並べて、わが国の出品作品を美術館に陳列させることに成功したのである。

シカゴ万博の目的がなんであれ、宗兵衛にとって絶対的な自信作であった「色絵金襴手龍鳳文獅子鈕飾壺」が美術館に展示されなかったことは屈辱以外の何物でもなかったろう。その飾壺は、彼の父の六代宗兵衛が開発した京薩摩という彩画法に改良を重ねて、精緻な文様を描くことを可能にした、京薩摩の粋を凝らした作品であった。おそらく宗兵衛は、その飾壺が美術館の中央に展示され、燦然《さんぜん》と輝くであろうことを確信していたにちがいない。それがあろうことか工芸館に展示されたのである。

それに引きかえ、白亜の美術館に飾られたのは、高村光雲の木彫「老猿」であり、鈴木長吉の金工「十二羽の鷹」であった。また、陶磁器部門では宮川香山、竹本隼太、清風与平らの作品が並んだ。陶磁器部門の三人に共通していることは、中国古陶磁に強くひかれ、中国清朝の単色釉薬を盛んに研究したことで、彼らの作品が清朝陶磁の高い技術に迫るものとして評価されたのであった。なかでも、京都五条の陶工清風与平は「白磁《はくじ》蝶牡丹浮文大瓶《ちようぼたんうきもんたいへい》」と「赤地《あかじ》金襴手《きんらんで》双蝶文香炉《そうちようもんこうろ》」の二つの作品を出品し、美術館に展示されただけでなく、賞牌を受けるなど高く評価された。さらに、彼はシカゴ万博の会期中の九月に皇室からその権威を保証される、栄誉ある帝室技芸員にも任命されたのであった。

なぜ、宗兵衛の飾壺は評価されなかったのだろうか。『海を渡った明治の美術』に載る「色絵金襴手龍鳳文獅子鈕飾壺」の解説文を見ると「この作品は、全体の形は西洋風のスタイルを採りながらも、それを飾るには窓絵に鳳凰《ほうおう》、龍を描き、玉取り獅子を蓋《ふた》の鈕《ちゆう》とし、獅子頭で耳と脚を作るなど、東洋の気分が色濃く現われている。それらの主題となる意匠の間は華やかな金彩で飾りながら唐草文《からくさ》、青海波文《せいがいは》などで徹底的に埋め尽くす。色彩、窓絵の配置、そして細かな文様に至るまで、完璧な計算の上で構成されたその技は他の追随を許すものではなく、京薩摩の集大成とも言うにふさわしい作品である。ところが、この作品は会場では美術館ではなく工芸館に陳列された。婦人館の審査官であったが工芸館の審査にも係わった塩田真によれば錦光山宗兵衛に与えられた賞牌はこの作品に対してではなく、『夜桜の花瓶にて僅かに』与えられたに過ぎなかった。かつて世界に高く評価された華やかな金彩の『SATUMA』への評価はこの時期には急落していたのである」⑨と書かれている。

つまり、色彩、窓絵の配置、そして細かな文様に至るまで、完璧な計算のうえで構成されたその技は他の追随を許すものではなく、京薩摩の集大成ともいうにふさわしい作品であったが、「SATUMA」そのものの評価は急落していたというのである。おそらく、宗兵衛は父の六代宗兵衛から学んだ陶技のすべてを使い、精魂込めて京薩摩の最高水準の作品をつくり上げたのであろう。それがまったく評価されずに、宗兵衛はどれほど落胆したことであろうか。その悔しさが眼に浮かぶようである。

だが、失意のどん底のなかで宗兵衛は、海外でジャポニスムとして大好評を博し、一世を風靡《ふうび》した京薩摩が二十数年を経て、その輝きを失ったことを認めざるをえなかったのではなかろうか。それを認めることは、宗兵衛にとって悔しく苦しいことであったにちがいない。なぜなら、京薩摩は、父の六代宗兵衛が苦心惨憺《さんたん》の末に開発し、維新後の京都が衰微を極めるなかで、海外貿易を切り拓いていった彩画法であり、飾壺が完璧な意匠構成と超絶技巧を駆使した最高峰の京薩摩ともいうべきものであったにもかかわらず一顧だにされなかったのが現実だったからである。

国家主導型の美術界

このように京薩摩が低評価となったのは、日本で復古主義的な風潮が強まっていたことも、多少影響があったかもしれない。日本では国粋的な美術行政が浸透してきたと述べたが、シカゴ万博の臨時博覧会事務局が制作を依頼した御用品の制作者は、農商務省の官吏が運営する日本美術協会に属する長老たちか、岡倉天心が指導する東京美術学校の教授連中が大半を占めており、その彼らのほとんどが受賞していたにもかかわらず、それ以外の受賞者は少なかったのである。

『海を渡った明治の美術』によると「事務局依頼者および鑑査合格者に関して見てみると、もちろん当時の美術工芸界を代表する者たちが選ばれているのだが、大きく色分けしてみると次のようになろう。第一のグループは川辺御楯、村瀬玉田、滝和亭、鈴木長吉、並河靖之ら日本美術協会に属す者たちである。この協会は、もともと佐野常民、九鬼隆一ら農商務省の官吏が組織運営する美術団体であり、会員は協会展覧会に出品し、しばしば宮中の『御用品』を製作していた。第二のグループは東京美術学校の教授陣で、橋本雅邦《がほう》、川端玉章、巨勢小石《こせしょうせき》、狩野友信《かのうとものぶ》、高村光雲、石川光明、竹内久一、山田鬼斎《きさい》、海野勝珉《うんのしょうみん》らがこれにあたる（川端、巨勢、海野は協会会員でもある）。かれらは、学校長の岡倉天心から親しく指導を受け、天心の理想とする絵画世界を実践すべき立場にいた。第三のグループはいわゆる市井の画工、職工で、渡辺省亭、尾形月耕、豊原国周、森川杜園《もりかわとえん》らがこれにあたる。このグループは、博覧会での立場が弱かったために受賞や陳列場所等で冷遇されていたということもできるだろう。第三のグループ以外は、順次帝室技芸員に挙げられ、皇室からその『権威』を保証されるかたちとなる。明治二十三年に設置された帝室技芸員制度は、美術界における国家主義的な秩序を象徴しているが、その前年の明治二十二年、大日本帝国憲法発布と期を一にして、東京美術学校開校（文部省）と帝国博物館設置（宮内省）があり、明治二十年代の国家主導型の体制は美術界にも行き渡っていった。出品者のほとんどは、それ以前に農商務省が主催した内国勧業博覧会、あるいは内国絵画共進会に出品し受賞した実績をもっており、明治十年代後半から二十年代にかけては、農商務省、宮内省、文部省などの官に関わり、なんらかの御用品製作を行っていた」[10]と書かれている。しかしこれは本質的なことではないだろう。

ジャポニスムの凋落

重要な点は、アメリカにおける日本陶磁器の受容のされ方の変化があげられよう。前にも触れたように、明治九年(一八七六)に開催されたフィラデルフィア万博を契機にアメリカでもジャポニスム旋風が巻き起こり、日本の輸出用に制作された陶磁器が日本美術を代表するものとして最上級の賛美で迎えられたのであるが、一八八〇年代以降は次第に下火になっていったのである。なぜそうなったのであろうか。中島朋子氏によると「ヒラヤマ・ヒナ氏は、日本の陶器を精力的に収集したエドワード・モースが、一八八二年と一八八三年にボストンで日本に関する講演をおこない、そこでモースが輸出工芸品を『真の日本趣味』を反映するものではないと非難したと述べている。その後もモースは、同様の主張をくり返したために、一八八〇年代以降は徐々にボストニアンの間で、明治期の輸出工芸品は正当な日本の美術品と見なされなくなったと分析している」[(11)]という。つまり、エドワード・モースは、輸出用に制作された日本の陶磁器は、伝統的な日本の陶磁器ではなく、外人向けにつくられた同時代《コンテンポラリー》の製品であると講演会などで盛んに批判したのである。これらを伝統的な日本の美術品と思って買った人々は、だまされたような気分になって怒り、次第にアメリカにおけるジャポニスムは下火となり、それ以降、日本の陶磁器はアメリカ市場では美術品と日用品へと二分化していったという。

さらに前崎信也京都女子大学准教授によれば、薩摩の人気が落ちたのは欧米の住宅の照明の影響も無視できないという。というのも、松原史氏によると、日本から輸出された薩摩焼は、暖炉飾りや卓上飾り、ランプの台やキャビネットを彩る収集品として西洋の室内装飾に取り入れられていた。(12) そのため、谷崎潤一郎の『陰翳礼讃《いんえいらいさん》』ではないが、薩摩の金襴手は、ロウソクやガス灯などの薄暗い光を金の光沢で反射して部屋を明るくする効果があったという。エディソンが白熱電球を発明したのは明治十六年(一八八三)といわれているが、前崎説によれば、時代とともに照明がガス灯などから電気に替わり明るくなるにしたがい、薩摩の人気も凋落《ちょうらく》していったというのである。十九世紀末はその転換点にあたっていたのであろうか。

代わって評価を受けた清朝陶磁写し

こうしてジャポニスムが下火になるとともに、時代の脚光を浴びたのが、中国清朝の窯変釉《ようへんゆう》や単色釉、釉下彩《ゆうかさい》であった。二階堂充氏によると、(13) 宮川香山について「この時期の香山に陶器から磁器への転換を促したものとしては、中国清朝（一六一六～一九一二）の磁器に対する香山の強い傾斜があったことも見逃せない。清朝の磁器は、前代以来の染付・五彩・釉裏《ゆうり》紅《こう》などに加えて、康熙《こうき》年間（一六六二～一七二二）の郎窯《ろうよう》・黒彩・澆黄《ぎょうおう》・澆緑・澆紫・吹青《すいせい》、雍正《ようせい》年間（一七二三～一七三六）の粉彩《ふんさい》、乾隆《けんりゅう》年間（一七三六～一七九六）の夾彩《きょうさい》・琺瑯彩《ほうろうさい》など、極めて多彩な磁器が焼かれ、中国陶磁の歴史がそこに集大成を見たかのような盛況を示していた」と述べている。

　さらに二階堂氏は当時、欧米の陶磁器業界では、中国清朝の磁器に倣った窯変釉や単色釉、あるいは釉下彩の研究が競うように行われており、フランスのセーブル窯やアメリカのロックウッド窯はその先頭を行く陶磁器製造所であった。宮川香山がシカゴ万博で高い評価を受けたことは、その作品が示す質の高さによるものであるが、当時の欧米における陶磁器業の趨勢や収集家たちの好尚によく投じたことによるものであったことも見逃せないと述べている。また二階堂氏はジャパン・ウィークリー・メールの経営者兼主筆であったフランシス・ブリンクリーの論評を引用して「すなわち、香山は薩摩焼の模倣者として出発し、また、醜い細工物陶器の製作者であったが、後には有田焼や中国磁器の模造に従事し、また、窯変釉やアメリカでは桃花《とうか》紅《こう》と呼ばれる豇豆紅《こうとうこう》、あるいは釉下彩の再現に努めてほぼそれに成功した。しかしながら、香山のそうした中国写しの作品は、抜け目ない美術商によって欧米のコレクターにオリジナルとして盛んに輸出されたため、シカゴ万博の美術区には窯変釉や桃花紅が一点も出品されず、わずかに二点の他の作品が香山のものとして出品されたにすぎない。とはいえ、その二点は見事な釉下彩や装飾の卓越性でほとんど類を見ないものである」と述べている。

こうした風潮のなかで宗兵衛の作品は評価されなかったのであるが、『世紀の祭典　万国博覧会の美術』によると「シカゴ万博での評価を陶磁を例にみておきたい。美術部であるK区で賞牌を受賞したのが竹本隼太、宮川香山であった。清風与平は美術部での受賞はなかったが竹本、宮川らとともに作品が美術館に展示された。その一方で当時二十代半ばの錦光山宗兵衛の作品は美術館に展示されることはなかった。現在のわれわれの目からみれば、京薩摩の最高傑作ともいうべき錦光山の作品は竹本の作品よりも魅力的である。ところが一八九三年のシカゴ万博では、竹本の作品は当時世界的に流行しつつあった清朝陶磁の高い技術に迫るものとして評価され、錦光山の京薩摩の力作は評価されなかった(14)」と書かれている。評価というものは、その時代の価値観の変容によって変化していくと思わざるをえない。

なお、シカゴ万博においてフランスのセーブルなどの作品は好調に売れたにもかかわらず、日本の美術・工芸品の売れ行きは不振で大半が売れ残ったという。売れ残った出品作を日本に送り返すにも莫大な運賃、保険料がかかるため、損失覚悟で投げ売りする業者が続出したという。京都商業会議所は、業者が投げ売りするのを防ぐために、シカゴ万博の臨時博覧会事務局に特別補助金の支給を願い出る有様であった。宗兵衛は自分の作品が美術館に展示されなかっただけでなく、経済的にも損失をこうむり、その原因が何なのか考えざるをえなかっただろう。そして宗兵衛はアメリカ市場で何かが変化して、いま、自分が父の六代宗兵衛が開発した京薩摩を乗り越えていかなければならないことだけはわかったはずである。

京焼改革に向けた商工組合と試験場の設立

第四回内国勧業博覧会で感じた危機感

宗兵衛はシカゴ万博で受けた衝撃を抱えながら、どのように改革を模索していったのであろうか。それを述べるためには、明治二十八年(一八九五)に京都で開催された第四回内国勧業博覧会に触れなければならない。そこで宗兵衛はもう一度改革の必要性を痛感させられたのである。内国勧業博覧会は、第一回から第三回まで東京で開催されてきたが、第四回内国勧業博覧会は、京都府が平安神宮の創建とともに、桓武天皇平安遷都千百年記念事業の一環として官民あげて誘致運動が繰り広げられ、途中、日清戦争の勃発で開催が危ぶまれながらも、京都の岡崎で開催されることになったのである。

京都で初めて開催された第四回内国勧業博覧会は、琵琶湖疏水《びわこそすい》を利用した電力を使った市街電車が会場前まで走ったこともあって大変な盛況であったという。それには日清戦争で勝ったという戦勝気分も多分に影響していたことだろう。そうしたなかで、とりわけ平安神宮の蒼龍楼の右手奥にある美術館には、フランスから帰朝したばかりの画家、黒田清輝《くろだせいき》が「朝妝《ちょうしょう》」と題する、朝の光のなかで水浴している婦人の裸体画を出品して風俗を乱すと評判になり、その前は黒山の人だかりであったという。おそらく宗兵衛はそれを眺めながらはるか遠くの憧れの都パリへ思いを馳せたのであろう。

そんな宗兵衛の甘い思いも、陶磁器の展示された工業館の会場に入って吹き飛んでしまったことだろう。その会場には全国の窯業地から出品された陶磁器が陳列されていたが、京都の陶磁器の展示スペースが他の窯業地に比べて狭く、明らかに見劣りする扱いになっていた。受賞者も、清風与平が名誉賞を受賞したほか、伊東陶山が妙技二等賞、高橋道八、宗兵衛が妙技三等賞を獲得したにとどまった。それだけでなく、他の窯業地がいろいろ工夫しているのに対して、京都の陶磁器の意匠は、いたずらに野々村仁清《ののむらにんせい》、尾形乾山《おがたけんざん》の遺風にとらわれ、定型化した武者絵や花鳥図などの旧態依然とした意匠のものが多く、これまでの因襲から一歩も出ていなかったのである。

宗兵衛は暗澹《あんたん》たる気持になったことだろう。このままでは京焼の評判は地に墜ち、壊滅的な打撃を受け、時代から取り残されてしまうかもしれないのだ。それでなくても京都ではもっぱら装飾性を誇る製品を高級品とみなす傾向があり、細密な意匠、精緻な技巧の作品をよしとする風潮から脱却することは容易ではなかったのだ。それは宗兵衛自身が一番骨身に沁みていることであったろう。どうしてこんな惨憺たる有様になってしまったのか、宗兵衛は焦燥感にかられたにちがいない。

ただ唯一救いだったのは、清風与平の作品を目にしたことではなかったか。清風与平は大振りの白磁と小振りの青磁を出品していたが、それらの作品はやわらかな釉の下に意匠がごく控えめにほどこされていて、簡潔で、無駄がないのである。とりわけ、白磁の花瓶は、あたたかみのある白一色のなかに、桜の花の浮彫りがさりげなく散りばめられていて、彩色がほどこされていないことが、かえって想像力をかきたて、華やかな色彩は一切使っていないのに、桜が咲いているのが目に見えるようであった。宗兵衛は、清風与平がこれほど端正で格調高いものをつくっていたのかと息を呑んだにちがいない。

清風与平の作風から得た京焼改革の方向性

清風与平は、嘉永四年(一八五一)に播磨《はりま》国印南郡大塩村に生まれ、生来絵を好み、十二歳の時に文人画家の田能村直入《たのむらちょくにゅう》の門に入り画を学んだという。黒田天外の『名家歴訪録　上篇』によると「慶応二年（中略）同郷人で田中と申し、陶磁器の商買をして常に京都へ往来しております者が、不図私の宅へ参って申しますには、京に清風という名高い陶工があって、其家で絵画や陶器の好な子があったら、養子にしたいと望んでいるが、此方の御二男をおやりになってはどうかというようなことで、（中略）清風家の養子となりました」[15]とあり、与平は煎茶道具の生産を基盤としていた清風家に養子に入ったのであった。中ノ堂一信氏によると「清風家の場合には、得意としてきたのは中国古陶磁器の写し（唐物写し）であった。そのため青年時代の清風与平の作陶も、当初は『支那古代の青磁、青華に倣い、その試作に丹精を凝らし、幾分とその妙域に達す、之に由って忽然《こつぜん》芸苑界にその名号を騰く』（「京都美術沿革史」『京都美術協会雑誌』明治三十五年）とあるように中国宋～明代の陶磁器の習作から始まっている」[16]と述べている。清風与平は中国の古陶磁を研究し、その技法を使って独自の世界をつくり上げていったのである。

なお、小川後楽氏によると、清風与平が若い頃弟子入りした田能村直入は、師である田能村竹田《ちくでん》の遺志を継ぎ、煎茶の普及に尽力し、「こうして、各地に盛んとなった煎茶は、明治維新を境にかつての茶の湯の地位に取って代わる勢いすら示すに至る。こうした中、後世とりわけ話題になった大茶会、画人田能村直入の呼び掛けで始まった『青湾茶会』は、文久二年四月のことであった。大坂湾に臨む淀川の下流域で行われたもので、幕末では最大規模の煎茶会といってよいものだった。主七席及び副席を各所に設け、唐物趣向を中心に、数多くの書画、茶具を取りそろえ終日賑わい、およそ千二百人の風流人が集まったといわれている」(17)とされる人物である。

宗兵衛は清風与平の作品を見て驚きを隠せなかったであろうが、そう感じたのは宗兵衛だけではなかった。宗兵衛よりも八歳年下で二十歳であった清水栗太郎《きよみずくりたろう》(後の五代清水六兵衛《ろくべえ》)も清風与平の作品を見た時の印象を次のように語っている。「私はそれ等の作品を見てすっかり驚いてしまった。それを見た時には実際化石したように身動きも出来なかった。(中略)その時始めて、なるほど父が圧迫されていたのは当然だ。これほど立派なものが出来ては如何《いかん》ともし難い。何とも云う事ができないのだ。よしこれに打克つ作品を、何としても自分の力で造って見なければならぬ(18)」と述べている。

宗兵衛は自分の至らなさを恥じつつも、この時、はっきりと改革の方向性が見えてきたのではないだろうか。清風与平が孤軍奮闘しているとはいえ、このままでは京都の窯業界は地盤沈下していくばかりだ。いま危機に直面しているのは、おのれひとりではない。京焼そのものが危機に瀕しているのだ。輸出のみならず国内の売れ行きも伸び悩みをみせ、京焼の凋落は著しい。一刻の猶予もない。なんとしても従来の因襲を打破して、この閉塞した現状を打開していかなければならないと痛感したことであろう。というのも、この時、京都陶磁器業界の一時代を画してきた先代の錦光山宗兵衛、丹山青海、三代高橋道八、幹山伝七らはすでに亡く、四十四歳の清風与平ひとりが気を吐いていたのである。

こうした現状のなかで、京都の日の出新聞も「第四回内国勧業博覧会において京都ではひとり清風与平氏が孤軍奮闘するも、京都の窯業界の停滞いちじるしく目もおおうばかりなり。奮起を望むところなり」と厳しい論評を載せるなど、京都でもようやく改革の必要性が認識されてきていた。そして宗兵衛にも改革のチャンスがやってくるのである。

宗兵衛、京都市陶磁器商工組合のリーダーとなる

改革のチャンスとは何か。先に明治十七年に京都陶磁器商工組合が設立され、明治十九年に地域別に粟田の艮、清水・五条の巽に分けられたと述べたが、明治二十七年に艮、巽の両組合を統一し、新たに京都市陶磁器商工組合として出発することになり、宗兵衛が組合長になった模様である。(19) 粟田と清水・五条の陶家とは、七十一年前の文政六年(一八二三)に職人、陶土、製品をめぐって激しい抗争が繰り広げられた『五条坂粟田焼出入一件』以来、犬猿の仲であったが、奇しくも同じ組合になったのである。また明治二十九年(一八九六)のはじめに同組合に改正が加えられ、京都市陶磁器商工組合が京都陶磁器商工同業組合に改組されたという。さらに明治三十三年に

京都陶磁器商工同業組合が商工省の認可を受けて、宗兵衛が組合長、清水の松風嘉定《しょうふうかじょう》が副組合長になったのである。[20]

明治二十七年に京都市陶磁器商工組合が設立されて宗兵衛が組合のリーダーになったことは、改革への絶好のチャンスであった。というのも、清風与平は京焼界の中心的存在であったが、黒田天外の『一家一彩録』によると「朝は晩年には十時頃に起き、終日仕事を致し、夜は二時頃まで考案に耽《ふけ》っておりました。それで酒は一滴も飲みませず、他に道楽はございません、たゞ製造するのが楽しみらしうございましたので、従って外出ということは殆ど致しませなんだ[21]」と書かれているように、清風与平は陶磁器業界を率いて改革に腕を振うようなタイプではなかったとみられる。

それに対して、宗兵衛はまだ若く、改革に燃えていた。また、後に京都陶磁器商工同業組合の副組合長になる松風嘉定も宗兵衛より二歳年下の若さであったが、同じ志をもつ豪胆な男であった。それというのも、松風嘉定は京都陶器株式会社で働いていたことがあり、会社が破綻していく過程をつぶさに見ていたという苦い経験もあって、改革の必要性を痛感していたのである。彼の実父は瀬戸出身の井上延年《えんねん》といい、天才肌の陶工であったが、金銭欲がなく酒と作陶に終始して破産してしまい、友人の松風家を頼って京都に来て京都陶器株式会社で息子と一緒に働いていたが、息子の方は清水の松風家へ養子に入り、三代松風嘉定を襲名していたのである。

この二人が組合のリーダーになったことは、まさに時宜を得ていた。宗兵衛は少しウェーブのか

七代錦光山宗兵衛の若き日の写真
錦光山和雄家蔵（立命館大学アート・リサーチセンター提供）

かった額の髪をきれいに分け、モーニングがよく似合う紳士然とした風貌《ふうぼう》であったが（写真参照）、芯は強く、この際自分が先頭に立って改革を進めなければ、京都の陶磁器界の明日はないという強い決意を秘めていたと思われる。また松風嘉定は周囲から生意気だと煙たがられるほど、歯に衣《きぬ》を着せずに正論を吐く傑物であった。この二人に率いられて、京都市陶磁器商工組合は改革に踏み出していくのである。

折から、京都では改革の気運が高まっていた。すでに京都陶器株式会社の経営が怪しくなり、シカゴ万博でも日本の陶磁器の売れ行きは不振であり、明治二十八年の第四回内国勧業博覧会でも京都の陶磁器は目もあてられないほど凋落していた。このままでは、競争に敗れて、壊滅的な打撃を受ける恐れがあるのは誰の目にも明らかになっていた。それほど欧米の技術の進歩は驚くべきものがあった。

どうやって欧米の技術に追いついていくのか。必要なのは陶磁器試験場の設立であった。すでに明治二十七年頃から京都に陶磁器試験場を設立しようという要望が高まっていた。というのも、窯業は工業のなかでも最も複雑なもののひとつであり、釉薬、素地、焼成法などの窯業技術の改良や意匠改革の研究など専門的な知識を深め、様々な実験をしていかなければ発展が望めないのである。実際、ドイツやフランスには皇室製造場や官立製造所があって、盛んに製造技術の研究や実験をしていたのである。

京都市陶磁器試験場の設立

こうして宗兵衛たちは、明治二十七年設立の京都市陶磁器商工組合を軸に、また明治二十九年に改組された京都陶磁器商工同業組合が中心となり、陶磁器試験場を設置する陳情を京都府や市役所、市議会、京都商業会議所、学界などに精力的に働きかけていった。『藤江永孝伝』のなかでも「京都陶磁器商工組合(府令によれる)は京都陶磁器界における粟田、清水の両組合を合同したる有力な組合で、其の後重要物産同業組合法発布せらるゝに及んで、京都陶磁器同業組合として商工省より認可を受け、錦光山宗兵衛氏が組長、松風嘉定氏が副組長となって組合の発展を期した。市立陶磁器試験場の設立を見るに至ったのは、本組合を背景とする役員諸氏の主唱と活動によって世論を動かしたからであった。もって同組合の活動力の大であったことを知り得るのである」(22)と述べられている。

こうした組合の努力の甲斐《かい》もあって、市議会で京焼の復興のためには、新しい学理を応用し、製法等の改善を指導する機関の必要性が痛感されるところとなり、陶磁器試験場を設立することが決定された。しかし陶磁器試験場設立のための予算は少なく、土地や家屋は京都陶磁器商工同業組合が提供することになった。

かくして京都市陶磁器試験場が明治二十九年五月に五条坂に設立され、翌明治三十年(一八九七)一月、本格的に業務を開始することになった。初代場長は当時三十二歳の藤江《ふじえ》永孝《ながたか》であった。藤江永孝が選ばれたのは、京都商業会議所の浜岡会頭や内貴副会頭が、親しくしていた東京大学工科大学教授の中沢岩太博士に相談したところ、中沢岩太博士は「明治二十八年第四回内国勧業博覧会の京都に開かるゝや、京都の特産たる陶磁器は余り香《かんば》しからざりしをもって、内貴、西村(治)、雨森等の有志の方々において試験場の設置を希望し、当時交誼を厚うせられたる平賀義美氏にその事を図られ、平賀氏よりさらに小生へ場長となるべき人物の推薦を議せらる。よって余は藤江君を推挙し(中略)京都の陶磁器試験場の聘《へい》に応ずることとなれり。是すなわち明治二十九年なりしと記憶す」(23)と述べており、自分の後輩にあたる藤江永孝を推薦したのであった。

近代陶磁と宗兵衛再評価への眼を開かされる

ところで私はこれから藤江永孝のことを縷々《るる》述べていくが、それは愛知県陶磁資料館の学芸員佐藤一信氏からいただいた『藤江永孝伝』のコピーによっている。

余談ながら、佐藤一信氏は、私が宗兵衛の作品を再評価するきっかけを与えてくれた人でもある。というのも私は若い頃から父に錦光山宗兵衛のことをたびたび聞かされていたが、あまり関心はなかった。もう過去のことを懐かしんでも仕方がないと思っていたのである。そんなある日、小学館の『原色現代日本の美術　陶芸(1)』を見てみると「色絵金襴手龍鳳文獅子鈕飾壺」が載っていた。その解説文には「この飾壺は、明治二十六年にシカゴで開催のコロンブス万国博覧会に出品されたものである。出品作らしく、形もふつうにみられる壺とは異なって、香炉にヒントを得たものと思われ、たいへん凝っている。文様でも菊の花を大きくおき、葉を平面的に処理していくやりかたなどには西洋の意匠の研究がうかがえ、瑞雲《ずいうん》と鳳凰《ほうおう》の図柄は正倉院の文様に範をとっている。この当時の、精緻《せいち》かつ精巧だが没個性的な美術陶磁のありかたの典型といってよいであろう(24)」とあった。私はこれを読んで、宗兵衛の作品は職人的な技巧はすごいが、没個性的で芸術的には価値のない作品だと卑下するようになっていた。

そんな私が平成十六年(二〇〇四)五月、愛知県陶磁資料館の『ゴットフリート・ワグネルと万国博覧会』に行き、展示を半ば見終わって地下に行くと、学芸員の佐藤一信氏が講演していた。その講演のなかで佐藤氏はしきりに近代陶磁器があまりに顧みられずにいるので明治期の輸出陶磁器を一点一点実見して再評価をしていきたいという趣旨のことを話されていた。私は目からウロコが落ちる思いであった。佐藤一信氏は、「近代国際陶磁研究会」で、幕末から明治期にかけての近代陶磁器の研究を続け、これらの近代陶磁器を実見することにより再評価しようとしていたのである。その後、私が『色絵金襴手龍鳳文獅子鈕飾壺』の解説文を読み、宗兵衛の作品をずっと卑下していたと話をすると、佐藤氏は「それは第一次世代の評価であって、本当の評価はやはり一点一点の作品を実見していかないとわからない」とおっしゃっていた。それから私の宗兵衛の作品を見る眼が変わったのである。

初代試験場長藤江永孝の素顔

本題に戻ると、藤江永孝は、金沢の前田藩の武士の家に生まれ、藤江家に養子に入ったが、養父母に死に別れ、苦学して東京職工学校（明治二十三年に東京工業学校に改称、現在の東京工業大学）で陶器玻璃《はり》工科に学び、卒業すると同校の助手になり、同校の教師をしていたゴットフリート・ワグネル博士の講義文の翻訳、生徒への代講・実習などを行いながら窯業の研究を続けていた人物である。まさにワグネルの門下生であり、愛弟子《まな》であった。

藤江永孝にしてみれば、恩師のワグネルが舎密局《せいみきょく》で三年間、陶磁器、七宝《しっぽう》などを指導した京都の地で陶磁器試験場長になれたことの喜びはひとしおであったにちがいない。加えて中沢岩太博士は、東京大学理学部にいた頃、ワグネルについて助教を勤めた人物であり、東京工業学校でも藤江永孝の大先輩という間柄であった。幸運にも、京都市陶磁器試験場は、当時の最高の技術者を呼び寄せることができたのである。

しかし、そんな藤江永孝が場長になったのにもかかわらず、一年経っても京都市陶磁器試験場を訪れる製陶家は少なく閑古鳥が鳴いている有様であった。京都陶磁器界を改革してなんとか再生を図りたいと意気込んでいた宗兵衛も出鼻を挫かれ、前途は容易ではないと暗澹たる気持になったのではなかろうか。

なぜ製陶家が寄りつかなかったかといえば、ひとつには誇り高い京都の陶家にとって、そもそもよそ者である藤江永孝の話など聞く気もなかったというのが実際だったのではないだろうか。それでなくても、京都の陶家にとって釉薬の調合などは祖先以来一子相伝の秘法であり、安易に人に公開したりすべきものではなく、秘匿《ひとく》すべきものであった。そんな彼らにとって、京都市陶磁器試験場がいくら学理に基づく実験が大事だなどと言っても、それは実務家でない学者先生の戯言《たわごと》でしかないと聞く耳をもたなかったのであろう。

それに加えて、藤江永孝という男は酒もあまり飲まない堅物の男であった。『藤江永孝伝』のなかでも「君は京都へ来てから親友たちが前に見ていた君とはまったく違った人物になった。酒はあまり飲まなかったが、ある時、裸になって褌《ふんどし》一つで騒いだというようなことも伝えられている」とある。(25) 私などは明治の男の気骨を感じさせて大好きなのだが、藤江永孝は場長になってからも、五分刈りの頭で、実験室用の菜っ葉服を着て、ボロボロの兵隊靴を履き、研究や実験に没頭している飾り気のない無骨な男であった。それは京都の製陶家たちにとって理屈だけをこねる書生っぽい姿に見えたのだろう。当初はまったく信用されていなかったのである。

『藤江永孝伝』によると「君が試験場長として就任せる当時における京都陶磁器業の状態はその前途はなはだ憂ふべきものがあった。京焼の名声はいまだ衰えずとはいえ、それは過去における名人輩出の、優秀なる作品を世に出したる名声の連続せる隋力に過ぎざるの感あり。（中略）したがって試験場長たる君としては、旧来の京焼の名声を挽回するとともに他面において海外人の希望にそう製品を出すべくこれが指導の任を全うしなくてはならぬのであった。率直に云えば当時における君の見聞は海内に止まりていまだ海外に及ばず、君は広く内地の斯業を調査研究してその長短巧拙を知悉《ちしつ》するも、往時仁清、乾山、木米等の名家を輩出せる京焼は術技において今なお海内に覇たるもの存していた。しかるに君は齢《よわい》わずかに而立を越えた青年の身をもって試験場長として京焼の進歩改良の途を講ぜんとして奮起したのである。すなわち君は就任を快諾したる刹那《せつな》より一身一家を犠牲にして重任を全うせんとの覚悟を有したのである。君の志はかくも悲壮なものであったから、就任以来しきりに京焼の研究に没頭し、殊に君の長技とする学理応用の材料選択にありては、心血を注いで努力したのであった。しかし君の実力はなおいまだ及ばざる感あり。一面学理応用の実益あるを知ってか知らずでか、当業者間においても容易に君の言説勧誘を承服するにいたらず、君もまたこれら当業者を相手にして指導するの方法手段にいまだいたらざる点もあったようである(26)」とある。

試験場に向けられた毀誉褒貶

そんな状態が一年以上続くうちに、議会などからせっかく予算をかけて陶磁器試験場をつくったにもかかわらず有効に活用されておらず、金の無駄使いではないかという批判が高まってきた。当然、それを推進した宗兵衛もその責任を問われ、批判の矢面に立たされたのである。

だが、宗兵衛は断固、藤江永孝を擁護した。藤江永孝が誰よりも早く試験場に来て、夜遅くまで研究、実験に励んでいるのを知っていたからである。それだけでなく、宗兵衛は明治三十年八月には藤江永孝に懇請して組合の顧問に就任してもらい、その一方で宗兵衛が試験場の商議員になり、連帯を強めていたのである。

そんな状況のなかでひとりの青年が毎日のように試験場に来て、いろいろと実験をしていた。それは清水の陶家の清水栗太郎、後の五代清水六兵衛であった。彼は『研究時代』のなかで「明治二十九年八月に陶磁器試験所が開設された。その時分の京都における陶磁器工芸は、今日の様な化学的研究の行きとどいた方面から見ると、非常に幼稚な時代にあった。（中略）最初に酒樽の半樽というやつに、一杯の釉を初め合して見て、それから窯へ入れて色見をする。一度位ではなかなかいい青瓷《せいじ》の色合が出ないので、今度はそれが濃すぎたか、薄すぎたかが分る、もし濃すぎたようだったら、さらに上釉《うわぐすり》を加える。それからまたさらに窯へ入れて同じような色見の試験をして見る訳である。そういうことを幾度も幾度も繰り返すので、なかなか手数でもあり、時間も要しはなはだ迂遠なことをやっていた時代だった。しかし各陶磁器試験所は出来て、われわれが化学的に色々教えられたために、そうした無用の手数が大いに省けることになった。試験するにも前のような大掛りなやり方はなく極少量の材料で、しかも正確完全な試験が出来るようになった。これなどは試験所のおかげであった。（中略）陶磁器試験所が完成されてから自分などは近くだったので、よく遊びに出かけて行っていろいろ教えられたものだった。絵具の試験などをしなければならぬ時などは、所長が自ら指導の任にあたってくれられて、絵具の焼色などを一緒にそこで石炭をくべながら見てくれたりしたものだった」(27)と述べている。

清水栗太郎を例外として、京都の製陶家は京都市陶磁器試験場への批判を強め、あの試験場は錦光山宗兵衛や松風嘉定のためにあるようなものだというような悪口や非難を浴びせるようになっていた。宗兵衛はもちろん果敢に反論したであろう。だが、旧来の思想は深く人々の心に根ざしていて、それを取り除くことは容易なことではなかった。このため、事態はいっこうに改善せず、藤江永孝だけでなく宗兵衛も松風嘉定も針のムシロに座らされたような状況が続くことになった。

そんな雲行きが突如変わったのは、明治三十一年（一八九八）十月、藤江永孝が農商務省より清国窯業の実況調査の嘱託を受け、視察に行ってからであった。彼は上海から漢口を視察し、景徳鎮産磁器の集散地である九江で商況を精査して景徳鎮に至り、各工場を巡覧し標本を収集して十二月に帰京した。この視察により、支那呉須《ごす》の研究が大いに進み、陶磁器試験場でも製造できるようになったのである。清水・五条では染付磁器を大量に製造しており、あまり青々としたコバルトよりも支那呉須の方が、趣があっていいと評判になり、製陶家が陶磁器試験場に集まるようになり、藤江永孝に対する不満も次第に薄れていったのである。

それと前後して明治三十二年(一八九九)一月に、宗兵衛たちが支援するかたちで、「百年の計は人を樹《う》うるにごとくはなし」と試験場内に伝習生制度を設け、京都の製陶家の子弟を養成することにした。この伝習生制度は予想以上の評判を呼び、清風与平、清水六兵衛、河村蜻山《かわむらせいざん》、伊東陶山、小川文斎、宇野仁松などの子弟が学んだ。プライドが高く、人に物を聞いたりするのをよしとしない京都の陶家も、自分の息子には「何を習ってきたんや」と聞くことができる。こうして陶磁器試験場は次第に製陶家に受け入れられるようになっていったのである。宗兵衛も安堵したことであろう。

パリ万博でのアール・ヌーヴォーの衝撃

各地の視察と日用品輸出への志向

ところで、京都市陶磁器試験場がようやく軌道に乗りはじめた明治三十二年頃、宗兵衛はどのような活動をしていたのだろうか。黒田天外が尋ねているので見てみよう。(28)

「氏また曰く、私は明治元年一月一日生《ママ》れで、即ち今年三十二歳でございますから、私については申上げることは何にもございません。もっとも多少の希望と、抱負とはないではございませんが、何に致せ之からやりますので、――ハイ、そうでございますか、それでは少し申上げますれば。明治三十年の四月頃に、九州各地における陶磁業の現況を視察致そうと存じ、農商務省の技師と共に長崎へ参り、それより鹿児島へ入って、薩摩焼を取調べ、次で八代《やつしろ》焼、又の名高田焼と申しますが、そこは白地の象嵌《ぞうがん》が長所で、そこを視察して有田へ引かへし、こゝで伊万里《いまり》焼を取調べ、帰りに岡山へよって、三石、伊部《いんべ》等を取調べて帰京致しました。そしてその年の七月に、やはり農商務省の技師と共に、東北の方へ参り、益子《ましこ》焼、会津《あいず》焼などを取調べましたが。この会津焼は、素焼をせずに造ったまゝに釉薬をかけて、直に本竈にかけます。そうして其質がごく堅い上に、原料はごく近くの山の、ほんの十町も行けばそこに三つ四つのよい質があるのですから、原料なり、製造の費用がごく低廉にあがって、後来は美濃《みの》、瀬戸などの物は圧倒されるかも知れません。たゞ目下の処では、田舎のことでございますから、意匠が乏しいのと、運搬の不便なのが欠点でございますけれど、運搬のことは近々鉄道も敷設されますなり、また意匠とて都会から相当の者を連れていけばそれでよいので、とにかく後来有望の土地と存じます。それに反して薩摩焼は、今日一向微々たるもので、薩摩の旧殿さまが自からやってお出になる御庭焼《おにわやき》こそ、随分よいものも出来まするが、概して彼地の人は眼界が狭くて、広く世間を見ませんから、意匠も乏しく、技術も退歩して、実に哀れな光景でございます。

これにつきまして我粟田なども、旧来の名を頼まず、着々と改善の法を講じませんと、後来恐るべき運命に遭遇するかも知れず、即ちすこぶる寒心すべきことと存じます」

これを見ると、宗兵衛が農商務省の技師とともに各地の窯業地を視察し改善の途を探していたことがわかる。

また、今後の抱負について宗兵衛は「それでまた私が考えますには、只今粟田などでも、海外へ輸出するのは単に装飾品に止まつて、日用品としてはほとんど皆無でございますが。――装飾品も、そりやもとより必要ではございますけれと、陶器輸出の運命を長く続かすというについては、是非とも日用品を売こまねばなりませぬ。今日英独両国は、日用品を米国に売こみ、仏国は装飾品を供給して居りますが、我粟田、否日本各地では、装飾品、日用品とも併せて輸出の計画を立てねばなりませぬ。さすれば工場の有様も、現時のまゝでは不都合でございますから、どうしても組織変更の必要が生じますので。それにつき明年の仏国博覧会には、見物なり、また種々の取調べかたがた、渡航致そうと存じて居ります。前申すような次第でございますから、私方は装飾品ももとより製造致しまするが、それよりは成るべく多数の日用品を輸出して、粟田にもこれだけの産額があるという事を世間に知らしたい。そうして工場の経済を維持もし、拡張もする一方には、また顕彰的に、また道楽的に、十分雅致のある美術品の製作もなし、自分自ら手を下して、多少後世に残す程の作も致したいと思います」と述べている。黒田天外は、「少壮なる氏の着眼と希望としては、最も正当適切なりと謂うべし。氏はそれより製品の陳列場を示さる。輸出品の絢爛光耀《けんらんこうよう》として人目を射る、日本式の優美高雅にして滋味深き、いづれも整々陳列して、あたかも百宝の市に入るが如し、真に美観と謂うべし。談話三時半ばかり、すなわち辞して帰る」と記している。

これにより、宗兵衛が今後、装飾品だけではなく日用品の輸出を考えており、そのために工場を拡張し、また一方で自ら手を下して後世に残るような美術品の制作も考えていたことがわかる。

第五回パリ万博での海外視察

宗兵衛は、明年の仏国博覧会には渡航しようと述べているが、翌明治三十三年(一九〇〇)に第五回パリ万博が開催され、宗兵衛も京都商業会議所の海外視察団の一員として参加することになる。田中日佐夫・田中修二氏は、(29)この海外視察団について「明治三十三年八月一日早朝、京都を出発して、同日正午、神戸港を出港する日本郵船『丹波丸』に乗ってヨーロッパに向かい」、「栖鳳は京都を出発して少なくともフランスに着くまで、中沢岩太、大沢芳太郎、錦光山宗兵衛という三人といっしょでした。中沢は学者、大沢は評論家、錦光山は陶芸家でした」としている。

だが、『明治以降　京都貿易史』によると「当市における知名の実業家は本年開設する巴里《パリ》博覧会を縦覧し併せて欧米各国実業視察として渡航する諸氏のため去る二日午前十時より岡崎町博覧会場において各団体の発起にて送別会を催したり。来会者は府庁高等官、市役所、市会府会議員市参事会商業会議所各会員その他商工組合員等無慮六百余名、一同撮影ののち工業館において宴会席に入り、内貴市長の発声にて一同渡航者万歳を唱し(中略)なお招待により本日出席したる渡航者は左の諸氏なり」[30]として二十二名の渡航者の名前が記されており、そのなかに錦光山宗兵衛、竹内棲鳳〔後に栖鳳《せいほう》に改名〕の名前がある。さらに『京都経済の百年　資料編』を見ると、明治三十三年二月二日に「パリ万国博覧会を契機に本所主導の下で市内実業家二〇数名、欧米の商工視察に出発」[31]とあり、宗兵衛たちの海外視察団は八月一日ではなく二月二日に出発したのではないかと思われる。

しかし平野重光氏は「明治三十三年四月十一日、栖鳳は農商務省から、この年パリで開催の万国博覧会の視察を命ぜられ、同年八月一日、日本郵船・若狭丸で神戸港を出帆した」[32]と書かれているので、もしかすると宗兵衛と竹内栖鳳は別の船で出航し、パリで合流したのであろうか。

いずれにせよ、宗兵衛たちの海外視察団を乗せた船は神戸を出港し、香港、シンガポール、インド洋、紅海を経て、スエズ運河を通過し、コルシカ島の南端をまわってマルセーユに到着した。その後、一行は陸路リヨンを経て、パリに到着したのは日本を出発して五十四日目のことであったとみられる。世紀の変わり目である一九〇〇年に開催された第五回パリ万博は、一連の万博のなかでも頂点を極める壮麗な祭典であった。会場もコンコルド広場からトロカデロ庭園にいたるセーヌ川の両岸のシャン・ド・マルス地区、アンヴァリッド地区にまたがる広大な地域を対象とし、展示内容も十八分野を百二十一部門に分けた大規模なものであった。このパリ万博でも、わが国は、明治二十七、八年の日清戦争に勝利して、ヨーロッパ流の近代国家への道を突き進んでいることを内外に示そうと国家の威信をかけて臨んだのであった。陶磁器部門は日本から二百七十三点の出品があったといわれているが、これらは美術館に展示されることなく、漆器、七宝などとともに工芸館に展示された。シカゴ万博ではかろうじて美術品としての位置を確保することができた日本の工芸は、再び美術品としての地位を失っていたのである。

アール・ヌーヴォー様式の衝撃

宗兵衛たちは、山高帽をかぶりフロックコートに蝶ネクタイをつけた男たちや、羽飾りのついた帽子をかぶりウエストをきつく締めたロングドレス姿の女たちが行き交う会場内を精力的にまわりはじめたことであろう。そして、欧米各国の陶磁器部門を見に行った宗兵衛は、おそらく脳天を雷に撃たれたように、驚きのあまり立ち尽くしてしまったにちがいない。会場には、釉下彩《ゆうかさい》技法や結晶釉などの優美な装飾と美しい色合いをもったアール・ヌーヴォー（新しい芸術）様式の陶磁器があふれかえっていたのである。アール・ヌーヴォーは、植物などの曲線的な模様を多用し、左右非対称などを特徴とする様式であるが、一九〇〇年のパリ万博ではその流行が最高潮に達していた。

フランスのセーブル窯の展示では、霜のような銀白色のなかに鮮やかなブルーが溶け込んだ結晶釉の花瓶が燦然《さんぜん》と輝いていたことだろう。ドイツのローゼンタール窯では、金属的な独特のきらめきを放つラスター彩のコーヒーカップに目を奪われたことだろう。デンマークのロイヤル・コペンハーゲン窯では、釉薬の下に彩色されたデザインが淡い光のなかに閉じ込められたような多様な釉下彩の作品に驚かされたことだろう。フランスやドイツ、デンマークだけでなく、アメリカのルックウッド窯やハンガリーのジョルナイ窯など各国の主な製陶所が、最新の窯変釉による多彩な装飾技法を使って、競うように製品をつくり出していたのである。

それは宗兵衛にとって大きなショックであったであろう。なぜなら、アール・ヌーヴォーの製品は、ただ単に図案や絵付けを変えればいいというものではなく、釉薬自体が新しい色合いや質感を表わしている。つまり釉薬の技法と意匠が一体となっているので、そうした釉薬の技法が開発できなければ、日本の陶磁器の輸出も難しくなる可能性も否めないのである。そうなれば、京都の陶磁器業界のみならず日本の陶磁器業界は壊滅的な打撃を受けることになるであろう。

宗兵衛は各国の出品作を前にして焦燥感にかられたであろう。

松村真希子氏によると、このパリ万博で宮川香山が大賞を受賞し、金牌は宗兵衛など七名、銀牌は大阪の藪明山《やぶめいざん》など十一名、銅牌は十二代沈壽官《ちんじゅかん》が受賞したという[33]が、総じて会場に陳列されている日本の陶磁器は、眼をおおいたくなるほどの惨状を呈していた。日本の陶磁器は、依然として花瓶や香炉などの装飾品が多く、デザインも定型化したものや細工の精緻さを競ったものが主流を占め、あまりにも旧態依然としたものがあふれていたのである。帝室技芸員の栄誉を受けていた清風与平も、帝室の御下命により、パリ万博にかける意気込みを感じさせる大振りな花瓶を三点出品し銀牌を受賞していたが、アール・ヌーヴォー様式の陶磁器があふれるパリ万博会場では、どこか大味で代わり映えしない感じを抱かせるものであった。

宗兵衛と中沢岩太博士は大いに憂慮したにちがいない。それほど日本の陶磁器の現状は深刻な状況にあったのである。後に詳しく述べるように、当時パリにいた洋画家の浅井忠もパリ万博に出品された日本の絵画作品を見て「美術館の絵画、仏国十年以来の名作を陳列して大に世界に驕《おご》らんとす、諸外国また競争日本の国画および油画その間にはさまれ実に顔色なし。その前に立留るもうら恥しく候[34]」とショックを受け、その原因は「第一ドローイング(下図)を勉めざるにあり」と述べている[35]。

これまでの万博は日本の国家の威信を誇示するために、国家主導で進められてきたが、前回のシカゴ万博といい、今回のパリ万博といい、国家主導の美術・工芸政策だけでは限界があることを露呈したかたちとなっていたのである。

ドイツ、ベルリン王立磁器製陶所やマイセン窯の視察

宗兵衛は衝撃を受けながらもパリに三週間ほど滞在して、当時ドイツに滞在していた藤江永孝に電報を打ち、視察団一行と別れてベルリンに向かった。というのも藤江永孝は欧米での研究を強く希望し、農商務省の海外実業練習生に出願して認められ、京都市陶磁器試験場長という現職のまま、前年の九月二十八日にドイツのブレーメンに上陸、その後、ベルリンに滞在してドイツ語を学びながら窯業の研究を続けていたのである。

『藤江永孝伝』に掲載されている「伯林《ベルリン》起居日記」により、以下、彼らの足跡を追ってみよう。(36)それによると「(四月)二十二日　晴、春気を催せり、早朝平野氏来訪、錦光山及下斗米《しもとまい》両氏来京に付、その迎え時間を打合す。午後五時過フリードリッヒ停車場に行くも来らず、直にポーツダム駅に行く丁度両氏来る、共に入宿食事をなし深更迄相談す」と書かれており、宗兵衛と藤江永孝は約八ケ月振りにベルリンで再会したのであった。一緒に出迎えてくれた平野耕輔《こうすけ》と

いうのは、東京工業学校で藤江永孝の後任としてワグネルの助手及び農商務省技手を勤めていた人物で、文部省留学生としてドイツに来て藤江永孝と行動を共にしていたのである。

その夜遅くまで、彼らはどのような相談をしたのだろうか。おそらく藤江永孝のドイツでの調査・研究の状況やパリ万博での日本の陶磁器の評判などを話し合ったにちがいない。だが、藤江永孝は官立磁器製造所などは見学できたものの、いくつかの製陶所を訪れてもことごとく門前払いされてしまい、実際に磁器を製造している工場での実地の調査・研究は進んでいなかった。宗兵衛はそれを聞いて顔を曇らせたことだろう。また藤江永孝も、パリ万博でアール・ヌーヴォー全盛のなかで日本の陶磁器が技法的にもデザイン的にもまったく新味がなく、見向きもされない状況であったことを聞いて、危機感を募らせたにちがいない。彼らは重苦しい空気のなかで、なんとしてもヨーロッパの最新の窯業技術を学んで帰らなければ、日本の陶磁器に明日はないという思いを噛《か》みしめたことであろう。

翌日、宗兵衛たちはベルリン王立磁器製陶所に行った。展示場には白い生地に金彩とエナメル装飾がほどこされた高級食器が並べられており、宗兵衛たちはどうしたらこれほど輝くような白い生地ができるのか思いをめぐらせたことだろう。高級食器をつくっていくには、そうした白い生地が欠かせない。その日は幸いにもハイネッケ所長が面談してくれて、藤江永孝の質問にも丁寧に答えてくれたうえに、工場、窯業試験室、ガス窯などを見学させてくれたのであった。

1900年パリ万博視察中の七代錦光山宗兵衛（中）
藤江永孝（左）、平野耕輔（右）、ドレスデンにて故藤江永孝君功績表彰会『藤江永孝伝』より転載

その数日後、藤江永孝と平野耕輔は、ベルリンからドイツ南東部ザクセン州の州都ドレスデンに移ることにした。ドレスデンはドイツの窯業の中心地であるから調査・研究が進むのではないかと考えたのだろう。二人が先に行って準備をすることになり、後を追って宗兵衛がドレスデンに着いたのは五月二十三日のことであった。ドレスデン滞在中に、宗兵衛たち三人はマイセンに向かった。マイセンはドレスデンからエルベ川に沿って約二十キロ離れたところにある焼物の町であり、新緑の草原と丘に囲まれ、高台にアルブレヒト城がそびえる美しい町であった。宗兵衛たちは、小雨の降りしきるなかを黙々と、官立製造所、磁器工場、化学製造所、カオリンの採掘場を見てまわり、結局、マイセンに三日間ほど滞在してからドレスデンに戻ったのである。

シュレジーン地方の窯業地、オーストリアの磁器工場を見学

それから六月中旬に至り、宗兵衛たちはシュレジーン地方の窯業視察の旅に出た。藤江永孝が釉薬の技法や窯業の機械設備、煉瓦の製造法などを実見することを強く希望したのである。当初、藤江永孝はパリにいる中沢岩太博士に手紙を書き、旅費等の増額を願い出たのであるが、中沢岩太博士からは叱責の返事が来ていた。その間の事情を藤江永孝は「過般京都市より補助増加の事を依頼せしに身分を顧みざる不埒《ふらち》な考えなりとて大なる叱責を受けたり、中沢博士の此言大に利あり、只余は余りに結果を挙ぐる事を急ぎしため知らず知らずなお一層の増加を請求せしなり、今は現今費消額の範囲内にて出来得可きだけの調査をなすより外に致し方なし(中略)中沢博士はまた余を我田引水の事を終始為す様書き来られしも、余は従来常に自分の事は抛《なげう》ちて他人のために尽力したり、而して自分の事とても他へ対して恥る如き引水的行為を為せしの覚えなし、今此言を耳にする実に何等の凶兆ぞや」と書いている。

こうした状況のなかで宗兵衛が旅費をすべて用立てると申し出た。「余の費用は一切錦光山氏の負担する約束なり、けだし余は工場を実見の旅行をなすは職務上最も希望する所なり、然

れども其費用の出所なし、之れをかつて中沢博士へ手紙にて周旋方を依頼せしも却て叱責を得たり、故に到底望みなく思えり、而して錦光山氏は独逸語を能くせず、且つ窯業地の何れにあるやも調査しあらず故に独行調査せんと欲せば、勢い通弁を用い多額の費用を払ひてなお大なる不自由を感ぜざる可らず、此外同氏が将来の計画に就ても陶器試験場長としての余と同行するときは将来のため利益あるを以て、余の同行を請求されたり、余は素《もと》より謂われなく同氏の私金に頼りて視察するを好まず、故に一旦は之れを断わりたれども、なお条件付にて依頼されしを以て、余も十分満足なる条件の上にて之れを承知する事とし、本朝相共に出発せしなり」と書かれている。こうして宗兵衛たちは、陽気も暖かくなったので夏服に着替えて、シュレジーン州の窯業視察に出かけたのであった。いくつかの工場では門前払いを受けたが、磁器工場、窯業機械製造工場、煉瓦《れんが》製造工場、ガラス工場、琺瑯《ほうろう》工場などを見学することができた。一日に二、三社まわるハードスケジュールであったが、収穫のある旅となったのである。

一ケ月後、ドレスデンに戻ってきた時には、宗兵衛はくたくたに疲れはてていた。だが宗兵衛たちは眼の色を変えて、ドレスデン市内を走りまわって、標本になりそうな陶磁器をかたっぱしから買い集めた。京都市陶磁器試験場に陳列館をつくり、欧米の陶磁器を参考品として展示しようという計画があったのである。

七月下旬の晩、宗兵衛たちは市内の劇場で軽業を見たあと、遅い夕食をとっていた。久しぶりに息抜きができて話が弾み、藤江永孝がオーストリアの元日本領事をしていたハーラハラ伯爵《はくしゃく》の夫人の紹介で、オーストリアのラードリッツ磁器工場に入ることが決まり、是非、オーストリアの窯業視察旅行に行きたいというので二回目の視察旅行に行く話がまとまった。「(八月)十四日、曇、本朝早起午前七時七分の汽車にて錦光山氏と共に第二回の旅行即ち墺国窯業視察の程に上り(中略)今回の旅行の費用は一切錦光山氏の支弁する所にして大に幸福なる次第なり」と記されている。

こうして宗兵衛たちを乗せた蒸気機関車は、力強い轟音を響かせて、どこまでも続く緑の原野を走り抜け、プラハに着き、ラードリッツ磁器工場を見学した。後に藤江永孝はこの工場に入り、磁器製造工程を実地研究し、明治三十四年八月、日本に帰国すると、京都市陶磁器試験場でそれらの経験を大いに役立てることになるのである。さらに宗兵衛たちは、オーストリアのウィーン、ハンガリーのブダペストを訪れ、さらに南端の町ペーチを訪れ、ジョルナイ工場を見学した。ジョルナイ窯のエオシン釉の陶器は、どこか熟れた貴婦人のような妖しいきらめきを放っていた。

なおも宗兵衛たちは、汽車の旅を続け、緑の渓谷を抜け、山裾を走り、草原を横断して、ミュンヘン、レーゲンスブルク、ニュールンベルクをまわり、九月初旬に、カルルスバートに着いたのであった。その夜は、カルルスバートのホテル、ワハトマイシュテルに泊まったが、南京虫責めにあって、三人とも夜通し苦しめられ、一睡もできなかった。後に平野耕輔は当時を回想して「千九百年に開かれたる巴里博覧会への用件にて錦光山宗兵衛君が来欧された。藤江君は錦光山君の案内役として同行(予も同伴)独逸のシュレジーン地方の窯業工場を約一ケ月間位巡視した。当時カールスバードのホテルで南京虫攻めにあって夜通おし苦しめられた事を今尚忘れない」(37)と記している。各地の窯業地を巡り、やっとの思いで、ドレスデンに戻ってきた時には、九月も半ばを過ぎていた。そろそろパリへ戻らなければならなかった。

九月二十八日、宗兵衛と藤江永孝は、七時五十五分の汽車でドレスデンを発ち、万国博覧会が開催されているパリに向かった。途中、ライプチヒ、フランクフルト・アム・マイン、シュトラスブルグを経て、パリに着いたのは十月一日のことであった。

なお、藤江永孝はその後ドイツへ戻り、先に述べたオーストリアの元日本領事の伯爵ハーラハラ夫人の紹介で、プラハのラードリッツの磁器工場に入ったほか、オーストリアの耐火煉瓦製造のヒュッテ工場に入り、当時最新のメンドダイム式倒焔ガス連続窯の実地研究を行い、後年、品川白煉瓦会社の大阪工場にそれを導入し、陶磁器のみならず耐火煉瓦の発展にも貢献することになるのである。

改革を支えた浅井忠・宮永東山・諏訪蘇山

洋画家、浅井忠の人となり

十月一日、パリに戻った宗兵衛と藤江永孝は、中沢岩太博士や竹内栖鳳らと今後の取り組みについて話し合ったことであろう。彼らの関心は、現下のパリ万博で日本の美術・工芸品が諸外国に比べて冷や汗が出るほど遅れをとっていることが明らかになり、その現状をいかに改革していくかということであったであろう。とりわけ、中沢岩太博士は、パリ万博で新しい芸術としてのアール・ヌーヴォーを実見し、図案の重要性を再認識し、日本の美術・工芸品を再生していくには、美術・工芸の基礎となる図案を考案する実業教育の場が不可欠であるという思いを強めたのではなかろうか。というのも、中沢岩太博士は、東京大学工科大学教授を辞め、京都大学の前身の理工科大学の教授をしていたが、二年後に新設が予定されている京都高等工芸学校(現在の京都工芸繊維大学)の創立委員となっていた。ところが、肝心の絵画の教授になる適当な人がおらず探していたのである。そんな折、やはりパリに出張していた東京美術学校（のちの東京芸術大学）校長の正木直彦から、ちょうどパリに駐在している洋画家の浅井忠のことを聞いたのであった。

浅井忠というのは、佐倉藩士の家に生まれ、工部美術学校（東京美術学校の前身）に入学し、イタリア人画家のフォンタネージに洋画を学び、東京師範学校の教諭となっていたが、明治二十二年、小山正太郎などと「明治美術会」を設立、写実を重視した風景画を描き、明治三十一年東京美術学校教授に任じられた日本近代洋画の先駆者のひとりである。そんな浅井忠は、明治三十二年に臨時博覧会事務局からパリ万博の鑑査官に任命され、また文部省から二年間のフランス留学を命じられ、明治三十三年四月にパリに到着、その頃、マラコフ通り五十八番地のアパートで池辺《いけべ》義象《よしたか》と福地《ふくち》天香《てんこう》（復一）の二人と同居生活をしていた。

そのアパートに竹内栖鳳らが訪れるのであるが、そのアパートで浅井忠はどのような生活をしていたのであろうか。同居していた池辺義象が、『木魚遺響』のなかでその様子を書いているので見ていこう[38]。

「この家は四階造にして座敷一つ（十畳余をも敷くべし）、部屋二つ（共に八畳敷ばかりの細長き室）押入、台所、便所等あり。浅井氏は西向の部屋に、余は同向の座敷をそのまゝ常室とし、（福地）天香は東向の部屋を占めたり、西向の座敷及部屋には椽《たるき》あり、こゝより臨めば右にウィクトルユゴーの町を経て凱旋門よりボアー大公園の雲霞をも認むべく、左にはトロカデロー万国大博覧会場を望みエッフェル塔は直に頭上にあるがごとし」。また「〔浅井〕氏は初より一滴の酒も飲まず、（中略）カッフェーオーレにて、能く酒客と談話をつづけられたり、（中略）〔浅井〕氏は之〔漬物〕を好めり、（中略）大根を購《か》ひ来り、その上皮をむき、三寸位に切り、更に薄くへぎて、長き指にて之を摑み盥《たらい》を和して揉みこなし、堅くしぼって皿に盛り、これはどうですと持出さるゝを例とす、或は晩餐《ばんさん》の飯をわざと残しおき、明朝茶漬にて喫ふを最も快味とせられたり、氏は食事の時は、もっとも西洋の礼節を重んじ、決して喧噪《けんそう》がましきことなく、いつも静穏を守られたり、いわゆるスープを吸ふに豚の鼻息のごとき音をなさしめ、或は刀を執りて、がちゃづかするごときことは、深く自から戒められたり」。

続いて「氏は常にフロックコート、又はモーニングコートを用いられたり、ズボンなどはそのがら極めてじみなるものを好まれ、はでやかに目立つものを嫌はれたり、履《くつ》はあみあげと、ぼたんどめとの二つをかわるがわる用いられたり、帽子はシルクハットを用いられ、時々中折をもかぶられたり、ステッキは握りの曲りたる自然木を好み、ことさらめきて彫刻せるものなどは用いられざりき、日本人としては、背高く足長き方なりしかば、外国人中に在りても、見ぐるしきことなく、髯黒く眼黒く風采堂々たりしかば、在留の某々、邦人仲間にて、日本人も浅井君位の体格があれば、立派だと言いしほどなりき、（中略）〔浅井氏〕殆ど日として〔パリ万博〕会場に赴かざることはなかりき」

と述べており、パリでの浅井忠の生活振りがうかがえる。

浅井忠が京都高等工芸学校教授を引き受けた理由

さらに浅井忠の『木魚遺響』所収の「巴里日記」見ると「四日水、洋服出来上る、小山君又洋服をあつらえる、竹内、大沢二氏来る、皆々揃うてビクトルユーゴーに昼食す」と書かれている。これを見ると、日本画家の竹内栖鳳と評論家の大沢芳太郎が、明治三十三年十月四日、マラコフ通りにある浅井忠のアパートを訪れたことがわかる。おそらく、中沢岩太博士が、竹内栖鳳と大沢芳太郎に浅井忠に会ってくれるように頼んだのであろう。いつ会ったかはわからないが、中沢博士も浅井忠に会ったことはまちがいなく、その時に新設される京都高等工芸学校の絵画の教授になってくれないかと頼んだのであろう。おそらく、その時、宗兵衛も一緒に会ったものと思われる。いずれにしても、中沢博士は、パリ万博における日本の工芸品の旧態依然たる意匠を憂え、それを改革していくため京都高等工芸学校で基礎となる図案を考案する実業教育の重要性を訴えたことだろう。中沢博士は「当時留学中の浅井君に会合して本邦絵画の教授を論談し、意気相投じ、浅井君は帰朝の暁京都に移住して、職を奉ぜんことを切望せられ、創設学校もまた同君を教授として任用するに至らば、さらに間然する所なきを以て、ここに互に内約調《ととの》いたり」(39)と述べており、二人は意気投合し、浅井忠は帰朝の暁には京都高等工芸学校の教授になることを快諾したのであった。

なぜ、浅井忠が快諾したのか。ひとつには浅井忠が、パリ万博で美術家が鋭い感覚で工芸にかかわり合っているのをつぶさに見て、デザインの重要性を認識したことがあげられよう。とりわけ、アール・ヌーヴォーという新しいデザインが、あらゆる美術・工芸分野に新しい息吹を吹き込んでいることに心を動かされたのではなかろうか。もうひとつは、浅井忠は東京美術学校にあまり未練がなかったのではなかろうか。東京美術学校は、浅井忠にとって、西洋画を排斥した岡倉天心が初代校長になった学校であり、また、フランス留学を終えて帰国した黒田清輝が新派といわれる「白馬会」を創設し、浅井忠が中心となって創設した旧派といわれる「明治美術会」と対立するという経緯があり、同じ東京美術学校教授として黒田清輝と比較されることも、浅井忠にとってあまり心地よいことではなかったようである。

黒田天外の『名家歴訪録』によると、浅井忠は「明治一五、六年頃、フェノロサが来朝し、日本美術を研究して大に之を賛揚鼓吹し、九鬼、岡倉の諸氏翕然《きゅうぜん》として之に付随してから、美術界に保守の気風が大に盛んとなり、西洋画などは邪道悪魔だ、ぶッ潰してしまえという勢いで、総ての会には西洋画を出陳させせんという迫害です。此方は書生で位置もない、金もないから、種々奮闘したが敵やしません、世の中の継子となって、非常な悲境に沈んで居ったが、其間は随分永いことです。そこで私共も憤慨に堪えんから、洋画の孤塁を守って居る連中を糾合《きゅうごう》して、明治美術会というを起しましたが、何がさて逆境に沈淪《ちんりん》して不平満々たる連中ばかりだから、其団結は非常に鞏固《きょうこ》で、いづれも食わずに働らこうという熱心だから、追々熱心を買て賛成する者も出来、相応の勢力を持て、総ての日本画会に当っておったです。当時我々は荒れ者を以て自任し、九鬼さんなどの処へ出かけて大に辛めたこともあり愚図愚図云や棍棒《こんぼう》でもってぶんなぐろうという勢いだから、まるで壮士の親方の如く非常な悪漢と目されていたです。然しかく奮励している中に、そろそろ世間から洋画の事を注目され、中には御用画なども生じてくると、由来人間は患難《かんなん》は共にすべく、安楽は共にすべからすで、追々仲間の団結力も解弛《ゆる》んで来ました。其後も西画撲滅策を抱いてあらゆる権略を弄した岡倉氏と、我々との闘争は激烈となり、道の上の敵で恕《ゆる》すべからざる上、岡倉氏の非行満盈《まんえん》から有名な東京美術学校騒動が起ったですが、其時の爆裂弾の投擲《とうてき》者は我々であったです。もっとも同校は以前から根が緩んでいたので、内部から破壊して、遂に岡倉氏の引退となったです。之より先き、岡倉氏は黒田清輝氏を美術学校に入れ、之をして白馬会を起し明治美術会に当らせ、その策が中《あた》って同会は二分され、老人株は逃て、青年家は別に太平洋画会を組織したが。高嶺秀夫氏が岡倉氏に代って美術学校長となった時、黒田氏の新派に対し、旧派からも誰か入れようということになり、とうとう私が人身御供《ごくう》に上って、同校の教授となったです」と述べている。[40]

さらに箕作元八《みつくりげんぱち》氏の「滞欧『箙梅《ふくばい》日記』」によると「黒田はなかなか才物にて、覇気満々たれば、隠然美術界の領首たるを期するがごとく、浅井、小山と相容れず。しかるに浅井はまた一種の天才あり、これ交際せる所にても決して黒田派の悪くいうごとき俗物にはあらざるがごとし。いずれにしても僅々の画工中に、かく互いに反目しおるは美術界のため嘆ずべきことなり」[41]と黒田清輝と浅井忠の不仲に触れている。その因縁の相手である黒田清輝は、パリ万博に出品した「智・感・情」が銀牌を受賞し、七月六日にパリに来ており、浅井忠も会っている。脇道にそれるが、宗兵衛も黒田清輝と前年に京都で交遊しているので簡単に紹介しておこう。

黒田清輝と宗兵衛の接点

『黒田清輝日記』を見ると、[42] 明治三十二年十二月六日、「今日、丹羽氏が今度巴里の博覧会へ出す陶器類を見せるから来いと云約束が有ったから二時過から其方へ行く　丹羽氏ノ住居ハ伏見街道也　大学総長の木下氏　飯田新七氏　錦光山等居合せたり（中略）一寸宿ニ立もどり祇園の中村屋へ出かく　市長の内貴甚三郎氏　飯田政之助氏　松尾寛三氏　丹羽圭介氏　竹内棲

鳳氏　錦光山宗兵衛氏　堀江氏等の集会也　飯田　丹羽氏の御馳走のよし　かへりがけに丹羽　錦光山　竹内　堀江等の諸氏と一力に立寄る　此処の払は我レ我レニテ引受ける積なりしに之れも果たさず　十二時過帰る」とある。

また十二月九日、「十時過より大沢氏の案内にて染識学校を見る　帰りがけに中沢工学博士方ニ名刺を置く　午後一時半頃大沢氏再来る　共に粟田口錦光山氏を訪い工場陳列室等を見る　又錦光山氏の案内にて五条坂なる陶器試験所の工場ならびに参考品蒐集所を見る　帰途大沢氏に別れ錦光山氏と木屋町玉川楼にて夜食　雑談十二時に至る」とあり、宗兵衛は自分の工場や陳列室だけでなく陶磁器試験場も案内している。

十二月十一日、「めしを食て居る処ニ菅善三郎氏来る　又錦光山氏来る　三時半頃ニ客を待たして置て京都新聞社ニ行き村上氏の原稿を一読し不都合な点の訂正を乞い帰る　暫時ニして菅氏帰る　又黒田氏も去る　最後ニ錦光山氏去る」。十二月十三日、「朝九時頃ニ起て十時頃に市長の処ニ別れニ行く積りで一寸出かけたら堀江君ニ出遇い共に引返えし堀江君ハ金を五拾円持て来て呉れた　之れハオレの旅費が足らなく為ったからの事だ　堀江君と錦光山の処ニ行き十二時頃宿ニ帰り堀江君と二人で昼めしを食う(中略)中井とめしを食い始めて居た処ニ堀江君が来　又錦光山氏が一杯機嫌で来た　八時八分の汽車に乗る　送って来て呉れた人ハ堀江　錦光山　中井の三氏と宿の女将也　汽車ニ乗るのに金が足りなくなったから又堀江氏が足して間ニ合う事となる　上等の汽車で帰る」とある。

こうした日記から垣間見える黒田清輝は、いろいろな人と会い、よく食べ酒を飲むなど、なかなか精力的な人物のようである。これに引きかえ、石井柏亭氏によると、浅井忠は「そのうえ日本人はことに気が小サク一人エラキものが出ると寄てタカッテイジメて仕事の出来なくなる様にする。自分よりエラキ人をこしらえるが嫌いな人種だから困る。ことに美術家とか文学者とか云うものは咄しにならぬ腐った社会だから、小生は今ではあきらめて、総て消極的でなんにもしないで、是から社会を退て遊んで仕舞んとの覚悟である。それゆえ京都へ引込んで陶器でもいぢって暫らく遊ばんがため転任の約束をして置た訳である」(43)と述べており、まるで隠者の心境のようで、黒田清輝とは好対照をなしている。

宮永東山との出会いとその後の視察団の動向

さて本題に話を戻すと、パリ万博開催中に宗兵衛は、浅井忠だけでなく宮永剛太郎、後の宮永東山とも知り合っている。

『三代宮永東山襲名記念　東山三代展』によると、宮永東山は「明治元年九月石川県大聖寺藩士の家に生まれる。本名剛太郎。明治十八年、東京独逸全修学校を卒業。横浜のドイツ商館ウィンクレル商会（欧州での会社名は弁慶）に入社。古美術・美術工芸品貿易に従事。明治二十年、ウィンクレル商会を辞す。東京仏語学校入学。卒業後は東京美術学校長の岡倉覚三（天心）の助手として欧米の美術施設の調査にあたる。明治二十八年、農商務省パリ万国博覧会臨時事務局に勤務。同時に同省商品陳列館嘱託となる。明治三十二年、パリ万国博事務局として渡仏。二年間滞在。パリ万国博開催（一九〇〇年）、浅井忠、七代錦光山宗兵衛らを知る。錦光山と欧州窯業地に同行」(44)とあり、明治三十二年、農商務省パリ万国博覧会臨時事務局員としてパリに来て、日本の美術・工芸品の陳列などをしていた。パリ万博が始まると、彼は会場で浅井忠に会って食事をしたり、一緒にゴブラン織を見に行ったりして、浅井忠と交遊を深めていた。宗兵衛は、宮永剛太郎がフランスのセーブル窯を中心としてヨーロッパの窯業事情を熟知していて陶芸界に興味があることを知り、錦光山商店（製陶所ともいわれている）の顧問として彼を招いたのであった。

その後の宗兵衛たち視察団の動向については、平野重光氏の『栖鳳芸談』によると、(45)十月十九日、パリ出発。ベルギーのブリュッセルを経てオランダ・アムステルダムを見物し、同国へ一グに着いたという。先に述べたように十月二十六日付、京都竹内栖鳳自宅宛の葉書には「錦光山宗兵衛の英語で過している。近日英国へ参り、再びパリに引きかえすつもり」と書かれている。

十一月三日、在ロンドン。同日付、竹内栖鳳自宅宛の大槻助役、錦光山宗兵衛、栖鳳三人の寄せ書き絵葉書には「天長節を祝して英国より一筆」、同日付、京都栖鳳自宅及び社中諸君宛葉書には「一両日中に引上げ、再びパリへ帰り、およそ三十日ほど籠城して博覧会外のことにとりかかるつもり」と記されている。十一月十二日、アヴェニュー・マラコフの浅井忠方を訪ねるが浅井は不在。十二月二十二日、在ミュンヘン。十二月二十二日付浅井忠あて葉書(千葉県立美術館蔵)には「巴里出発の際はあいさつも致さず失礼申上げ」と書かれており、竹内栖鳳らはロンドンに行き、再びパリに戻り、その後ミュンヘンに行ったことがわかる。

なお、竹内栖鳳が浅井忠のアパートを訪ねて浅井忠が不在であった十一月十二日、「此日始て霜大に降り、屋上皆白し、此夜福地の客某仏人来る。偶《たまたま》、竹内栖鳳、江波某在り、池辺(義象)、浅井在らず、小山(正太郎)大に窮し百方手真似して辛じて追い返す」と小山正太郎が『木魚遺響』のなかに記している。その頃、パリには霜が降り、寒くなっていたことがわかる。日本を離れて、かれこれ十ケ月になり、宗兵衛たちは旅愁が胸に迫ったのではあるまいか。

余談であるが、竹内栖鳳たちがパリを出発した翌日の十月二十日、英国留学途上の夏目漱石がパリに着いている。『漱石日記』によると「十月二十日(土) 午前八時半の汽車にてGenoaを出発す。旅宿の馬車にて停車場に馳付《かけつけ》たるは立派なりしが、場内にて委細方角分らずうろうろする様洵《まこと》に笑止なり。(中略)かくして東方の白む頃までやり通し八時頃漸くパリスに着す。

停車場を出でて見ればまるで西も東も分らず恐縮の体《てい》なり。（中略）十月二十二日（月）　浅井忠氏を尋ねしもこれまた不在にてやむをえず帰宿。午後二時より渡辺氏の案内にて博覧会を観る。規模宏大にて二日や三日にて容易に観尽せるものにあらず。（中略）十月二十六日（金）　朝、浅井忠氏を訪う。（中略）十月二十八日（日）　巴里を発し倫敦《ロンドン》に至る。船中風多くして苦し。晩に倫敦に着す」(46)とある。

　夏目漱石は、パリ万博を見学し、十月二十六日に浅井忠と会い、十月二十八日にパリを立ちロンドンに着いている。宗兵衛たちとはニアミスであった。それはともかく、その後、宗兵衛たち視察団の一行は、十二月の中旬、パリを発ち、ドイツ、オーストリア、ハンガリー、イタリアの各地で美術学校や美術館を見学しながら、ふたたびロンドンに戻り、翌明治三十四年（一九〇一）一月五日、日本郵船丹波丸に乗ってロンドンを出帆した。途中、ポートサイド、コロンボ、シンガポール、香港、長崎と寄港し、明治三十四年（一九〇一）二月二十五日正午、ほぼ一年ぶりに神戸港に着いたのであった。

錦光山商店の顧問として迎えた諏訪蘇山

宗兵衛が帰国した明治三十四年（一九〇一）は、対外的には朝鮮半島の権益を守ろうとする日本と列強の進出に抗して中国民衆が起こした排外運動、義和団事件の後も中国東北部に留まったロシアとの間で緊張が高まり、また国内では金融恐慌で銀行の取り付け騒ぎが起きるなど前途多難な年であった。パリ万博で欧米の著しい技術進歩に焦りを感じた宗兵衛は、帰国すると直ちに、ヨーロッパ各地の窯業地で調査した各国の窯業の特色、原料の状態、製造の方法、意匠の趨勢、販売の方法、海外顧客の日本の陶磁器に対する嗜好《しこう》などを同業者に報告したのであった。また第七回商工談話会で「過去百年間における合衆国の富及び貿易の発達」という題で講演を行い、日本の陶磁器の改革が焦眉の急であることを訴えたのである。実際、改革に取り組まなければ、さらなる貿易の伸長は望めないという危機感を宗兵衛はもっていた。

こうした危機感もあって、宗兵衛はパリ万博の視察旅行に出かける直前の明治三十三年一月に、後に帝室技芸員となる諏訪蘇山《すわそざん》を錦光山商店の改良方の顧問として招いていた。

諏訪蘇山とはいかなる人物であったか。私は平成二十年（二〇〇八）六月十八日、京都の料亭「竹茂楼」で四代諏訪蘇山(公紀)氏にお会いして、『蘇山之陶窯』、『蘇山贉影《しょうえい》』、『諏訪蘇山　初代・二代・三代作品集』という三つの資料をいただいた。

『諏訪蘇山　初代・二代・三代作品集』の「蘇山小伝」によると、(47)「初代諏訪蘇山は本名を好武、幼名を栄三郎と云い、友山、賀山と号していたが、金沢在住当時大病の蘇起を喜び蘇山と命名した。又京都に入って大徳寺松雲《しょううん》老師よりその堂を金水堂と名づけられ、妙法院門跡寂順《じゃくじゅん》師より精斎の号を贈られた。

嘉永四年五月二十五日加賀国金沢馬場六番町に生れる。父は藩士諏訪重左衛門好方。母は渡辺氏、ていと云う。文久元年十一才にして父を亡くす。当時藩制で男子は武芸を学び十四才にならねば家名をつぐことが許されず、母はその間、栄枯は世の常と辛苦して親子四人の生計をたて三子の成育にあたった。その厳しさは寒中積雪の上にムシロを敷き二時間も端坐させ忍耐を訓練したと云われる。この慈愛と教訓のもとに剣道、馬術、水練術を学び、文治元年には免許を得て家督相続をした。

明治元年、十八才にして藩庁より壮猶館《そうゆうかん》教授役を申付けられ、同二年には合図方棟取を、同三年五番大隊合図長、翌四年には東京府兵に加えられ関門上役を命ぜられ、明治天皇御前にて小隊長として指揮をした。その後、金沢へ帰り軍職を辞し、明治五年金沢航海学校に入り、在学中水産講習所教員を嘱託され水産事業を研究した。特に捕鯨法の改良を試み、強さと耐久性に富む麻糸索縄を案出し各地にて使用され、又魚貝の缶詰、燻肉、醃蔵等の方法を研究し生徒に授けた。

明治六年、二十三才の時彩雲楼旭山《さいうんろうきょくざん》に陶画を学び、翌年夫人富子を迎え、明治八年家を東京にうつし陶画を業とした。当時隣に工部省御雇教師フェノロサが住い、日夕住来し美術工芸の説を聴いた。又化学については以前にも郷土の名医鈴木(文太郎博士の父)及高峯(譲吉博士の父)両氏に就て梗概を学んでいたが、この時大学御雇教師ワグネルについてその説を聴いた。これ等は他日成業に資するところ大であった」と書かれている。

さらに「明治九年、東京品川駅字大井に於て陶器製造場を設け、陶器像石膏像模型捻造業を自営した。この時画師として橋本雅邦、久保田米仙等をよび二十人程の徒弟を養い盛んに製造した。彫刻には心を傾け技をつくし、道で遇った老婆の顔や手を模刻したいと連れ帰り石膏の型にとったともいわれる。又動物を刻するにはその動物を熟視し、了れば一意製作に余念なく再び動物を顧みなかった。『形はすでに心に会得して神がここにあることにのみ留意している。形のみにとらわれ神なきものは、形而上の作品を得ることが出来ない。』と語ったといわれる(中略)明治十一年、二十八才の七月より福井県坂井港陶器製造改良方を委嘱され、在職中、宮内省の命により青絵焼等身大の『李白蘆山観瀑大陶像』を作り吹上御苑に安置された。明治十三年九月より十七年まで石川県江沼郡(大聖寺《だいしょうじ》)九谷《くたに》陶器会社改良教師として招かれた。（中略）翌十五年には七官青磁の研究に着手した」という。

明治十七年一月、九谷陶器会社を辞し陶器研究のため東上、その後石川県工業考案者、富山県高岡町産物鉄瓶の蠟型《ろうがた》の進歩改良、石川県銅器会社蠟型改良委嘱などを歴任し、陶、銅産業の振興に尽くし、明治二十二年、石川県立工業学校助教諭試補となり、数年後助教諭になったという。学校の財政苦しく自らも薄給であったが、その一部をさいて薄資の俊才に学業を続けさせ、また入学志望者を募るため小学校を歴訪し、生徒にコヨリをつくらせ巧みな者に入学を勧め、後進の指導にあたったという。また理化学にくわしく種々考案発明し、その余技には漆、銅、鉄、竹、織、遊芸等実に多才で皆専門家並であったという。

そして「明治三十三年一月（五十才）、京都へ出る。京都粟田錦光山宗兵衛陶工場改良方嘱託となる。『採釉透彫花瓶』を作る。葡萄《ぶどう》、八手《やつで》、松、竹、梅、躍鯉の花瓶等あり、多くは輸出されたと思われる。これらの作品を作る技能が敏捷《びんしょう》精妙で他の職工の猜忌《さいき》を招き、浮牡丹《うきぼたん》模様花瓶の制作競技を申込まれ、一定時間に八個を造ったが他の職工は数人かかって二個作るのみであったとの逸話がある。精励と研究が無上の楽しみで毎朝四時に起床し、朝食までにすでに半日の時間を得、就寝後も枕上種々の考案をめぐらし、もし心に会得することあれば直ちに記して明日これを実験した」という。また「『髑髏《どくろ》香炉』を制作し、その内部にいたるまでの精巧さには医学者も驚いたと云われる。又精巧な作品には愛知県共進会へ出品の『糸瓜掛花生』

があり、長さ二尺の内部には繊維が縦横錯綜し一糸乱れぬ焼上りは審査員を驚かした」という。

帝室技芸員となった蘇山の陶技

諏訪蘇山は錦光山商店に七年近くいて、明治三十九年十月、錦光山商店を辞し、翌明治四十年に五条坂で製陶業を始めた。同書によると「明治四十年一月(五十七才)、五条坂に製陶業を始める。七官青磁、白磁、白高麗《しろごうらい》、交趾《こうち》釉《ゆう》、漆黒釉の作品を試みる。『青磁』は中国最古の磁器で越瓷《えつじ》、秘色《ひしょく》、柴窯《さいよう》の如きは今に伝えられるものなく、之を見ることは出来ないが、ひとり官哥龍泉と称されるものが我国にも伝わり、砧《きぬた》、七官と呼ばれた。青磁はみどりの優るもの、又そら色の勝れるものがあるが、なかでも砧と称されるものは青縹にして色最も高いとこれを愛した蘇山はこの色沢を復元するべく明治十五年以来試製数百回、明治四十年に漸く世に出す事が出来たのである。当時多くの名工が青磁の色沢を得ようと苦心していたが釉薬にのみ没頭しその成功を得ることが出来なかった。蘇山に至って始めて青磁は釉薬によること少く、ほとんど瓷胎《じたい》の素地《きじ》に基づくことを発見し、各種の胎土を研究し始めて好個の作品を造り上げた」のである。

その後、大正二年には「青磁鳳凰耳花瓶」などの名品をつくり上げ、さらに「大正三年二月（六十四才）、朝鮮李王職より高麗古窯旧跡発見に付調査を嘱託され渡鮮し、昌徳宮の一偶に起臥し実地を踏査した」。こうして高麗古窯の再興に力を注ぎ、大正六年にそれらの功もあり帝室技芸員に選ばれたのであった。

同書のなかで吉田光邦氏は「三三年、蘇山は京都の錦光山宗兵衛の工場改良のために、京都にやってきた。錦光山はそのころ七代目であったが、六代のころ慶応年間には、すでに海外貿易に進出していた。しかも七代宗兵衛は輸出陶器は単に装飾品ばかりでなく、日用品も輸出せねばならぬ。むしろ日用品が貿易の主流となるべきであると考え、工場の改良に腐心していたところであった。蘇山はこうした開明的な空気と要求に応えて、京都に入ったのである。三九年、蘇山は錦光山を辞して自営となった。これから大正十一年に至る後半生は、それまでの蘇山の歩みとは異質とさえ思われるものとなる。（中略）それは時代の流れであったろう。日露戦役が終わったとき、ひたすら近代化に工業化に突進しつづけていた明治の日本の潮流はその向きを変えた。富国強兵、殖産興業といつも国家を媒介とし、国家を主軸とする思考はその力を失った。国家とともにいまひとつ存在する個人なるものへの目覚めがはじまった。国家のレベルでいつも改良を思い、産業の革新を思う立場から、人びとはようやく個人の立場に生きはじめたのである。一個の作家に定着した蘇山の歩みもまたそれにひとしいものであった。ほとんど異質ともみえる初代諏訪蘇山の前半生と後半生、蘇山はまさに明治の歴史をそのまま生きた人だったのである」と書いている。

少し話が先に進み過ぎてしまったが、四代諏訪蘇山氏の話では、初代諏訪蘇山はたとえどんなに貧乏しようとも「職人は筆とヘラさえあれば食うに困ることなし」と言っていたという。諏訪蘇山はその精神も古武士然とした潔さがあった人物であった。いずれにしても宗兵衛は力強い応援者を得ていたのである。

註

(1)広田三郎『実業人傑伝』四ノ三一~四ノ三二頁、四ノ三三頁。
(2)平野重光『栖鳳芸談』一〇一頁。
(3)尾野好三編『成功亀鑑(第一輯)』二七~二八頁。
(4)「京都の錦光山」(荒川清澄編『関西之実業』)九五頁。
(5)『明治以降　京都貿易史』六四頁。
(6)佐藤節夫「近代の七宝師たち(二)」(『陶説』四四四号)六三頁。
(7)『京焼百年の歩み』二八~二九頁。
(8)佐藤節夫「明治の京焼(上)」(『陶説』四六八号)、引用箇所は三八頁、参照箇所は三七~三八頁、三八~三九頁。
(9)『海を渡った明治の美術』一一三頁。
(10)同前九四頁。
(11)中島朋子「日本の陶磁器のアメリカ市場開拓ーアメリカ文化史からの考察」(『近代陶磁』第5号)三頁。
(12)松原史「錦光山宗兵衛ー京薩摩の立役者」(清水三年坂美術館『SATSUMA』)一三七頁、一四九頁。

(13)二階堂充『宮川香山と横浜真葛焼』引用箇所は六八～六九頁、七三頁、七四頁、七八頁。
(14)『世紀の祭典　万国博覧会の美術』一一〇頁。
(15)黒田天外『名家歴訪録　上篇』二八頁。
(16)中ノ堂一信『近代日本の陶芸家』六〇頁。
(17)小川後楽『煎茶への招待』二七一～二七二頁。
(18)五代清水六兵衛「青年時代の思出」(『都市と芸術』二一〇号)三七頁。
(19)『粟田焼』一四〇頁、「明治二七年　京都陶磁器商工組合結成。(初代組合長、錦光山宗兵衛)」と記されている。また『関西之実業』九十五頁に「氏は明治十八年二月に京都粟田陶器商工組合副組長に選任された」とある。
(20)『京焼百年の歩み』四一～四二頁では、明治三十三年の京都陶磁器商工同業組合の時に宗兵衛が組合長、また『藤江永孝伝』第一編　小伝　四八頁に松風嘉定が副組長になったとしている。
(21)黒田天外「清風与平氏」(『一家一彩録』)一八四頁。
(22)『藤江永孝伝』第一編　小伝　四八頁。
(23)同前　第四編追懐　六六頁。
(24)『原色現代日本の美術15　陶芸(1)』四七頁。
(25)『藤江永孝伝』第三編逸話雑録　一三頁。
(26)同前　第一遍小伝　四九～五〇頁。
(27)清水六兵衛「研究時代」(『都市と芸術』二一一号)三四～三五頁。
(28)黒田天外『名家歴訪録　上篇』三三三～三三五頁、三三五～三三七頁。
(29)田中日佐夫・田中修二『海を渡り世紀を超えた竹内栖鳳とその弟子たち』二一頁、五八頁。
(30)『明治以降　京都貿易史』一七八頁。
(31)『京都経済の百年　資料編』六四頁。
(32)平野重光『栖鳳芸談』九四頁。
(33)松村真希子「明治期サツマの様相―海外美術館収蔵品の調査から―」(『東洋陶磁』第四十号)一三八頁。

(34)浅井忠「巴里消息」(ほとゝぎす第三巻第九号)三八頁。
(35)記事「巴里博覧会」明治三三年八月七日　時事新報　七頁。
(36)『藤江永孝伝』第二編　遺稿「伯林起居日記」、引用箇所は、二二頁、一四頁、三〇～三一頁、四六頁。
(37)同前　第四編追懐　八六頁。
(38)浅井忠『木魚遺響』、引用箇所は、一七七頁、一七八～一七九頁、六三頁。
(39)同前　一五〇頁。
(40)黒田天外「名家歴訪録」明治三九年九月二日京都日出新聞。
(41)箕作元八「滞欧『箙梅日記』」(『パリ一九〇〇年・日本人留学生の交遊』)三七一頁。
(42)『黒田清輝日記』第二巻、引用箇所は、五三〇～五三一頁、五三二頁、五三三頁、五三三～五三四頁。
(43)石井柏亭『浅井忠』一〇八～一〇九頁。
(44)『三代宮永東山襲名記念　東山三代展』三頁。
(45)平野重光『栖鳳芸談』一〇一～一〇二頁。
(46)平岡敏夫編『漱石日記』一七～二〇頁。
(47)三代諏訪蘇山(修)編『諏訪蘇山　初代・二代・三代作品集』、引用箇所は、五頁、五～六頁、十頁、六～七頁、七頁、八頁、四頁。

第四章

錦光山商店、改革の時代

パリ万博後の改革への動き

多彩な釉薬技法の開発

明治三十四年八月、藤江永孝《ふじえながたか》が帰国し、十二月には宮永剛太郎(東山《とうざん》)も帰国した。宗兵衛は日本の陶磁器が不評であったパリ万博の反省もあり、改革に邁進《まいしん》していく。解決すべき課題は多々あったが、その中心課題は多彩な釉薬《ゆうやく》技法の開発、意匠改革、日用品製造のための貫入《かんにゅう》のない無キズの素地《きじ》である半磁器の開発、設備の近代化などであったと思われる。

まず多彩な釉薬技法の開発の状況について見ていこう。佐藤一信氏の「京都市陶磁器試験場と京都」(1)によると、京都市陶磁器試験場でいろいろな依頼試験が行われていたことがわかる。すでに明治三十二年に宗兵衛の義兄(姉の千賀の婿《むこ》)である錦光山竹三郎が「下絵ノ具焼成試験・旭焼類似ノ素地試験」を依頼している。ちなみに旭焼《あさひやき》というのは、京都の舎密局《せいみきょく》の職を去り、東京職工学校教師となっていたゴットフリート・ワグネルが明治二十三年頃に東京深川で行っていた、器に絵を描いてから釉薬をかけて焼成する釉下彩《ゆうかさい》技法の焼物のことである。さらに明治三十四年に宗兵衛が「ファイアンス（半磁器）釉薬製造研究」を依頼しており、「低火度焼成で釉下彩を施した白い軟質陶器」の開発に取り組んでいたことがわかる。このように宗兵衛はパリ万博の前後から釉薬技法の開発に取り組んでいたが、とりわけパリ万博以降拍車がかかっていたのであろう。

では、その頃宗兵衛はどのような作品をつくっていたのだろうか。洲鎌佐智子氏が調査した京都美術協会開催の「新古美術品展」に出品された作品で見ていくと、②明治三十五年におそらく釉下彩の作品である「梅花透彫《すかしぼり》花瓶」が一等賞となっている。またパリ万博視察三年後の明治三十六年に大阪で開催された「第五回内国勧業博覧会では、早くも錦光山宗兵衛が棕櫚《しゅろ》の葉を器面に巻き付けたアールヌーヴォー調の花瓶を出品して③」おり、名誉賞牌を受けている。明治三十八年には釉下彩と思われる「六歌仙花瓶」を出品、明治三十九年には半透明のマット釉の「消沢釉菊花大花瓶」を出品し一等賞金牌を受賞している。その他にも「変釉《へんゆう》梅図花瓶」などを出品している。

佐藤一信氏の前掲調査によると、明治四十年に宗兵衛は「ロックード式黄色陶器模製試験」の依頼試験をしているが、明治四十一年から四十二年にかけては釉下彩と思われる「麦画花瓶」やアール・ヌーヴォー風の「本窯樹木小原女花生《おはらめはないけ》」「本窯変釉セセッション花生」など多彩な窯変釉作品を出品している。こうした傾向は大正二年（一九一三）にかけて続いており、宗兵衛は釉下彩、艶消《つやけ》し釉などの多彩な釉薬技法の開発を十年以上にわたって続けていたと思われる。

陶磁器試験場の協力

もちろん、宗兵衛は錦光山商店のなかで諏訪蘇山《すわそざん》や宮永剛太郎(東山)の力を借りながら開発に努めたであろうが、陶磁器試験場の協力もまた重要であったであろう。佐藤一信氏の調査によると、明治三十年度から大正七年度までの陶磁器試験場への依頼試験の件数は総計三千二百四十八件であったという。帰国後、藤江永孝はヨーロッパで収集した製品を示しながら講演を行い、また機械等を使用して実地の利便性を説き、品質の改良を訴えたこともあり、京都の製陶家も様々な実験を試験場に依頼するようになり、依頼試験の数が増えていったのである。個別の製陶家のなかで依頼件数が一番多かったのが、錦光山商店関連の百三十五回であり、その内訳は錦光山宗兵衛五十七回、義兄の錦光山竹三郎七十三回、他五回であり、次いで小川文斎の九十六回、松風嘉定《しょうふうかじょう》関連の七十一回、清水六兵衛《きよみずろくべえ》関連の三十八回であるという。

錦光山関連と松風嘉定関連の依頼試験が多いことから、同業者から陶磁器試験場は錦光山と松風の機関のようだという批判が出たという。『藤江永孝伝』[4]に載っている藤岡幸二の回想によると「この頃(明治四十一年頃)藤江場長と最も親しくしていた当業者は、錦光山宗兵衛君と先代松風嘉定君であった。二人とは公私ともに親しかった、この三人は全く兄弟の様に思われた。遊陶園、奨励会、奨陶会などが皆これらの人によって画策実行されたものであった様に思う。錦光山氏は京都陶磁器商工同業組合長で、松風氏はその副組合長であったのだから、組合と試験場の間が如何に親密であったかゞ判る。そんな関係でもあったが、錦光山と松風と試験場とは将に三鼎足《ていそく》の形で、市役所や他の組合員の中にも試験場は錦光山と松風の機関の様なものだ、もっと一般にも恩典に浴さしめぬと困ると云ふ話は、度々耳にした。然しそれは色眼鏡の見様であって、藤江場長は実に公平な人で、誰彼の区別なく聞きに来る人には教えてくれられ、親切に導いてくれられた」と述べている。

また五代清水六兵衛も同書のなかで「京都の陶磁器が現在のように発達したと云うことは、一に藤江さんの時代に種を蒔《ま》いて置かれたからで、一番利益を得ているのは、松風と錦光山の二箇所位のものだと云う人もありますが、そうではありません。伝習生を養成して、しっかり仕込んでいゝ種を蒔いて置かれたのが、皆一人前になり、それが色々研究を重ねて今日に至ったので、全く是は藤江さんが指導して下さった賜であって、藤江さんがおられなかったら、今日のようには発達しておらぬだろうと思う。とにかく表面的には余り現われておりませんけれども、内部に於て随分基礎が出来た勘定ですな」と述べている。

先に宗兵衛が水金《みずきん》の応用法を発明したことを述べたが、明治四十二年(一九〇九)に発行された『成功亀鑑(第二輯)(5)』によると「水金応用発見に次ての氏の偉大なる功績は、即ち釉薬の発明である、多年研究の結果、左の数十種の釉薬を発見又は改良し、由来彩色単調なる粟田焼に、幾多の光彩を添ふるに至った。即ち　淡緑釉、珊瑚《さんご》赤色釉、淡黄釉、斑紋黒釉、紫菫《しきん》釉、浮雲黒褐釉、暗緑釉、曙紅《しょこう》釉、青藍《せいらん》釉、鳶《とび》色飛釉、雨下褐色釉、黒色霜降釉、翡翠《ひすい》釉、紫檀《したん》釉、髹漆《きゅうしつ》釉、茶金釉、梨子地《なしじ》釉、紫紺釉、孔雀《くじゃく》藤釉」と様々な釉薬を発明したと書かれている。

半磁器の開発など窯業技術が進展した背景

また、無キズの素地である半磁器の開発も欠かせない改革であろう。これまでも述べてきたように、粟田焼には陶質に貫入という細微のキズがあり日本では雅趣があるとして大いに愛玩《あいがん》されてきたが、欧米ではキズがあるので品質の堅牢《けんろう》を欠き、実用的でないと非難されてきた。前掲書によると宗兵衛は「はやくも先見の明を以て、品質の改良に腐心し、辛苦数年の後、漸く無キズ粟田素地を製出するを得たのである。氏の発明した無キズ粟田焼には二種あって、一つは純白雪の如く、他は淡黄色を帯びて、釉薬玲瓏《れいろう》、外観恰《あたか》も象牙《ぞうげ》の如く、何《いず》れも品質堅牢、高雅、優秀、大に外人の嗜好《しこう》に投して、一時に需要を喚起したるが、今や同業者間に於ても、其品製造の伝授を受けて製出し、半磁器と呼んで、専ら広く行はるゝに至った、元来其品は純然たる粟田焼と全然趣を異にし、茲《ここ》に一種の新製品を出したるものと謂《い》うべく、今日に於ては従前の粟田焼以上に其産額を増加し、弥々発展の趨勢《すうせい》を示しつゝあるのである」と記している。

錦光山商店の登窯・焼成 1904年
ルイス・ローレンス（Louis Lawrence「SATSUMA The Romance of Japan」2011年）より転載 Copyrights 1904 by Underwood & Underwood
錦光山和雄家蔵

半磁器については陶磁器試験場の明治四十一年度の試験実績の主なるものとして、石膏《せっこう》型を使用して食器類を製造すること、商品としての半磁器と記載されていることから、この頃に完成したのではないかと推測される。

　さらに同書では、「光線振り書付」「絵具盛り」「光沢消し」等、今日窯業界で慣用している方法、また多くは「氏の発案によれるもので、その功績の枚挙にいとまあらざる」と述べており、宗兵衛が苦心しながら技術革新に取り組んでいたことが書かれている。このほかにも「錦窯《きんがま》の改良」などにも触れているが、松原史氏によると「従来二尺五

錦光山商店の窯と釉掛け 1904年
ルイス・ローレンス（Louis Lawrence「SATSUMA The Romance of Japan」2011年）より転載 Copyright by Keystone View Company
錦光山和雄家蔵

寸以下が主流であった錦窯を六尺以上にする事に成功。室内装飾用の大きな作品を作ることが可能になっただけでなく、商品を多数同時に焼くことで燃料の効率化にもつながった[6]」と述べている。

なお、京都女子大学の前﨑信也准教授は、窯業技術が進展した要因として『大正時代の工芸教育』のなかで「組合設立の前年、日本の産業界に大きな変化をもたらすこととなる専売特許条例が施行された。この条例により、日本の窯業界が新しい技術の開発・導入に大きく舵をきることとなる。国が技術の価値を認めて製品の専売を認めたことにより、それまで『秘伝』とされてきた技術が公開しても価値のあるものとなった。（中略）専売特許条例の導入は、一方的に欧米諸国から先進技術を学ぶという時代から、日本人自らが新しい技術を生み出す時代に入ったことを意味する変化でもあった。こうして、明治二十年代全国の窯業地で新技術に対する研究がそれまでよりも積極的に進み始めるのである[7]」と述べ、専売特許条例の施行を背景に、明治時代の美術陶芸界を代表する清風与平《せいふうよへい》が自ら発明した技術を公開したことの重要性を指摘している。

なお前﨑氏はこうして釉薬などの技法が公開されて各製陶家へ広く行きわたり、技術面での差がつきにくくなったことが、芸術的な作品を生み出す背景になったと述べている。芸術というと何か形而上学的なもののように思われるが、もし本当に製陶家に内面的な感情を作品に投影することによって作品を差別化する意図があったとしたら、こうした前﨑氏の見方は卓見ではないだろうか。

さらに前﨑氏は、パリ万博前後から一九一〇年頃までは世界的な釉薬の開発競争の時代であり、一九一〇年頃にはだいたいすべての色が出せるようになったと述べている。宗兵衛と陶磁器試験場並びに京都の窯業界はそれこそ血の滲むような努力を重ね、ほぼ十年で結晶釉、ラスター彩、マット釉、マジョリカ焼などの多彩な釉薬技法の開発を成し遂げ、欧米に大きく遅れをとっていたのをなんとか挽回しえたのではないだろうか。

その頃の錦光山商店——洋式本館と白亜の陳列館

ところで宗兵衛が招いた宮永剛太郎(東山)は、明治三十四年三月に帰国し、パリ万国博覧会報告書を編纂してから錦光山商店の顧問として京都東山区粟田三条に移住してきた。

私が平成二十二年(二〇一〇)四月、京都伏見の三代宮永東山(理吉)氏のお宅にお伺いした時にいただいた二代宮永東山(友雄)氏の手記によると「父が京都に入ると、神宮通三条上る(戸籍上は京都市下京区三条通北裏白川筋東入弐丁目正法寺町七百弐拾六番地)の錦光山工場の洋風の本館の南隣の家が用意されていた。この家は錦光山の社宅の様な格好で下隣二軒には、その当時云う番頭が住んでいた。その中では特別大きく、格子戸を開けると、左手に六畳ほどの店の間、そして四畳半ほどの式台のある玄関、その奥左手に又六畳(ここを仏間に用いた。父はその後、桑で自分で設計した仏壇を作り、その下の小襖《こぶすま》に偶々《たまたま》尋ねて来た石井拍亭に蓮の画を描いてもらっている)、店とこの部屋の前には小さな坪庭がある。仏間の隣は茶の間、こゝに二階へ上る階段が付く、その奥が八畳の本床のある座敷、そして奥庭、廻り縁がついていて風呂場、上便所になっていた。二階は階段室があって奥八畳が祖母の部屋(この祖母は弘化四年生れ)、階段室の道路側に六畳——こゝが私の部屋になった。そして今は殆んど見られないが、道に面して人見窓(塗廻しの壁で、板床の物置に使う)、落間というものがあった。下の茶の間の前はタタキで台所、表から内出入口に隔てられて、ずっと奥まで続《つな》がり、台所から風呂の焚口《たきぐち》、下便所、右手に納屋があって、そこに錦光山の金彩、羅漢の花生が数多く並んでいたのが眼に残る、又隣の錦光山の原料工場に行き来が出来、そこにドイツ製のトロンミル、絞り機、土練機《どれんき》等々、これらは其後私達の稲荷《いなり》の工場に移されている、又この家は父に遠距離の通いをいとい、居を現在の地近くに遷した時点で（昭和十一年十二月）筋向いの円勝寺町の楠部彌弌《くすべやいち》氏のもとに遷され、現在も同氏の後嗣《こうし》の住居となっている」[8]と書かれている。この手記のなかに「錦光山工場の洋風の本館」とあるが、明治三十四年頃にはすでに洋風の本館が建てられていたことになる。

錦光山工場全景　京都粟田　1915年頃
ルイス・ローレン（Louis Lawrence「SATSUMA」1991年）より転載
錦光山和雄家蔵（原本のコピー）

この洋風の本館とともに洋式陳列館も建てられたようだ。『明治以降　京都貿易史』によると「当主宗兵衛氏尚壮にして頗《すこぶ》る進取の気宇《けう》に富み常に海内各地著名の窯業地に往来して互に長失を補い自家製品改善の資料に供し、又去明治三十三年には仏国より英独白瑞伊其他欧州諸国の陶磁器業を視察し得る所少なからず、現に従来の店舗の外に洋式陳列館を設け又装飾品に併せて日用品輸出の途を開かんことに焦心工夫を凝しつゝありという」[9]と記されている。

私の父雄二の自伝的小説のなかでも「白亜の洋館と言われ、当時から名物に数えられた陳列館の前には、その頃は、いつも都ホテルなどから外国人を乗せてきた人力車が十数台ほど並んでいた。陳列館に入ると、青色のふかふかした絨毯《じゅうたん》が廊下からロビーまで一面に敷きつめられ、ピカピカに磨かれた陳列棚がずらりと周囲に並んでいた。陶器の壺や花瓶やコーヒーセット、洋食、和食セットなどがさまざまな色調やデザインを競っていた。広いロビーの中央部には豪華な大テーブルと深々とした椅子が置かれていた。そして何人かの来客が椅子に寄りかかって憩いの時を過したり、商談が行われていたりしていた。陳列館から廊下の左手に総務担当の山本栄太郎の個室があり、陳列館から渡り廊下につながる木造二階建の一階が事務所であった。そして十数個のデスクに和服角帯や背広服の番頭達が執務に忙殺されていたものだ。番頭達の多くは英会話に熟達していて、外人来客について案内したり商談したりしていた。事務室の一週には、英文タイプライターが二台あって、番頭達の打つタイプの音がいつも連続して規則正しいリズムをきざんでいた(10)」と白亜の洋館の陳列館のことが描写されている。

この頃、宗兵衛は従来の店舗のほかに白亜の洋式陳列館を設け、装飾品だけでなく日用品の途を開こうと苦慮していたのであろう。なぜ陳列館をつくったかというと、おそらくは、宮永剛太郎(東山)や美術商で民間人ながらパリ万博の事務官長をしていた林忠正らとともに、パリで有名な美術商のサミュエル・ビングの「ギャラリー・ド・アール・ヌーヴォー」のサロンと呼ばれる店を見て思い立ったのではなかろうか。サミュエル・ビングは日本の浮世絵の輸出に辣腕《らつわん》をふるい、「ル・ジャポン・アーティスティク（芸術の日本）」を発行し、ジャポニスムを推進しただけでなく、アール・ヌーヴォーの店をつくり、ヨーロッパにアール・ヌーヴォーが広がる端緒を切り拓いた人物であった。彼の店は、「ショウシャ通りの入口には、扉の格子には植物が絡み合って伸びてゆくような大きな飾りが付けられて、パリっ子の度肝を抜いた。ショウシャ通りとプロヴァンス通りとの交点には、中央に丸い大きな塔を建て、プロヴァンス通りの方をアール・ヌーヴォーの店とし、ショウシャ通りの方を日本美術専門にした」(11)のである。店のなかには細工場があり、多くの図案家と職人が、陶磁器、金属彫刻、ガラス細工などを製造しており、店の真ん中が陳列所になっていた。製販一体の店づくりに、宗兵衛は大いに啓発されるところがあったのではなかろうか。

日本庭園も設けられた広大な敷地

また錦光山商店の本館の裏手には外人客用に日本庭園が設けられており、父雄二は自伝的小説のなかで「建物の横手にある柴垣の戸口から錦光山商店の敷地に出てみた。荷造り場から巨大な登り窯が聳《そび》えているのが見えた。荷造り場では十数人の職人が商品の藁《わらま》巻き作業や薄手の鉄板

錦光山商店の工場風景（梱包）
錦光山和雄家蔵（立命館大学アート・リサーチセンター提供）

型抜のローマ字で、宛名入れの作業が行われていた。そして製品が外国向けの、鉄板でしっかりと締めつけられた大きな木箱に満載されて、次から次へと運び出されて行った。製品を積み込む間、待機していた馬のいななく声や蹄の地を蹴る音、牛の啼く声など牛馬のざわめきが絶えず聞こえて来た。そしてここは、いつも飼料の藁の臭いがぷんぷんとし、藁屑の間を雀がチチと鳴いては飛び去ったりしていた。また、その近くには、広大な庭園がのぞまれ、樹々が繁り、その上には東山の連峰がいつもくっきりとそびえ立って見えていた。広い庭園には、大きな岩や、その陰の小径に季節の花が咲き乱れ、その間に踏石が点々と置かれていた。また、陶製の丸い腰掛と東屋のある築山もあった。築山には数十株の大きな躑躅《つつじ》や萩、牡丹《ぼたん》、水仙など

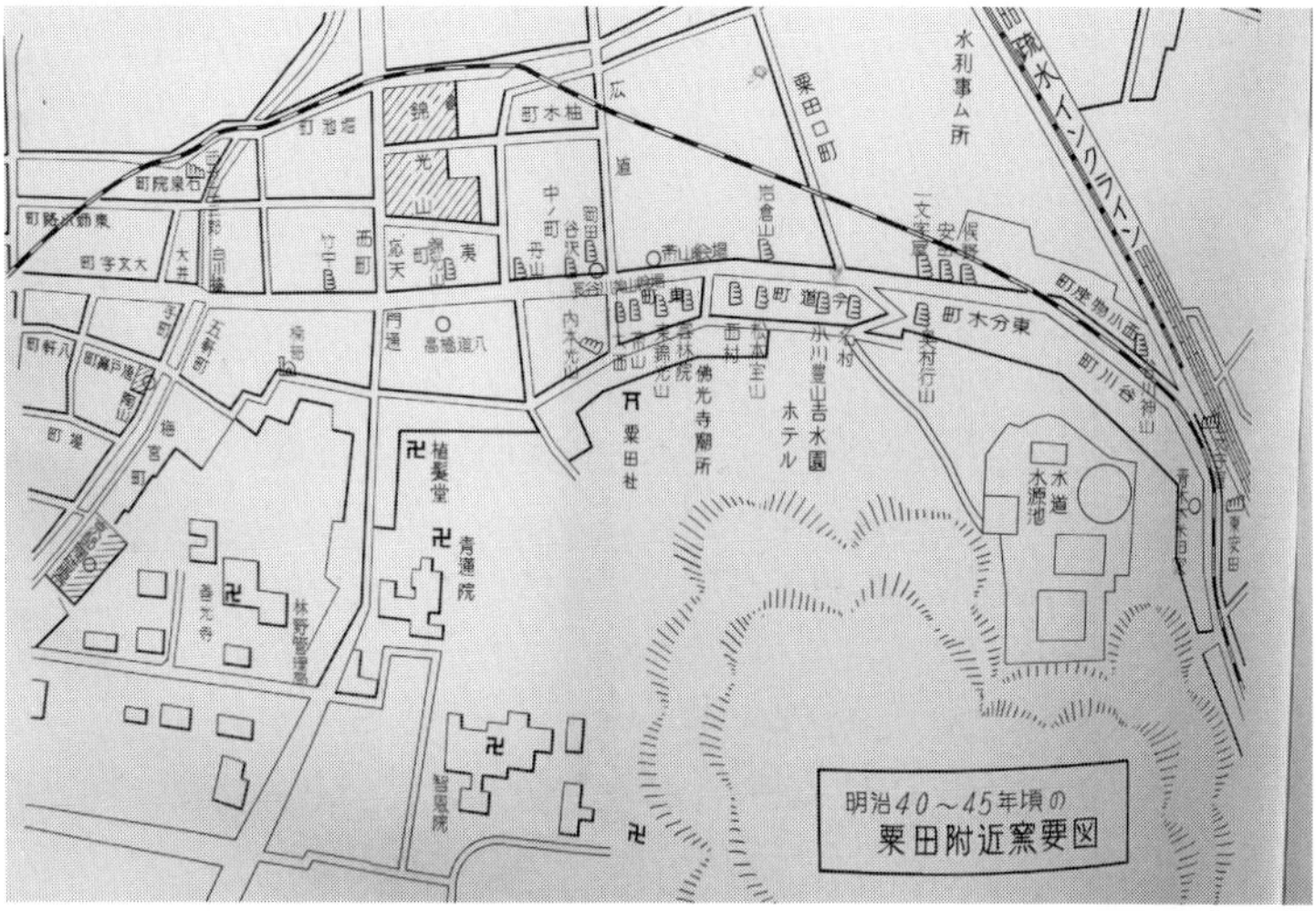

明治40～45年頃の粟田附近窯要図
藤岡幸二『京焼百年の歩み』京都陶磁器協会より転載

さまざまに季節の花が咲いていた。東屋では、十人程度の来客に茶の湯の会を催すこともできる三つばかりの小部屋が設えられ、いつも数人の外人客や日本人客が集い、接待を受けていた。紺絣に赤い前垂れかけの給仕の娘達が、湯気の立つ釜を用意していた。東屋の周囲や要所には紅葉の大樹が枝を張っていた。この一角は小さな森のようだった。森の陰になるところに池があって、小さな石の橋がかかっていた。そんなジャパン・錦光山の作る陶器と美しい庭園は世界各地の愛好家の間で大変好評であった[12]」と工場の風景とともに庭園のことも記している。宗兵衛は外人客を惹《ひ》きつけるためにいろいろ工夫を凝らしていたのだろう。

なお、錦光山商店の敷地について述べておくと、私は平成十六年(二〇〇四)六月六日に従兄弟の錦光山賢一氏に錦光山商店の敷地跡地を案内してもらったことがある。賢一氏の話によると、錦光山商店の敷地は三条通(拡張により拡幅されている)と神宮道の交差点から北は疏水《そすい》の仁王門通の一歩手前まで、東は公道の近くまでで、中心は現在宗教法人阿含宗《あごんしゅう》関西総本部のある所で、「当工場も、明治から昭和初期までが最盛期で、(中略)工場建物面積は五五〇〇坪と記録されている」[13]としている。また蹴上《けあげ》近くの仏光寺門前に向かって右手に約二百坪の東錦光山があり、錦光山竹三郎、父雄二が住んでいた。余談ではあるが、その時賢一氏は新緑の陽光を浴びて歩きながら「宗兵衛さんは癇癪《かんしゃく》もちですごく怖かった。上女中、下女中も合わせて七、八人いて、食事の時は家族揃って一人膳で食事をするのだが、宗兵衛さんだけが上座に座り、箸《はし》の持ち方が悪かったりすると怒られた」と幼い頃の思い出を語っていたことがいまも眼に残る。なお、松原史氏は旧土地台帳を調べて、錦光山の敷地は京都市下京区(現東山区)三条白川筋東入ル三丁目の夷町であったと考えられるが事業の好調を背景に、二丁目の定法寺町、五丁目の東町、三条黒田谷道西入柚之木町、さらには三条通の南側に至るまで買収により敷地を広げていき、絵付場などを新設したのではないかと述べている。[14]

話は少しそれてしまったが、錦光山工場の本館のそばの家に引っ越してきた宮永剛太郎(東山)は、宗兵衛から粟田焼の意匠改革を一任されたという。そして翌明治三十五年(一九〇二)三月頃に宗兵衛の姉である勢以《せい》(六代宗兵衛の五女)と結婚したのである。ちなみにこの勢以は、子供を設けることなく大正八年に五十八歳で亡くなっており、二代宮永東山の友雄氏とは血は繋がっていない。

進展する意匠改革――遊陶園の結成

浅井忠の京都での活動

一方、意匠改革の方はどうだったのだろうか。中沢岩太博士から京都高等工芸学校に招かれた浅井忠は、パリ万博の後、フォンテンブロー郊外のグレー村に数ケ月滞在し、写生をしたり陶芸家アルベール・ブエの窯で焼物をつくったりして、明治三十五年八月に帰国、九月初旬に一家をあげて京都へ移住し、中沢岩太博士が初代校長となっていた京都高等工芸学校の教授に就任、図案・画学・画学実習を担当することになった。さらにその年の十二月には、京都の洋画家たちが京都洋画壇の振興を図ろうと、浅井忠を囲む「二十日会」を旗揚げし、翌明治三十六年に浅井忠の聖護院《しょうごいん》の自宅内に聖護院洋画研究所が開かれることになった。宗兵衛や宮永剛太郎（東山）もこの「二十日会」に参加していた。

京都に移ってからの浅井忠はどのように過ごしていたのだろうか。パリで同居していた池辺義象が『木魚遺響』のなかで次のように書いている。(15)

浅井忠は、西洋の風俗を日本画におもしろく書きなすことは、最も得意とするところなりきと言って、自転車乗り、珈琲店、婦人の散歩、婦人の舞踏などをいずれも独特の妙趣をもって自在に描いたという。また、浅井忠は宴会などでは酒は飲まないけれども、よく談話しよく戯れて、愉快そうに席にいることが多く、いつも酌婦がその前に詰めかけてハガキを出すやらハンカチを出すやら、襟《えり》をつき出すやら羽織を脱いでその裏をさし出すやらして、染筆をせがむのだが、浅井忠はよしよし描いてやると言って一時間も二時間も倦《う》まず描き与えるので、酒肴を食べる暇もないことがあったという。

さらに、木屋町花外楼に行った時には、楼の女将《おかみ》、別室に毛氈《もうせん》を敷き紙をのべおき、知らぬ顔して氏の前に至り、両手をつき旦那様電話でございますと言う。浅井忠はそうかと立ち上がり、別室に連れられていき、どうかこれに御染筆をと言われ、電話はどうだと聞くと、女将が実はこのために御誘引申したのですと言うと、仕方がない、と鴨川の景に牛のゆく絵を描いたという。その絵は同楼の額となり珍蔵されたという。

浅井忠は長軀黒ひげで一見人をおそれさす風貌であったが、その心はいたって柔和にして情深く、剛毅にして徳に富み、自ら引き受けた時はどこまでも貫徹させるといった武士の魂があったという。また浅井忠は、「人にはおのおの長所あれば、それにて交われば可なり、余はもっとも専門の学芸ある人を好むといえども、それなしとて決して侮《あなど》るべきものにあらずとて、その交はすこぶる広かりき、ただ翁の嫌う処は気取屋なり、いやみのある人なり、ある時某会の催しにて観劇の事あり、ゆかずやといひしに、あの会には、気取屋某がいるからいやだといはれしことあり、たいていの事には不賛成をいわれぬ翁も、気取屋は蛇蝎《だかつ》のごとくに嫌われたり」という。浅井忠は特定の人を指して気取屋はいやだと言っていたのかもしれないが、当時の日本の風潮が投影されているような気がするのである。

　夏目漱石の『三四郎』のなかに、その当時の日本がいかに驕《おご》り高ぶっていたかを示す場面がある。「すると髭の男は、『お互いは哀れだなあ』と言い出した。『こんな顔して、こんな弱っていては、いくら日露戦争に勝って、一等国になってもだめですね。』（中略）三四郎は日露戦争以後こんな人間に出会うとは思いもよらなかった。どうも日本人じゃないような気がする。『しかしこれからは日本もだんだん発展するでしょう』と弁護した。すると、かの男は、すましたもので『滅びるね』と言った。[16]」という一節がある。三四郎が日露戦争に勝って日本はだんだん発展するでしょうと言うと髭の男（広田先生）は「滅びるね」とつぶやいたのだ。私はここに日本が日露戦争にかろうじて勝利したにもかかわらず、アジアの盟主を目指すなどと言って、大陸進出へ向かい、アジア諸国の失望を招くに至る、その当時の日本の驕り高ぶっていた様子が描かれているように思われる。

意匠改革を牽引した遊陶園

浅井忠を京都に迎えたことにより、京都の洋画家だけでなく、製陶家のなかからも浅井忠に意匠や図案を学ぼうという動きが出てきて、明治三十六年四月に遊陶園《ゆうとうえん》が結成されることになった。遊陶園というのは、陶磁器の意匠の改良を目指して結成された、製陶家と図案家による意匠研究団体である。中ノ堂一信氏によると、パリ万博ではアール・ヌーヴォー様式が全盛であり、ヨーロッパの工芸が絵画的な加飾から脱し、器物と一体化した意匠を追求する動向をみせていたのに対し、日本の工芸品は旧態とした細部の意匠・技術の精巧さを第一としており、結果として時代錯誤の酷評を受けることになった。この反省に立って日本でも工芸意匠の研究に目が向けられるようになり、明治三十四年、東京では大日本図案協会などが結成され、京都においては明治三十六年に陶磁研究団体の遊陶園、明治三十九年に漆工研究団体の京漆園《きょうしつえん》、大正二年に染織研究団体の道楽園が結成されて「三園」となり、大正九年の陶磁、漆工、染織の各分野の青年作家団体、時習園を加えた「四園」により、本格的な意匠改革運動が行われることになったと述べている。(17)

中ノ堂氏は、その中心にいたのが浅井忠と中沢岩太であったとして、初代宮永東山の以下のような辞を紹介している。

「その後いくばくもなくして先生〔浅井忠〕曰く、漆器における概念はほぼ会得したればこれより陶器に及ぼさんとす。君宜しく陶器家を推薦せよと。私〔宮永東山〕はこれを錦光山と謀《はか》り、伊東小陶、清水栗太郎氏を挙げたり。その後先生と漆器の三氏、陶器の我等集合の際、この団結をして更に進展なすべく研究会を起さんことを論議せり。その結果、浅井先生が高等工芸学校にあるの故をもってまず図案家として武田五一、鶴巻鶴一、萩原清彦、菊池左馬太郎《さまたろう》の諸氏を挙げられ、ついで藤江永孝、神坂雪佳《かみさかせっか》、古谷紅麟《こうりん》、谷口香嶠《こうきょう》の諸氏を加え、漆器家は京漆園の名をもって、陶器家は遊陶園の名において立つ事とせり。ここにおいて信望高き具眼の士を迎えて会長となすの要あり。即ち浅井先生は中沢先生をおいて他に人なしと主張せられ、衆之に和し先生の御聴許を得て二園の園長として中沢先生を推戴する事となれり。（中略）爾来毎月一回、五条坂陶磁器試験場に集合して研究会を開催し、図案家は図案を出し、製作家は各自図案を分担して試作をなし、次回に出品してその品評を受くる事とせり、そして今少しくこれを詳述せんに、毎回全会員出席、図案家は銘々数葉の図案を提出、作家は各自競うてその図案を各自得意の法により表現せんことに努めたり。かくのごとく諸氏の熱誠はよく考案者の意向を損する事なく漆器においても陶器においてもその本来の特色と趣味を発揮して図案家を喜ばせり。かくのごとくにして会を重ぬるに従い諸氏の興味は次第に沸《わ》き真に情熱の溢るる会合とはなれり(18)」。

ここに書かれているように、遊陶園の運営方法としては、図案家が新作の図案を出し、それにのっとって製陶家が陶磁器を実作し、それらをみんなで批評し、最良と認めた製品についいては記名捺印《なついん》して佳品なることを証明し、売価の一定割合を製陶家、図案家に配り、遊陶園にも納めるという仕組みとなっていた。遊陶園には、図案家として浅井忠のほか、京都市美術工芸学校の神坂雪佳《かみさかせっか》、陶磁器試験場の菊池左馬太郎などが参加し、また京都高等工芸学校からは浅井忠以外にも鶴巻鶴一、武田五一などが参加していた。製陶家としては、宗兵衛のほか、松風嘉定、伊東陶山、清水栗太郎(後の五代清水六兵衛)、伝習生上がりの若い河村蜻山《せいざん》らが参加し、宮永剛太郎は書記を勤め、藤江永孝は幹事に就任し、試験場との連携を図っていたのである。

清水栗太郎も「明治三十四五年頃、はじめて高等工芸学校が京都に出来て、その時分に浅井忠、谷口香嶠、竹田博士、鶴巻先生、それに神坂雪佳さん、菊池素空〔左馬太郎〕、それから作家側としては、錦光山宗兵衛、河原徳立(瓢池園《ひょうちえん》と云った人だったが)、それに私などが集まり、また試験所では〔藤江〕所長も加わって、遊陶園というものが出来たのだった。これは陶器の研究団体の京都における創草だったと思う。そこで、図案家が図案したものを、毎月会合の上、作家をきめて、それを作品に実際表わしてみる。時には錦光山君と私と二人して、同一のものをつくって、それを持ち寄ってその中で最も成績のよく出来たものが、遊陶園の製品ときめるのである。遊陶園の普段の事務を取っていたのが宮永剛太郎氏だった。ずいぶんその時の図案がおもい切った突飛なものが出来たりして、今日考えてみると、ちょうど構成派などのような、つまり一般の嗜好を超越した、先端的な進出を得意としていたものだった。その時分は、その実際製作の任にあたっていた私などはさほどハイカラなものだとはおもってなどはいなかったのであったが、当時一般世間からは、ずいぶんいろいろと非難を受けたものだった。しかし非難は非難として、私は研究はやめなかった。常の制作は制作とし、研究は研究として別個にしてやっていた(19)」と述べている。

アール・ヌーヴォーなど新風の意匠開発

この頃、宗兵衛は三十五、六歳、清水栗太郎に至っては二十七、八歳の若さであった。洲鎌佐智子氏は「明治三十三年のパリ万国博覧会での日本工芸の不振が決定的となって、図案改良の気運は京都の陶業界でもさらなる高まりをみせ、三十六年の遊陶園結成へと繋がっていく。（中略）遊陶園で最も影響を発揮したのは浅井忠であった。浅井はパリ万国博覧会の際にヨーロッパを視察しており、当時西欧で流行していたアール・ヌーヴォー様式のものや、日本の琳派《りんぱ》や大津絵《おおつえ》などを積極的に取り入れ、斬新な図案を考案した。（中略）ここでは、清水六兵衛、宮永東山、河村蜻山、錦光山宗兵衛らは『現今洛東窯業界の革新軍』であり、『日本で最保守的地方と思われている京都』からの出品に『最新気鋭の風が満ちている』とコメントされるとともに、彼らが作陶上その当時大切にしていたことが、図案であり、窯変《ようへん》であったことが記されている[20]」と述べている。まさにこの時期、宗兵衛たちは、革新軍として改革によって京都窯業界に新風を吹き込もうとしていたのである。

なお、三代宮永東山（理吉）氏は、初代宮永東山の作品に触れ、「彩釉《さいゆう》蕪文《かぶらもん》花瓶」は「祖父がパリから帰って錦光山に入って創作した初期の粟田焼の作品であり、アール・ヌーヴォー様式をそっくりそのまま用いた『かぶら』を形象化した花瓶である。またモチーフになりにくい『蛾《が》』をあしらったものや菊の模様がつけられている」。「鉄釉《てつゆう》双蛾文扁壺《へんこ》」「鉄釉菊文飾皿」も、「様式としてはアール・ヌーヴォーであり、伝統の焼き物の街京都に新しい風をという並々ならぬ心意気が感じられる作品で、浅井忠を中心として結成された遊陶園時代のものである[21]」と述べている。宗兵衛にとっても意匠改革は、釉薬技法の開発、日用品製造のために半磁器開発、設備の近代化と並ぶ改革の柱であった。こうして遊陶園では最新のアール・ヌーヴォーや琳派などの古典意匠、エジプト、ペルシアなどの外国模様、さらには西洋美術工芸の新動向など多彩なデザインを検討し、精力的に取り組んでいくことになったのである。(22)

錦光山の輸出戦略

アメリカ市場の動向

こうしてパリ万博視察から帰国して以降、陶磁器試験場を軸にして釉薬技法の開発が進み、また遊陶園を中心に意匠改革が進展していったのだが、宗兵衛は『名家歴訪録　上篇』のなかで「私方は装飾品ももとより製造致しまするが、それよりは成るべく多数の日用品を輸出して、粟田にもこれだけの産額があるという事を世間に知らしたい」と述べていた。その点はどうなっていたのだろうか。

ここで注目されるのがアメリカ市場の動向である。明治九年（一八七六）に開催されたフィラデルフィア万博を契機にアメリカでもジャポニスム旋風が巻き起こったが、その十七年後、明治二十六年（一八九三）のシカゴ万博では日本陶磁器の販売は不振であった。先に述べたように、これは、エドワード・モースなどが日本の輸出工芸品は真の日本趣味を反映するものではないとの批判を繰り返したことより、日本の美術工芸品の消費は下火となり、アメリカにおける日本の工芸品は美術品と日用品へ分化していくことになる。

中島朋子氏は、(23)「輸出統計上、日本からの陶磁器の対米輸出は増加の一途をたどっていった。また、一八八〇年代を通じて、日本からアメリカに輸出された陶磁器の統計額は、他の工芸品である漆器や銅器などと比べても、それほど多いと言うわけではなかった。しかしながら、一八九〇年代以降その額は、他の工芸品のそれを凌駕《りょうが》してゆく。これは、陶磁器以外の工芸品が、日本趣味、あるいはジャポニスムの流行を基盤とした消費形態から抜けだせなかったのと比べて、陶磁器産業は、この頃アメリカ社会で出現しつつあった大量生産・大量消費の文化を基盤とする消費形態に食い込むことが出来たことが大きな要因に挙げられる。つまり陶磁器産業は、日本の美術工芸品産業の中で、『美術品』から『日用品』への転換に最も成功した業界であったと言える」と述べている。また同氏は、日本の陶磁器輸出業者は、一八八〇年代半ば以降、アメリカ市場における販売戦略の見直しを迫られたとされ、それは具体的には、アメリカで台頭しつつあった大量消費社会を背景に需要が高まってきたティーセットやディナーセットなどの日用品への転換であり、またデパートなどの近代的な流通機構に見合う販売手法であったという。

こうしたアメリカ市場の変化を宗兵衛はどうとらえていたのだろうか。そのことを知るチャンスが彼にもめぐってきた。宗兵衛は、日露戦争が勃発した明治三十七年（一九〇四）五月一日、アメリカのセントルイス万博の視察に旅立ったのである。『明治以降　京都貿易史』によると「明治三十七年五月一日より米国セントルイスに於て開催された紀念万国博覧会には京都より左の通り多数の出品がなされたのであるが、京都商業会議所は同博覧会場に京都室（京都サロン）の建築をなすことを計画、（中略）かくて京都サロンの建築は東京杉田（詳細不明）に発注、サロン内に掲げる京都の名所旧蹟の写真は堀写真師に命ずることとした、なお錦光山宗兵衛氏は現地へ渡航し此が出来ぐあいを検分することになった(24)」と記されている。

セントルイス万博と錦光山製品の特徴

セントルイス万博は日露戦争の真っ只中で開催されたこともあり、日本の出品物を見ても、これまでのように美術・工芸品だけでなく、一般貿易品が大量に出品され、それらが二重、三重に積み上げられて通路まではみ出していたという。出品の目的が美術・工芸品の輸出振興だけではなく、日露戦争を意識していかに日本が急速に近代化を成し遂げ、国力が充実しているかを誇示するものに変化していたのであった。宗兵衛は釉下彩の作品を中心に四十八点の陶磁器を出品し、五百三ドルの売り上げを得ていたが、松原史氏は「七代錦光山、セントルイス博覧会に出品し大賞を受賞。商標には一二〇〇人の職人と五〇人のデザイナーを要する日本で一番大きな陶器の工房兼輸出業者であると記述されている。博覧会後はそのまま米国視察をして帰国」と記している。(25)

さらに興味深いのは、葵航太郎《あおいこうたろう》・木村一彦両氏によると、(26)錦光山工房製品の特徴のひとつとして、とくに画付けの質が最低級から最高級まで極めて幅広いことがあげられるとして、製品が最高級品、普及品、あるいは中級、最低級品に区分けされていたと述べている。両氏によると、「ROYAL　NISHIKI—NIPPON印」（登録第三六一六三号）と「錦光山造印」（登録第三六一六二号）との二つが明治四十二年（一九〇九）に商標登録されたという。そして、「ROYAL　NISHIKI—NIPPON印」は、よく見られる裏印のひとつであり、この時期の錦光山工房製品の多くが輸出向けに生産されていたことと合致するという。また「ROYAL　NISHIKI印」の製品には陶器製と磁器製のものがあり、明治後期より磁器製品を多く生産しはじめた錦光山の歴史とも一致するという。さらに森村組—日本陶器や名古屋製陶の製品が、欧米人の嗜好に合わせることを主眼に生産されていたのに対して、「ROYAL　NISHIKI印」の製品には、その方向も見られるものの、遊陶園時代に影響を受けた、和製ヌーヴォー調やウィーンセセッション調の新デザインのものが多く、「ＲＯＹＡＬ　ＮＩＳＨＩＫＩ印」は輸出向け普及品に使われることが多かったと述べている。そして「最低級にランクせざるを得ない製品は流れるような筆致で画付けされており、その多くは雑な印象を与える。しかし中には筆の勢いが効果的に発揮された製品も見られる。中級にランクされる製品には、オールドノリタケと同レベルの画付けが施されている。ただし、オールドノリタケでは盛り上げ、金盛りなどの手法が多用されているのに対して、錦光山の製品では手描きと吹き画付けが主である。中級以下の輸出向け製品にはＲＯＹＡＬ　ＮＩＳＨＩＫＩ印が記されている」と述べている。

これに対して「錦光山造印」は、伝統デザインの工芸品に記されることが多く、輸出向けで最高級にランクされる京薩摩《きょうさつま》の伝統を受け継いだ細密画付けの製品に「錦光山造印」が使われており、これは京薩摩や和風画付け製品に対する裏印のようであると述べている。なお、葵航太郎・木村一彦両氏は「またＲＯＹＡＬ　ＮＩＳＨＩＫＩ――ＪＡＰＡＮ印も確認されており、大正一〇年以後も生産を継続していたことが判る」と錦光山の裏印には「ＲＯＹＡＬ　ＮＩＳＨＩＫＩ――ＮＩＰＰＯＮ印」だけでなく、「ＲＯＹＡＬ　ＮＩＳＨＩＫＩ――ＪＡＰＡＮ印」もあると記している。

アメリカ向けの輸出に注力

なぜ宗兵衛はそのような区分けをしたのだろうか。それは、十九世紀末から二十世紀初頭にかけて、アメリカで大量生産・大量消費社会が出現したことを意識して、宗兵衛も高級な「美術品」だけでなく、普及品的な「装飾品」や「日用品」を製造していくことを意図していたのではないかと思われる。ここでアメリカ市場についての宗兵衛自身の言葉に耳を傾けてみよう。

明治四十年(一九〇七)に発行された荒川清澄編の『関西之実業』のなかに、宗兵衛の論文「輸出向陶磁器の将来」が収録されている。それによると、

「我が国から諸外国に輸出する陶磁器は、最近に於て其額実に壱千万円の多きに達している。而して此輸出額は五六年前に比すれば約三倍の増加であって、今後更に如何程《いかほど》も増加し得るものと信ずる。予が家は代々粟田焼を業とし、継承して此に七代を経ているが、現時の製作品は九分迄輸出向であって内地に供給するのは特別の注文を受けた場合のみであるから其額より云わば一分にも当っておらぬ。而して此九分の輸出も多くは米国であって、米国の中にも殊に北米が多い、否多いのみにあらず今後益々販路拡張の余地が開けていると云って宜《よろ》しい。去り

ながら北米は年一年に相争うて意匠の斬新なる品物を撰ぶ事に勉めつゝあれば、我国陶業者も大に此に留意して常に形状や意匠の如何を改良せざれば折角の得意を失うに至らぬとも限らない。況《いわ》んや近来は彼の商機に押しの強いのをもって有名な独逸が入り込んで切りに方々で我得意を侵略しつゝあるに於てをやである」(27)と、北米市場中心に陶磁器輸出が急増し、今後も益々販路拡張の余地があるが、北米市場は一年ごとに斬新な意匠を求められるので、形状や意匠の改良に留意していかなければ、押しの強いドイツに得意先を奪われかねないと書いている。

このように宗兵衛がアメリカ市場に詳しいのは、セントルイス万博でアメリカに行ったことに加えて、後に触れるように日米貿易協会のまとめ役をやっていたことも無縁ではないだろう。

このように宗兵衛はアメリカ向け輸出に注力していたのであるが、具体的にどのような製品を輸出していたかを示す資料がない。そこで盟友の松風嘉定の動向で見てみよう。

今村嘉宣氏によると(28)、松風嘉定は明治三十九年(一九〇六)に輸出磁器の生産を目的とした松風陶器合資会社を東山の清水坂に創立。同社は近代的設備を誇り、日露戦争後から高電圧碍子《がいし》を製造、大正六年(一九一七)松風陶器会社を松風工業株式会社と改称、高電圧碍子や化学磁器の生産を行って海外にも輸出し、清水焼の伝統から出発して近代産業として成功した人物としている。また同氏によると、松風嘉定の製品は品質においても相当改良がほどこされ、欧州から輸入したものと米国において比較しても少しも見劣りせず、とくに草花模様の美しく

明治中期における京都貿易業者のおもかげ
前列左より二人目　松風嘉定、三人目　七代錦光山宗兵衛
「明治以降　京都貿易史」京都貿易協会より転載

て雅味豊かな焼付が米国人の嗜好に適し、米国の家庭には欠かせぬ実用品として歓迎されたという。明治三十五年頃より明治三十六年にかけて次第に注文が夥《おびただ》しくなり、年を追って注文が増加し、輸出総額は明治三十四〜五年に二百四十六万円であったが、明治三十八年には五百三十万円となり、米国向け輸出の好調ぶりは相当なものであったと述べている。また明治三十九年に至り、大規模な工場組織に改変を企て、設計を藤江永孝に任せ、北村弥一郎が実際にフランスで見聞したことを参考に、燃料費の削減と安定供給を目指して石炭窯を導入、欧州品にも引けを取らない釉下彩の菊文様や朝顔、百合《ゆり》文様を付けたクリーマーやシュガーポット、またティーポットなどを盛んに輸出したと述べている。

欧米との競争をふまえた商品戦略

なお井谷善惠氏によると、アメリカ向けではないが、明治四十三年(一九一〇)にロンドンで開催された日英博覧会での日本製陶磁器の売上状況について農商務省の報告を引用して「六人揃えのティーまたはコーヒーセットにあるケーキ皿や、フルーツ・ボウルのように日用品でありながら実用に便利なものはほとんど売却済となっている。花瓶や香炉のような装飾品は小型のものに限りよく売れているが、大型のものは好評なものもあるが売約済は少ない。そして九谷焼が最も売れており、それに次いで京都の錦光山、大阪の藪明山《やぶめいざん》が売れており」(29)と書かれている。これを見ると、宗兵衛もティーセットやコーヒーセット、ケーキ皿などを輸出していたことがわかる。

もっとも宗兵衛は前掲の「輸出向陶磁器の将来」のなかで以下のように書いている。

「此戦争に於て先ず一考すべきは、何の特長をもって争うべきかである。外人は機械を使用する上に明かに日本人に優っている、之と競争する以上は非常な大仕掛のものでなくば覚束ないが、仮りに大仕掛にした処が運賃の点に於て既に彼に一歩先んじられている。彼等は機械に対しては多年の熟練と経験とを積んでいるのであるから日用品の製造をもって彼と争わんは決して策の得たるものではない、之は独り北米に於て然るのみにあらず、遠隔している欧州に於て殊《こと》に然りである、錦光山の粟田焼は元来日用品として製造しているにあらず、装飾品として製造しているのである、此目的に於て中流社会に彼と競争するに決して負けようとは思わない。今日日用品を以て競争せんとするならば前述の通り種々なる事情の下に到底成功は見込無いが、装飾品となれば彼等の得意とする機械力利用の範囲が狭くなるに反して、我の得意とする手芸の利用範囲が多く広くなって来るのである。即ち彼等は日常の実用品を製作するには形状も着色も機械に依れど普通の装飾品に至っては、或は機械を利用するとしても骨子たり、眼目たる点に於ては矢張り日本人同様指頭の技術に依らねばならぬ、然るに彼の国に於ては労銀が高いから従て製作品も高価を致すに至り、此に始めて労銀の安い日本人の製作品が其競争に堪え勝を制ずるに至るのである(30)」

宗兵衛は日用品製造に強い意欲を示していたが、これを見ると日用品では機械力に優れるドイツなどとの競争に勝てないので手工業的要素の大きい装飾品が主力とならざるをえないと述べており、ティーセット、コーヒーセット、ケーキ皿などの日用品を製造できても、本格的なディナーセットなどの量産化はドイツに遅れをとっていたのではないかと思われる。

意匠改革のリーダー、浅井忠の死

漆芸とのデザイン融合を試みる浅井忠

話は多少前後するが、遊陶園を中心とする意匠改革のその後の動きはどうなったのであろうか。浅井忠は自宅で聖護院洋画研究所を開いていたが、手狭なこともあって、明治三十九年に住友家十五代当主の住友吉左衛門(春翠)をはじめとした多くの篤志家から寄付を仰ぎ、岡崎に新しく関西美術院を開設した。関西美術院には梅原龍三郎や安井《やすい》曽太郎《そうたろう》など有望な若手も集まり将来を嘱望されていた。一方で、その年の秋には、遊陶園に加えて、若手の漆芸《しつげい》家との意匠研究団体である京漆園を立ち上げ、浅井忠はますます意欲的に、伝統的な琳派様式にアール・ヌーヴォーを巧みに取り入れた革新的な図案を次々に案出していた。おそらく宗兵衛も浅井忠のアール・ヌーヴォー調の「グレー風景図」や「鶏頭図」にはじまって、光琳調の「光琳菊」、「波に千鳥」、さらには羊や象などを描いた「動物図」などの図案をもとに多彩な製品をつくっていたことであろう。

また浅井忠も宗兵衛の工場へやってきて陶器を焼いてもらっていたようである。前川公秀氏の

後列左、錦光山宗兵衛
錦光山和雄家蔵（立命館大学アート・リサーチセンター提供）

『京都近代美術の継承』のなかに、若手の漆芸家であり、浅井忠を非常に慕っていた杉林古香《ここう》が浅井忠との思い出を黒田天外に語ったことが引用されている。

「その後図案家と製作家と一団となり、京漆園というを組織し、月に一回会合しましたが、其際浅井先生の図案が出ないということはない。若《も》し病気其他にて欠席をなさいます時も、図案は必ず送って下さいました。（略）又陶器を蒔絵《まきえ》の中へ嵌《はめ》こむことは、破笠《はりつ》などがやったが未だ成功してをらんからと、御自分で陶土を以て木兎《みみずく》の彫刻をし、之を錦光山で薬釉をかけて焼かせ、而して私に下さいましたので、私は之を嵌て木兎の文庫と致しましたが、其彫刻は実に巧妙でございまして、陶器であのくらいの彫刻する方は、恐らく外にございますまい。尚ほ此外に熊と鶏など、二三箇彫刻を遣るとのことでございましたが、錦光山で壊れたとか、旨く焼なかったとか云うことです(31)」

浅井忠が錦光山で壊れたとか、うまく焼かなかったと文句を言っているのはご愛嬌《あいきょう》だが、ここに出てくる木兎の文庫は、用箋筥《ようせんばこ》『静々』のことであり、浅井忠が木兎を陶彫し、宗兵衛が釉薬をかけ焼成したものである。なお、この思い出を語った杉林古香は、惜しくも大正二年に三十二歳の若さで死去してしまう。

文化サロンのようだった「九雲堂」

このように陶磁器に関心を深めていた浅井忠は、翌明治四十年(一九〇七)九月に磯田多佳に陶磁器店である「九雲堂」を開かせている。

磯田多佳というのは、中沢岩太博士や谷崎潤一郎、吉井勇《よしいいさむ》、高浜虚子《きよし》らがひいきにしていた祇園《ぎおん》の芸妓《げいぎ》であったが、その頃には、祇園白川の巽橋のたもとにあった「大友」というお茶屋の女将であった。杉田博明の『祇園の女　文芸芸妓磯田多佳』によると、(32)「多佳の茶屋『大友』は、この石畳の道脇の、巽橋《たつみばし》に近いところにあった。跡には、吉井勇の、かにかくに　祇園は恋し　寝るときも　枕の下を　水の流るゝ　を刻んだ歌碑がたっている。『酒ほがひ』におさめた名高いこの歌を、吉井は多佳の『大友』で詠んだ。(中略)家は、新橋通を表の入口にして路地の奥まった、行き当たりである。間口二間。細い千本格子《せんぼんごうし》を表構えにした時代の付いた構えで、一見仕舞家風のたたずまい。格子戸を引いてなかに入ると、天井は低く、黒光りした柱が傾いていた。（中略）奥に多佳が居間に使っていた三畳の部屋があった。白川を部屋にとり込んだような、まるで釣殿のような部屋で、川に張り出して手摺《てすり》のついた六十センチばかりの縁がついていた」と記されている。

なお、余談になるが、祇園白川の巽橋のたもとにあった「大友」と夏目漱石のことに触れておこう。夏目漱石は大正四年の春に磯田多佳と会い、持病の胃痛が再発し、宿に戻ることができずに「大友」で寝込んでいるのである。同書によれば、「『暖なれば北野の梅を見に行こうと御多佳さんがいうから電話をかける』と、〔三月〕二十四日の日記に漱石の記述があるように、多佳は、二十三日、漱石に北野の梅花祭見物を約束した。『暖なれば』という条件つきである。漱石は心待ちにしていた。

二十四日――。目が覚めると、朝から寒枯れの空が晴れた。漱石は、今日がその日だと思った。てっきり多佳は約束通りにやってくると、連絡を待っていた。多佳は来ない。痺れをきらして、電話する。けれども肝心の多佳は家にいないという。（中略）完全にすっぽかされたと思った。」と記されている。漱石は激怒し、胃痛が再発したようである。漱石は、祇園の「大友」とは鴨川を隔てた宿で、この行き違いのことを詠んで、「春の川を隔てゝ男女哉」の一句を残している。

漱石が亡くなる一年半前のことであった。その句碑はいまも鴨川の御池大橋の畔に建っている。

話は少しずれてしまったが、磯田多佳は一中節《いっちゅうぶし》、河《か》東節《とうぶし》なども巧みで、また俳句もひねり、俳句好きの浅井忠と気が合い、親しくしていたのである。同書によると多佳が浅井忠と知り合ったのは明治三十六年のことであり、「節分前日の二月二日であった。多佳は祇園社南門前の中村楼から呼ばれた。中沢岩太京都高等工芸学校校長が発起人になって開いた洋画家の懇親会の席であった。座敷には京都高等工芸学校の色彩科の自在画と図案の実習、図画法を担当するために赴任したばかりの浅井忠をはじめ、田村宗立《そうりゅう》、牧野克次《かつじ》、伊藤快彦のほか東京から黒田清輝、久米桂一郎らの顔も見えた、ちょうど大阪で開会される第五回内国勧業博覧会の打ち合わせに、東京の黒田らが関西入りしたこともあって中沢が配慮した宴会である。日本洋画壇の錚々たる顔ぶれがそろった、座敷での注目は、京都赴任をめぐって、さまざまな憶測が飛び交った浅井であった。浅井のことは多佳も、知っていた」と書かれている。

明治四十年九月、浅井忠が磯田多佳に開かせた「九雲堂」は四条通の祇園石段下の近くにあり、間口二間ほどの小さい店であったという。同書では「現在、『一力茶屋』の東の、袋物専門店『香鳥屋』のある場所である。（中略）間口二間。格子戸を表構えにした仕舞屋は、狭いながらも洒落た、いっかどの骨董屋風の店に様変わりした。畳敷きの店の間には、壺、皿を並べた。漆器も出した。すべて浅井のデザインになる作品ばかりである」と記されている。また「九雲堂」には、多くの人が訪れた。京風の絵付けとは違った浅井のデザインに、客のなかには清水焼の陶工から俳人がいれば、絵描き、大学教授、文人がいるといったぐあい。お座敷をそのまま移したようなサロン風な雰囲気のなかに、多佳の楽しい日々があった。（中略）浅井忠との、風流に溢れた楽しい日々はしかし、そんなに長く続かなかった」という。

意匠改革の旗手、浅井忠の突然の死

というのも、「九雲堂」を開いてから三ケ月ほどした明治四十年の十二月初旬、浅井忠が突然倒れ、京都大学病院に運びこまれたのである。痔疾《じしつ》に急性関節炎を併発して、右肩関節が膨張して激しく痛むらしかった。浅井忠はここ数年、新築されることになった東宮御所の壁面を飾る綴織《つづれおり》の下絵「武士の山狩」の制作に大変苦労していて、無理がたたったのかもしれなかった。

おそらく宗兵衛も急いで大学病院に駆けつけたことであろう。前川公秀氏によると「氏が京都大学病院に入りし後、医師は談話を禁ぜしかば、看護の夫人門人等も大抵言葉を交さゞるようになせしが、氏は例の気象とて非常の苦痛をしのび、死去の前日など自ら病床を代りし程なりし。斯《か》くて本月の十五日に至り、脳に異常を来せしと覚しく、夫人、並びに門人らが病床を訪ぬるも、一向知らぬ面持《おももち》なりしが、其病中の語に曰く、関西美術院の経済はどうだ。生徒の誰々は勉強しているか。学校はどうなっている。どうか美術院も学校を宜しく頼む。と、此語は四度ほど繰返されしが、一語自己の苦痛を訴えず、また一身の家事に及ばず」と書かれている。(33)その後容態が急変し、翌十六日午前三時二十分、浅井忠は逝去した。京都滞在、わずか五年三ケ月、意匠改革途上の早すぎる五十二歳の死であった。

宗兵衛をはじめ関係者の驚きはいかばかりであったろうか。宗兵衛は意匠改革の旗手を失い、断腸の思いであったであろう。葬儀は三日後の十二月十九日に、小雨模様のなか、南禅寺金地院《こんちいん》で執り行われた。三月に転居したばかりの知恩院内信重院の自宅を出た葬列は、京都高等工芸学校生徒数百名、関西美術院の門人百名余、会葬者数百名におよび、どこまでも長く続いていたという。中沢岩太博士の弔辞のあと、宗兵衛が「遊陶園」園友総代として弔辞を述べた。

「嗚呼《ああ》我が園の仰慕措《お》く能《あた》わざりし浅井忠先生は今や我等を見捨てゝ長逝せられたり、回観すれば我等が遊陶園を創立せしは去三十六年の春にして先生は熱心誠意この事に従われ我等を誘掖扶導せられしこと幾むくぞ、けだし思うに先生の本領は純美術にありと雖《いえど》も我が工芸界殊《こと》に陶磁器において趣味を有せられしこと少からず、その図案の巧妙はいうも更にて釉薬形式等の上に至るまで綿密なる注意を与えられ我等工芸に従事するものをして裨益《ひえき》を得しめしこと実に鮮少ならざりき、是に於て我が園の事業は日に月に進み今やその製作品は陶磁器の標本模範とも見らるゝに至りしは全く先生の力なり。（中略）先生は何が故に我が園を見捨てゝ独り白玉楼中の人となり給える、何が故にこの前途有望の我が園を退き給える、かく恨み申すと雖《いえど》も先生齢ようよう五十を過ぎ給えり、先生またいかに此世を残り惜しく思われざらむ、何ぞみづから好んで我等を振捨て給うことをなしたまはん、嗚呼秋風恨多し病魔は我が園中の偉人を奪い去れり、我等は言辞のまたいうべきなし、たゞ先生の遺志を奉じ園の発展を務めその名声をして益々世に輝かしめんことを期せんのみ、時に明治四十年十二月十九日謹んで弔詞を呈す」(34)

こうして浅井忠が突然逝去したのに伴い、遊陶園、京漆園などは中沢岩太博士を中心にして継続していくことになったのである。

宗兵衛・宮永東山と荒川豊蔵

国内向けの和製ヌーヴォー調の製品

浅井忠の死は宗兵衛をいたく落胆させたことであろう。だが宗兵衛はそれで改革の火を消すわけにはいかなかった。かなり進んだとはいえ、改革はいまだ道半ばであったのである。ところで、葵航太郎、木村一彦両氏の「錦光山工房のアールヌーボー・アールデコ」によると、明治四十一年（一九〇八）に宗兵衛が三越呉服店（百貨店）で陶磁器を販売したという。その論文のなかに、当時最先端の流行を発信していた三越呉服店（百貨店）のPR紙である『時好』[35]が紹介されている。

「期せずしてこの明治時代の要求をわが三越美術部において実現するの運びに到ったのは大いに喜ぶべきである。今回の新築移転と共に、昨年より開始していた美術部は、大々的に勇躍発展をして、従来の和洋諸大家先生の絵画の外に陶器、漆器、蒔絵、銀器、銅器、七宝等をも陳列することになった。殊に陶磁器のごときは、その形式に、その釉薬に、その絵付に、ことごとく新様式を用いて、他に比類なきものが多いのである。というと甚だ僭越《せんえつ》にも、また井底痴蛙《せいていちあ》的にも聞こえましょうが、これはかく言う理由がある。

これは丁度露伴《ろはん》先生のご注文通りの真の手腕ある美術家で、それで高才である故浅井忠氏や京都高等工芸学校教授の武田五一氏の図案に成ったものであるからなのである。ただに図案や形式の下画を作られたのみではなく、中には自ら手を下して絵付せられたものさえあるのである。それでこれに供う生地といえば、正保二年（二百六十二年前）以来経験のある京都の窯業家錦光山宗兵衛氏が全力を注いで、実質や釉薬の改善進歩を計られるのであるから、海内《かいだい》にては目下のところこの右に出るものはまず稀《まれ》なのである。錦光山といえば粟田焼じゃないか、僕はあの茶っぽい色や、錦絵的の絵が嫌だという人が、あるいはないでもなかろうが、それは今日の錦光山を知らざるの偏見である。現今《いま》では極《ごく》渋味の窯変《ようへん》も出来る。ラスターを使ったものやマット(半透明)の品も皆立派に出来て見事な色を呈しつつ粟田の窯を出るのである。なかんづく今回わが三越のために特に製造された白地磁器のごとき、肌合の色といい実質の堅緻といい実に間然すべきものがない。それでこれらのものを単に美術品として、骨董扱いにするものばかりを造らず、平常に使うべき、茶碗、湯呑、皿、菓子器、楊枝立《ようじたて》にまで応用しているのである。これは畢竟《ひっきょう》美術的趣味の一般に普及されんことの望み切なるより出た事で、決して新規や利益を計る欲徳の沙汰《さた》ではないのである」

そして葵・木村両氏は、七代錦光山宗兵衛は浅井忠や武田五一の指導のもとでアール・ヌーヴォー様式を日本風にアレンジしたデザインの製品を、高度な生産技術を応用して数多く試作し、農商務省が主催した工芸品展覧会に出品、また錦光山工房はそれまでの陶器生産から脱皮して、国内向けに磁器製日用品製品を生産しはじめ、遊陶園のメンバーだった清水六兵衛、宮永東山らとともに和製ヌーヴォー調の製品を三越で販売していたと述べている。(36)

宮永東山の斡旋だった三越美術部での販売

これを見ると、三越の美術部は、陶磁器はことごとく新様式を用いていると大変鼻息が荒く、その理由として遊陶園のメンバーである浅井忠や武田五一の図案を使っていることをあげ、その意匠が新様式として他に比類なきものであると胸を張って主張している。さらに、生地や実質(形状)、釉薬についても錦光山宗兵衛が全力を注いで改善進歩を計っているからその右に出るものは稀という。また錦光山といえば粟田焼で、茶っぽい色や錦絵というイメージが、明治四十一年になっても残っているのはご愛嬌であるが、現今の錦光山は、渋味のある窯変も、金属のような煌《きら》めきのあるラスターも、艶消《つやけ》しのマットも製造できる、と述べており、この時点では、宗兵衛や藤江永孝が欧州視察以来、血の滲むような努力を積み重ねた結果、ほぼすべての窯変釉の開発はできていたのがわかる。

さらに宗兵衛は白地磁器を製造し、それを使って国内向けの茶碗、湯呑、皿、菓子器などの高級な日用品を製造していたことがわかる。先に明治四十二年に発行された『成功亀鑑(第二輯)』のなかで、宗兵衛が無キズ粟田焼を発明して、それは半磁器と呼ばれていることを紹介したが、宗兵衛はその半磁器を使って国内向けの日用品の製造に踏み出していたのであろう。

ところで、どうして宗兵衛が三越で陳列販売することになったのだろうか。それは宮永剛太郎(東山)の斡旋《あっせん》によるものと思われる。彼は、パリ滞在中、欧州百貨店の視察に来ていた越後屋(後の三越)社長の日比翁助の案内役を引き受けた関係で、三越とは親しく、いろいろ相談を受けていたのである。彼の手書きの「経歴」によると「明治四十一年三月、予ガ滞巴中、百貨店ニ興味ヲ持チ取調ヘタルコトアリ、会々、三越呉服店会長日比翁助氏欧米各国百貨店視察ヲ終ヘ、予ニ会見ヲ求メラル。ソノ結果始メテ同店ニ京都美術工芸品ヲ陳列スル事トナレリ。是ヲ百貨店ニ於ケル呉服以外工芸品ヲ陳列セル嚆矢《こうし》トス」(37)と記されている。

また前掲の二代宮永東山(友雄)氏の「手記」にも「四十一年に入った或る日、父は三越呉服店会長日比翁助氏に呼ばれて上京、話は滞欧中、行を共に見学し廻った百貨店への改組にあたって、まず呉服を陳列して、適当な商品の選定であった。父は仕事の関係、又京都在住の事からも、京都製の工芸品を推薦したが、この相談に加わった重役の中から強い反対が聞かれ一度は見送りとなったが、少し時が経って取上となり、その斡旋を父が頼まれた。これが日本の最初の百貨店誕生であり、後に出来る百貨店のほとんどが、その始めに美術部を置く先例になった」(38)と記されている。この三越での販売は大正中期頃まで続いたようである。

なお、宮永剛太郎(東山)は、一年後の明治四十二年五月に錦光山商店を退いている。同「手記」によると「そうこうして四十年前後から、錦光山を離れ、独立して陶器の道に入る決心をした様で、蛇ケ谷、泉涌寺《せんにゅうじ》と廻り、河村蜻山氏が先に来ていた稲荷山麓深草開土町に土地を得て、こゝに落ち着き、河村さんと隣り合せに工場を作り、又登窯《のぼりがま》を同氏と背中合わせで築く。又雅号を幸田露伴にお願し、孟子の語録中の『孔子登東山而小魯、登大山而小天下』からの〝東山〟を名乗ることになった」と記されている。

若き荒川豊蔵、錦光山商店を訪れる

ここで一気に時代を下って恐縮であるが、大正八年(一九一九)に、宗兵衛と宮永東山にかかわるエピソードがあるので紹介しておこう。そのエピソードというのは、後に志野《しの》焼などで人間国宝になる荒川豊蔵《あらかわとよぞう》(一八九四〜一九八五)が、その年、錦光山宗兵衛のところを訪れたのである。

荒川豊蔵の自叙伝である『縁に随う』によると、[39] 当時二十六歳であった荒川豊蔵は「たまたま篤学者鈴木勲太郎先生を知り、その家に出入りすることとなる。先生は尾張藩士族である。藩校の『明倫堂』に学び、同窓には加藤高明、坪内逍遥《つぼうちしようよう》、三宅雪嶺《みやけせつれい》らがいた。彼らは東京へ出て大学に進み、先生は農業の方を、他は政治や文学の方を専攻した。だが先生は森有礼《もりありのり》に口説かれて教育家の道を歩み、永らく名古屋師範校長を務めた。(中略)先生は教育者ながら焼きもの好きで、磁器上絵の絵の具を研究し、完成させている。そのころみごとな上絵の磁器の皿が、フランスから輸入されたが、先生はそういうものの研究をしたのである。貿易問屋の日本陶器は、しかるべき方面に、上絵の具の研究を依頼していたから、当然先生の絵の具を欲しがった。しかし先生は何が気に入らないのか一向に応じない。『これで面白い花生けでも焼かしてみたい』などと言っている。その先生が、私に絵の具を提供してくれるとのことである。私は、好意に甘え、勇躍して、上絵磁器を手がけた。当時出来あいの素地《きじ》で一番いいのを焼いたのは瀬戸の菱松である。電球みたいに薄いコーヒーわんを作った。その絵付けは横浜と神戸で行い、絵の具に純金を用いることもあった。これが外国向け高級品である。

日本画家橋本関雪《かんせつ》も若い時分、神戸でこの上絵付けをしたそうだ。関雪とともにその仕事をしたと自称する名古屋出身の日本画家近藤紫雲が、たまたま名古屋に舞い戻っていた。私は鈴木先生の意を体して、菱松からコーヒーわんの素地をあがない、近藤さんに依頼して、先生研究の絵の具で花鳥の上絵を施してもらう。それを自宅の試験窯で焼いた。安物ばかりしか知らない私が初めて高級品を試作したのである。費用から言って、これは、当時の値一ダース二十円近くになった」と述べている。

さらに「名古屋の問屋は一ダース二円五十銭か三円ぐらいのものしか取引しない。どの問屋も手が出ないのである。扱うところがあるとすれば、京都の錦光山宗兵衛ぐらいだろうと人は言う。そこでは最高の品を輸出しているそうだ。私は、身を引き締めて京都へ飛び、何の紹介もなしに、錦光山のしきいをまたいだ。番頭か支配人か、そういう人たちが応対してくれる。品物を見せ、しかじかのいきさつで製作したと説明する。『なかなか面白い』店の人はしきりに感心する。『で、いかほどですか』聞かれて、二十円とは、こわい気がして、とても言えない。十八円と付ける。『いいでしょう、この品を、もっと作ってみなさい。引き受けます』この返事で、私もほっと一息ついた。あとの茶飲み話に、『あなた、見たところ若いが、なかなか焼き物が好きらしい。一ぺん、うちの顧問を紹介してあげましょう』と言われ、『はあ』と言っているうちに、顧問の宮永東山という人が来ていて、引き合わせてくれた。宮永東山とは、後に縁が深くなるが、そうなるとは、この初めての遭遇の時、気付くわけがない。錦光山の主人宗兵衛の姉を奥さんにしていて、京都に住み、焼きものが好きで、外国の事情に明るいと知るのみであった」と、当時のことを活き活きと描いている。

豊蔵・魯山人と東山・宗兵衛の不思議な縁

その後、大正十一年に至り、荒川豊蔵が、錦光山のところで知り合った宮永東山に手紙を出すと、その頃すでに錦光山から独立していた宮永東山から「すぐこい」という返事が来て単身上洛し、いきなり宮永東山窯の工場長を言いつけられ、翌年家族を呼び寄せて工場内に住むことになったという。そして大正十四年に北大路《きたおおじ》魯山人《ろざんじん》が東京の星岡茶寮《ほしがおかさりょう》で使う食器を研究するために、東山窯を訪れ、一年ほど工場の二階に止宿し、荒川豊蔵と毎晩酒を飲みながら陶芸談をかわしたという。昭和二年に至り、北大路魯山人が鎌倉に築窯、望まれてこれを助けることになり、宮永東山の工場長を辞し、一家は鎌倉山崎の星岡窯に移った。昭和五年、名古屋で「星岡窯主作陶展」が開かれ、その際、古美術商から鼠志野《ねずみしの》香炉と志野筍《たけのこ》絵茶碗を初めて見せてもらう。その数日後、美濃の大萱《おおがや》、太平の古窯を調査し、大萱の牟《む》田《た》洞《ぼら》窯跡で古志野の筍陶片を発掘。昭和八年に北大路魯山人の星岡窯を辞め、大萱古窯近くに桃山時代の古窯を模した穴窯《あながま》を築き、爾来、古志野の再現を目指して作陶を重ね、昭和三十年、六十一歳の時に人間国宝に指定されるにいたるのである。その間も荒川豊蔵が「昭和十六(一九四一)年大阪阪急百貨店で最初の個展を開く際に、当初の予定より開催期日が早まり、大萱の窯の作品だけでは足りず、宮永東山に頼んで焼かせてもらった」(40)という「古《こ》九《く》谷《たに》風石庭の図平鉢」などがあるが、これらも宗兵衛、宮永東山、荒川豊蔵と連なる不思議な縁ではなかろうか。

なお、この話には後日談がある。私が平成十七年(二〇〇五)一月二十九日に岐阜県可児市大萱にある「豊蔵資料館」(現荒川豊蔵資料館)を訪れ、来館者名簿に名前を記載して展示品を見学していると、初老の方が近づいてきて「錦光山宗兵衛さんの関連の方ですか」と声をかけてきた。その方は豊蔵資料館の副館長の西崎敏範氏であった。私が「錦光山宗兵衛の孫です」と答えると、西崎敏範氏は私たちを別室に招き入れて、しばらくすると「これは模様が少し違いますが、荒川豊蔵が京都の錦光山さんのところに行って買ってもらったものと同じものです」と言って、箱から瀟洒《しょうしゃ》な小振りのデミタスカップを二客取り出して見せてくれた。宗兵衛が買ったデミタスカップは、「雪笹に不二の図　芦に白鷺の図」⑷であったようだが、それとは違う模様ながら、箱書には荒川豊蔵の筆で京都の錦光山で買ってもらったという趣旨が書かれていたように記憶する。私はそんないわれのあるデミタスカップを手に取り、不思議な感慨を抱いた。その後、豊蔵資料館の近くにある穴窯を見せてもらい、また桃山時代の志野焼の陶片を発見したあたりを見学させてもらった。帰りがけに西崎敏範氏が「虎渓山の近くに荒川豊蔵の次男の達さんがやっている水月窯があります。私が達さんに電話しておきましたから、行ってみられませんか」と言う。ご長男の武夫氏は九十歳を超えられて寝たきりになられているという。私たちはタクシーを拾って虎渓山に向かった。虎渓山近くの水月窯に午後三時頃着くと、当時七十八歳くらいであった達氏が、寒空のなかを窯のそばでじっと立って待っていてくださった。言葉は少ないながらも、じっと待っていていてくださっただけで、私には

多治見市虎渓山・水月窯にて荒川達氏(荒川豊蔵氏次男)とともに、左は著者(2005年1月29日撮影)

達氏の気持が十分伝わってくるように思われた。

浅井忠から神坂雪佳へ

農商務省で開催された遊陶園・京漆園の合同展覧会

浅井忠が亡くなった後、遊陶園および京漆園は中沢岩太博士を中心に継続されていたことを先に述べた。そうしたなかで、京都だけでなく帝都である東京においても意匠改革の成果を問うべきだという気運が高まってきた。京都陶磁器商工同業組合の組合長であった宗兵衛や副組合長であった松風嘉定などがその急先鋒であったのではなかろうか。というのも、宗兵衛にとって意匠改革の成果を世に問うことは故浅井忠の恩に報いることであり、また三越の陳列販売が好評であったことも、そうした思いを強めたことであろう。それに加えて、その頃、美術工芸品を陳列できる公設の場は、京都美術協会が年一回開く「新古美術展」と大日本窯業協会が数年ごとに開催する「全国窯業品共進会」などに限られていた。明治四十年には「第一回文部省美術展覧会(文展)」が開催されたが、美術品としては日本画、洋画、彫刻の三分野のみで、工芸は一段低いものとして排除されており、工芸家には官展の門戸は閉ざされていたのである。そうした状況のなかで京都の窯業界としてもなんとか公設の展覧会が実現されないものかと切望していたのであった。

こうした気運の高まりを背景に、ついに東京の農商務省の商品陳列館で遊陶園、京漆園合同の作品展が開催されることになったのである。宮永東山がその経緯を回想して以下のように述べている。「四十二年試作品を東京に於て展示し、広く世の批判を受けんとの議出づるに於て、私は嘗て農商務省に在りし故を以って農商務省商品陳列館にて開催の議を提示し、時の館長山脇春樹氏に諮《はか》りたるに快諾を得る。同年六月京都京漆園、遊陶園試作品展覧会の名の下に三日間同館に於て開催する事となれり。当時東京にては日本美術協会、金工会、漆工会《しっこうかい》等大団結の展覧会、若しくは競技会の催しあれども、偏在せる京都の小団体の展覧会は稀有《けう》の事に属し、すこぶる奇異の眼を以って見らるる感ありしも、却って之れが一つの幸となり、第一回に於て予想以上の期待をかけられ開場前、既に観覧者市の如く集り門を開くや間もなく出品の大半を売り尽したる盛況を呈せり。(中略)陶器においては、錦光山、清水兄弟、伊東、宮永の五氏の外更に、河村蜻山、沢田宗山、高橋清山の諸氏加われり(42)」

こうして明治四十五年(一九一二)六月、東京の農商務省の商品陳列館階上の一室で、遊陶園、京漆園合同の第一回展覧会が開催された。明治四十五年に発行された『建築工芸叢誌』によると「出品は、陶磁器の部が花瓶、香炉、香器、菓子器、茶器、各種の食器、百三十点。漆器蒔絵の部が、棚、卓、器局《ききょく》、硯筥《すずりばこ》、菓子器、巻莨箱《まきたばこ》、茶道具、各種の食器、六十点。何れも、多少期する所のあるものばかり、即ち研究中の佳品を撰択したものであるから、商品陳列館階上の一室小なりといえども、その所には新らしい元気が溢れている。したがって、努力の跡がある。研究の影が見える。そして、京都という土地に相ふさわしからぬまでに、新らしい気がほの見えるのである。これは、この会を育てた中沢博士を始め、故浅井忠氏、鹿子木《かのこ》孟郎《ぎたけしろう》氏、武田五一氏、その他の学者図案家の賜物である」(43)と書かれている。

デザインにおける浅井忠の感化

さらに同年発行の『美術新報』には「商品陳列館楼上に於ける京都遊陶園、京漆園展覧会は、愉快な展覧会であった。何故愉快かと云うに、第一、趣味の新らしいこと、第二、出品の趣味が其調を同くしていること、第三、由来此種の工芸品展覧会には必ず付随する、劣等の商品の陳列のないこと等である。特に感ずるところは、故浅井忠氏の感化の著大なことである。浅井氏は趣味の人であった、そして能く工芸品と云うものを理解していた、そして此展覧会の出品がほとんど全く故浅井氏の感化の下に進んで来ている様に観《み》える。それのみならず、出品諸家が競って新意を出そうと云う熱心が看取せられる。そして諸氏が大に光悦《こうえつ》、光琳《こうりん》、乾山《けんざん》を研究していることは、其当を得た方針であると思う」(44)という記事が載っている。これらを見ると、浅井忠が亡くなってからすでに五年近く経っていたが、展覧会の作品には浅井忠の感化が至るところにあふれていたことがわかる。

若い頃、京都市陶磁器試験場に毎日のように通っていた清水栗太郎(後の五代清水六兵衛)も「研究時代」のなかで、この展覧会のことを思い出して「遊陶園はそうした状態で、引続いてやっていたが、明治四十五年に、はじめて東京の農商務省の商品陳列所で一ケ年間の研究の結果と云うか、集積を一般に公開して発表すると云う事になった。実際当時としては、そう云う種類の展覧会が東京へ進出して大に世の批評を仰ぐと云うようなことははじめてだったので、第一回展と同年六月にいよいよ農商務省で三日間に亘って開催する事になったのだった。当時その商品陳列所は非常に力を入れてくれたのだった。その第一回展にあたっては、よほど園友の顔ぶれなども変って、今の伊東陶山氏、河村蜻山氏なども、それに蒔絵の方と聯合《れんごう》して出品したものだった。私もその展覧会にあたっては義務的に東京へ出張しなければならなかったようなわけで、毎年一度は必ずその用務を帯びて東上するのだった。今日とちがってそのころは自動車が珍らしかった。商品陳列所は、朝の八時から開く事になっていたが、朝出かけて行って、館の三階から下の玄関のあたりを見ていると、自動車が二台三台と集って来て停っていた。そんなくだらないものをみてそのころは何かしら心浮き立つような気持だった事をいまだに覚えている。展覧会そのものも、さう云った甚だ熱に富んだ人々の援助と指導と努力によって、甚だ権威あるものだった」(45)と述べている。こうして第一回遊陶園、京漆園の合同展覧会は、図案意匠の新鮮さもあって大きな反響を呼び起こして盛況のうちに終わった。宗兵衛たち出品者は大いに意気が上がったことであろう。

第二回合同展覧会は、大正二年(一九一三)六月、農商務省商品陳列館で開催された。この時は浅井忠の意匠の作品がいくつか出品されており、宗兵衛も浅井忠の図案をもとにした「艶消し牡丹唐草花瓶」をはじめ数点出品し、また宮永東山も浅井忠図案の「高瀬川船曳図陶製額板」を出品し好評を博したのである。

代わって席巻する神坂雪佳の琳派風図案

ところが、染織家たちの意匠研究団体の「道楽園」も参加することになった大正三年(一九一四)に開催された第三回展では、浅井忠の図案はすっかり影をひそめ、神坂雪佳《かみさかせっか》の琳派《りんぱ》風の図案が大半を占めるようになっていた。大正四年に発行された『美術之日本』には次のような津田青楓《せいふう》の嘆きの言葉が紹介されている。「会は最初故浅井忠先生に依って企てられたのである。先生の考は自分が前に述た様な点にあった、古代や西洋の模倣や応用主義を撃退して自ら自然の色彩や線条から感興を得て模様を創作された、それだからその当時のものには一つ一つに芸術的の匂いが漂っていた。その後先生が死なれて以来この会の首脳者は画家より博士の掌に転った、そして会は益々《ますます》隆盛に成った、会員が増えた、そして農商務省で展覧会が二度迄開かれた、去年よりは今年の方が売上高が多く成ったと云って誇っていた会員があった、之より農商務省の役人達や実業家から見れば、それが当然成功の様に思われるのも無理のない事である、然し浅井先生の企てられた最初の意味の漸次に消えて行く事を自分は悲しんだ、今浅井先生をして一寸墓場から首を出させこの光景を見せたら定めし苦笑される事と思う(46)」。

その後も第四回展が大正四年(一九一五)に開催されるが、京都の工芸家は雪崩《なだれ》を打ったように神坂雪佳の図案に走り、会場は神坂雪佳の琳派風の図案が大半を占め、浅井忠の図案はすっかり下火になり、その精神すら忘れ去られようとしていたのである。前川公秀氏は「しばらくは三園の活動の中で浅井の図案は生き続けるが、次第に元の伝統的な図案へと回帰して行く。それは、浅井の亡き後、中沢岩太を中心に継承されているが、実際の指導者は神坂雪佳であったことに要因がある(47)」と述べている。

神坂雪佳というのは、図案家の岸光景から工芸図案を学び、京都美術協会の雑誌を編集するかたわら、明治三十四年に京都市立美術工芸学校から英国のグラスゴー万博に派遣され、欧州各国の美術や工芸の状況を視察してきた工芸図案家であった。彼は遊陶園に図案家として参加していたが、浅井忠の没年の明治四十年に独自に京都の青年工芸家とともに図案研究団体「佳美会《かみかい》(明治四十二年、佳都美会《かつみかい》と改称)」を創立、同四十三年に陶磁器、漆器、蒔絵、金工、指物《さしもの》などの研究、振興を図るために「競美会《きようびかい》(後に佳都美会と合併)」を結成、さらに大正二年に発起人のひとりになって本阿弥光悦《ほんあみこうえつ》の遺徳を顕彰する「光悦会」を設立したのである。

それにしても、なぜ、浅井忠の図案は没後数年にしてすっかり下火になり、神坂雪佳の図案一色になってしまったのか。二代宮永東山(友雄)の「手記」によると「四〇年遊陶園の指導者の一員でもあった神坂雪佳さんが佳都美会を始められ、父も勧誘を受けこれに入る。遊陶園、佳都美会共に目的は同質の京都工芸の振興としていたが、浅井先生は洋画を基礎とし、その上に新渡来のアール・ヌーボー様式を採り入れた全く新規な分野を目指していたのに対し、神坂さんは日本画家であり、京都生え抜きの琳派の画風に立って、光琳、乾山が求めていたものへの追憶があって、この会の作品も自ずと、そうした形をとっていた」[48]と述べている。

雪佳のデザインにも関心を寄せた宗兵衛

浅井忠は「線のずるずる延びたるぐりぐり式」のアール・ヌーヴォー様式の意匠を積極的に導入していったのに対し、佐藤敬二氏によると、神坂雪佳は「渡航以前には、注文によって多少アール・ヌーヴォーを応用したこともあるが、いわゆる曲線応用・新美術は真の美術と称すべきでない。日本で書籍の表紙その他に盛んに用いられているのを見て、嘆かわしく思っている。今後も私は新美術を応用する意志はない」(49)とアール・ヌーヴォーを酷評している。二人とも琳派風の図案を描いているが、浅井忠の琳派風の図案はどこかバタくさくて人によっては好き嫌いが出てしまうところがあったのではないだろうか。さらに生粋《きっすい》の京都人で工芸品のことを隅から隅まで知り抜いている神坂雪佳は、用途に応じた造形と図案を重視し、用途に応じた図案を考えるのに対して、最初に図案家が図案を描き、その図案で陶磁器なり漆器を仕立てるという遊陶園や京漆園のやり方にはあきたらないものがあったのではなかろうか。佐藤敬二氏は、明治四十四年の『京都美術』第二二号巻頭の「京都に於ける美術工芸革新の機運」と題する黒田天外の論説を引き合いに出しながら「天外は最近の京都美術工芸界に二派の新潮流ありとし、一つに中沢岩太・浅井忠(但し明治四〇年に没)を中心とした京漆園、遊陶園らの動き、もう一つに神坂雪佳・谷口香嶠の一派を挙げている。浅井の没後美術工芸界の期待は雪佳の双肩に掛かったとしており、雪佳の図案については『氏は純日本趣味の上に其新彩古繍を発揮したれば、能く日本人の性情に投合し、十人が十人之を好むの状を呈せしはまた多大の成功と賛揚せざる能《あた》はざりき』、と述べている」と浅井の没後、神坂雪佳の図案が一世を風靡《ふうび》していたことに触れている。[50]

こうした風潮に宗兵衛はどのような感慨をもったであろうか。浅井忠没後七年にして、浅井忠の影響が薄れていくことに一抹の寂しさを感じながらも、同じ生粋の京都人として神坂雪佳とともに新しい近代的な琳派の意匠を切り拓いて行く決意をしたのではなかろうか。実際、宗兵衛は浅井忠の亡くなる以前の明治三十六年に神坂雪佳考案の「磁製猟夫欺熊」をつくるなど神坂雪佳の図案でいくつか作品をつくっている。また清水愛子氏によると、明治四十三年に神坂雪佳により結成された競美会には、製陶家では初代伊東陶山、五代清水六兵衛、七代錦光山宗兵衛、河村蜻山、初代宮永東山が加わっていたと述べている。[51]

なお、だいぶ後のことになるが、大正十三年に至って中沢岩太博士と対立関係にあった神坂雪佳は遊陶園、京漆園を脱退する一方、中沢岩太博士寄りの三名が雪佳の「佳都美村」から除外されたといわれている。やはり二人の間には目に見えない確執があったのかもしれない。

藤江永孝、無念の死

初代京都市陶磁器試験場長として尽くした藤江永孝

話は多少前後するが、浅井忠の図案が影をひそめ、神坂雪佳の図案が支配的になっていた大正三年（一九一四）七月に第一次世界大戦が始まった。八月に日本がドイツに宣戦を布告し、船舶不足や海運の危険からヨーロッパ向け輸出が急減し、京都の西陣をはじめ陶磁器業界も一時恐慌状態に陥ったのである。『明治以降　京都貿易史』によると「八月に入り、欧州各国が続々と参戦するに及び欧州方面ついで印度洋方面は危険海域として付保険拒否となり、外国為替は暴騰《ぼうとう》しほとんど拾収し得ざる情況となった。我国の参戦するに及び金融市場は益々危惧して厳重なる警戒をした為、貿易商は甚大なる打撃を蒙り、これに伴い内地諸産業もまたことごとく困難に陥り、一般経済界は沈滞不振を極め、遂に大阪の北浜銀行は休業し、名古屋の明治、名古屋、愛知銀行は取付をするの止むなきに到った」(52)と記されている。

こうした風雲急を告げるなかで同年十一月、藤江永孝は旭硝子《あさひがらす》や大倉組の依頼により、朝鮮、満州における炭坑、窯などを調査するために視察旅行に出かけた。朝鮮経由で鴨緑江《おうりょくこう》を越えて満州に入り、奉天、長春、吉林をまわって炭層粘土や陶磁器を調査研究したのである。以下、『藤江永孝伝』に従って述べていくと、(53)「当年夏期本渓湖にて腸チブス大流行し、支那人の死亡夥《おびただ》しく、恰《あたか》も我等の投宿せる旅館の前を多くの屍体を運搬せりと館主が話せるを、藤江氏は非常に恐怖の念にて身慄《みぶるい》して聴き居られ神経を悩まされたり。同地にては炭坑の外支那窯を視察し、午後四時三十分本渓湖出発六時三十分奉天着、瀋陽館に投宿す。藤江氏は行李《こうり》中に棕梠《しゅろ》タワシを携帯され、沐浴《もくよく》の際には必ず之れにて身体を摩擦さるゝ習慣とて、同夜も食前入浴の時、棕梠タワシにて三助に背を流さしめられしに、三助の曰はく『自分は十余年三助をなせども棕梠タワシにて流す人は始めてなり』と驚けり」とある。

藤江永孝は十二月中旬に一ケ月ぶりに帰京した。ところが「七条駅に下車した君は不相変の頑健な風貌で元気よく出迎の知己友人と語っていた。越えて二日遂に、発熱甚しく就褥《しゅうじょく》した。然るに二十日頃に至り病勢面白からず、旧故の者共はいたく心配して君を見舞ったが、面談はなかなか辛いようだった。君は帰途、船中で気持がわるかった。帰宅してから睡眠不足なれば寝かしてくれと言って寝に就いた。そして其翌日は大阪高工の講義と旭硝子会社への報告の為に行くと称し、一旦褥を離れたが、家人の諫《いさめ》によって再び褥に横たわった。病に罹《かか》りながらもこれ程責任感が強かった」とある。藤江永孝は帰国後、急に発熱し、京都府立療病院に入院したが、高熱が続き、翌大正四年(一九一五)

「京都市陶磁器試験所発祥地」碑（京都市東山区梅林町・六原公園）

一月五日、永眠した。満州で流行っていた悪性の腸チフスにかかり亡くなったのであった。享年五十一歳の無念の死であった。

藤江永孝の急逝に伴い、葬儀は生前の功労に報いるために京都陶磁器商工同業組合の満場一致の決議により組合葬とし、建仁寺において厳かに執り行われた。当初、製陶家の信頼を集められなかった藤江永孝も、夫婦喧嘩《けんか》の仲裁まで頼まれるほど製陶家から慕われ、信頼されるようになっていたのである。弔辞は松風嘉定が組合総代として述べることになった。その弔辞は、藤江永孝が陶磁器試験場長として、まだ幼稚であった京都の窯業において原料改善が急務であるとして広く各地の原料を蒐集比較してその良否を究め、京都陶磁器の素地、釉薬、顔料等に機軸を加え、また旧来の手工場から機械応用の普及を図り、築窯法の改良を行い、薪材《まきざい》に代わる石炭の利用を勧めて製造費の節約を促し、また半磁器を創製して輸出増進を図り、陶磁器業界が仁清、乾山、祥瑞《しょんずい》の遺風にとらえられ、ますます退歩していく傾向を慨嘆して、斬新な意匠と新旧応用の調和に苦心し、京焼の声価を内外に高からしめたと述べ、藤江永孝の死を国家の宝を失ったに等しいと嘆じている。

葬儀が終わって東山火葬場に集まり、藤江永孝の遺骸を窯に入れて錠《じょう》をおろした時、宗兵衛や松風嘉定などの親しい友人たちは「自分の築いたお気に入りの窯へはいって君の焼かれ具合はよかろう」と囁《ささや》き合ったという。東山火葬場の窯は藤江永孝が工夫を凝らしてつくったものであり、その窯を見た藤江永孝は「いゝ出来だ、焼き具合はよかろう」と満足そうに言ったという。そして宗兵衛や松風嘉定、その他の親友たちも、次から次と、藤江永孝お気に入りのその窯に入って、北邙《ほくぼう》一片の煙となったという。こうして藤江永孝の遺骨は、浅井忠画伯も眠る南禅寺内の金地院に葬られたのである。

藤江永孝と松風嘉定の交流

ところで、松風嘉定の伝記である『松風嘉定・聴松庵主人伝』によると「嗚呼《ああ》藤江氏と交りて十有八年親しかりしと云うに非ざれど、彼は能《よ》く予を知り予は又能く彼を解し、益友として知己として互いに相許し、将来予は彼を助け、彼又予を援け、必ず窯業界に大活動を試むべく心に期せしに、遂に彼立たずとせば彼の遺憾、予の失望例うるものなし。（中略）富田勧業課長、錦光山の両氏、橋本君などを自宅に集め草案を認む。（中略）漸く午前一時大体の草稿出来上り、病院にて清書のことにして打揃い病院へ行く。玄関にて今は未亡人の富佐子夫人に会し、共に無言のまま病室近き一室に至るや、遂に『亡くなりました』とワッと泣き出され、予も又今迄辛抱せし溜涙一時にコミ上げ一時間ばかり互に悲痛の涙に暮れ、殊《こと》に夫人より、死ぬまで本人は死の事を知らず、試験場のこと、貴君のことのみ言い続け、一時お会わせ申さんかとまで思いしなど聴かされ、更に又種々なることの思い出され一層悲しめり」(54)とあり、人前では決して弱みを見せたことがない豪胆な男であった松風嘉定が男泣きに泣いたことが記されている。

ここに記されているように松風嘉定は大いに藤江永孝に助けられたのである。前掲の『藤江永孝伝』によると「松風工業株式会社は其の前身松風陶器合資会社時代、独、仏式の倒焔《とうえん》式円窯《まるがま》を築き、次いで之に独得の考案が加えられて、倒焔式円窯及び倒焔式角窯が築かれ、更に松風式の円窯及び角窯を築成するに至ったのであるが、其の最初に築造したのは、顧問たる君〔藤江永孝〕の設計せる独逸式の窯であった。而して松風氏が幾多の経験をなし、又幾多の設計を試みつゝ比較研究せるに当り、君は顧問として其の専門知識を活用し、以て松風式窯の完成を助けたのである」(55)と記されている。藤江永孝は場長時代に、松風陶器合資会社の顧問となって松風嘉定を助けたのであった。

このように松風嘉定は、明治三十九年に松風陶器合資会社を設立、藤江永孝の指導のもとで機械化した近代的な工場の建設に着手したのである。それというのも、わが国の陶磁器製造は家内制手工業であるために形状は不揃い、色沢が不透明で仏独製品と比べて見劣りするという弱点があった。また松風嘉定は明治三十八年、日露戦争後は水力発電が発展することを見越して高電圧碍子《がいし》の製造を始め、その後、碍子や化学磁器の需要が伸びるに伴って、大正六年(一九一七)に組織を株式会社に改め、松風工業株式会社を設立。その後、工場火災などで苦労しながらも大正十年(一九二一)には青木木米、野々村仁清、尾形乾山の三名工の霊をまつるために、「洛陶会」において東山大茶会を催し、欧米視察後の翌大正十一年(一九二二)には松風陶歯製造株式会社を設立、京都を代表する実業家となっていくのである。もっとも、松風嘉定は大変な自信家で、事業にほれすぎるきらいがあり、それがため才能と手腕に任せて、電機製造や電熱器、火災保険や運送業、銀行設立や炭鉱経営まで多方面に手を広げすぎて、大正末から昭和の初めにかけて塗炭の苦しみを味わうことになる。

それぞれの逸話

なお余談ながら、稲盛和夫氏の京セラはこの松風工業株式会社からスピンアウトした会社である。『稲盛和夫のガキの自叙伝』によると「就職が内定した京都の碍子会社は松風工業といった。一九〇六年(明治三十九年)、松風嘉定氏によって創業され、高圧碍子を日本で初めて製造するなど、一時は日本碍子(現日本ガイシ)をしのぐ勢いがあったという。両親は京都の名門、それも碍子製造という堅い会社と聞いて安心した。『出征兵士のようだな』と兄に肩をたたかれ、その兄が就職祝いにくれた背広で鹿児島を後にした。一九五五年(昭和三十年)、私が入社した松風工業は、京都といっても西山の方向、東海道線の神足駅(現長岡京駅)の近くにあった。しばらくして、当時すでに銀行管理同然ということを知った。おまけに、オーナー一族が内輪もめしていて、労働争議も頻発していた。こういう状態なのに大学卒を五人も採用している。こんな会社だから私みたいな田舎の大学の出身者まで採ったのか。得心がいった時は手遅れだった。(中略)親兄弟から温かい見送りを受けて出てきた晴れがましさはどこへやら、何ともわびしい社会人生活のスタートとなった。仕事が終わると夕食をつくるため、買い物かごを提げて駅の近くの惣菜屋に買い出しに行った。『あんた、見ん顔やけど、どこの会社や』。『松風工業です』と答えると、『え、あんな会社にいてるんか。どこからきたんや』。『鹿児島です』というと、またまた驚いている。『遠くからようきたもんや。あんな会社におったら、嫁もきよらんで』。私のやる気はうせるばかりだった」と書いている。[56] 稲盛氏は松風工業で特殊磁器と呼ばれるニューセラミックスの研究を任され、三年後の昭和三十三年(一九五八)に退職し、翌年京都セラミックス(現京セラ株式会社)を創業するのである。

松風嘉定の話が長くなったが、藤江永孝は宗兵衛に対しても協力を惜しまなかった。『藤江永孝伝』によると「錦光山氏工場に対する君の指導は真に浅からざるものであった。東工場では錦光山竹三郎氏が熱心に指導を受けて製造に従事したが、その後、西工場に元京都陶器株式会社にあった仏蘭西製の機械を買いしありを据え付けて、新式原料工場を造るなど、君はこれが指導に大いに努めた」[57]と書かれている。

さて、この章の最期に、藤江永孝と宗兵衛のささやかなエピソードを紹介しよう。藤江永孝は明治四十二年七月、実業家団体の一員として渡米する際に、宗兵衛の工場に元京都陶器株式会社にあったフランス製の機械を据え付けことから、その試運転をすることを優先して渡米の申し出を断ったことがあった。それを聞いた宗兵衛は急遽、京都陶磁器商工同業組合会議を開催して藤江永孝の渡米を支援する決議を出し、渡米を促したのである。藤江永孝はこうした宗兵衛の支援に感謝しつつ、渡米前に芝離宮で開催されたパーティーに、宗兵衛から夏フロックコートとシルクハットを借りて出席したのであった。『藤江永孝伝』によると「然るにシルクハットは余りに小にして余が頭に適せず、故に途中は麦わら帽を戴き門内にてこれを脱ぎ、シルクハットを終始手にして少しも頭に戴かざることとせり。またフロックも袖余りに短に失し、一見田舎者の観を免るゝ能わざりき」[58]と記されている。京都市陶磁器試験場の薄給に甘んじ、陶磁器の発展に全力を尽した藤江永孝の面目躍如たるエピソードではないだろうか。

註

(1)佐藤一信「京都市陶磁器試験場と京都」(「産総研の試作とコレクションを巡るシンポジウムⅡ『明治の京都—海外への視線—』」資料2)。
(2)洲鎌佐智子「京都美術協会の活動にみる京都の陶磁器」(『近代陶磁』第四号)七〜八頁。
(3)荒川正明『板谷波山の生涯』五四頁。
(4)『藤江永孝伝』第四編追懐　七四〜七五頁、四〇頁。
(5)尾野好三編『成功亀鑑(第二輯)』二九〜三二頁。
(6)松原史「錦光山宗兵衛—京薩摩の立役者」(清水三年坂美術館『SATSUMA』)一三四頁。
(7)前﨑信也『大正時代の工芸教育』一四〜一五頁。
(8)二代宮永東山(友雄)「手記」二六〜二七頁。
(9)『明治以降　京都貿易史』七四頁。
(10)錦光山雄二「自伝的小説・廃園(あれ果てた園)」原稿　五二〇〜五二一頁。
(11)木々康子『林忠正』二八六〜二八七頁。
(12)錦光山雄二　前掲原稿　五一八〜五二〇頁。
(13)錦光山賢一(賢行)「粟田焼錦光山の思い出」(『和田光正コレクション　錦光山文様撰集』)序文。
(14)松原史　前掲書　一三〇頁。
(15)浅井忠『木魚遺響』一九五頁、一九七頁、一九八〜一九九頁。
(16)夏目漱石『三四郎』(角川文庫版)二四頁。
(17)中ノ堂一信「京都四園と中沢岩太—明治後期工芸改革の一記録—(上)」(『現代の眼』四四九号)六頁、七頁。
(18)中ノ堂一信「京都四園と中沢岩太—明治後期工芸改革の一記録—(下)」(『現代の眼』四五一号)六頁。
(19)清水六兵衛「研究時代」(『都市と芸術』二二一号)三七〜三八頁。
(20)洲鎌佐智子「近代の清水六兵衛」(千葉市美術館『清水六兵衛歴代展』)一九頁、二〇頁。
(21)宮永東山(理吉)「京都におけるものづくり—京焼きの歴史と宮永家—」(Arts & crafts CitaCita—CLOSEUP—Vol.7)。
(22)中ノ堂一信　前掲書(上)六頁。

(23)中島朋子「日本の陶磁器のアメリカ市場開拓―アメリカ文化史からの考察」(『近代陶磁』第5号)三頁、四頁。
(24)『明治以降　京都貿易史』一八〇頁。
(25)松原史「関連年表」(前掲書)一五二頁。
(26)葵航太郎・木村一彦「錦光山工房のアールヌーボー・アールデコ」(『近代陶磁』第5号)一八〜一九頁。
(27)錦光山宗兵衛「輸出向陶磁器の将来」(『関西之実業』上編)一二〜一三頁。
(28)今村嘉宣「松風嘉定について―美術陶磁器から人工陶歯まで―」(『近代陶磁』第6号)一四頁、二一頁。
(29)井谷善惠『近代陶磁の至宝　オールド・ノリタケの歴史と背景』二九頁
(30)錦光山宗兵衛　前掲書　一六〜一八頁。
(31)前川公秀『京都近代美術の継承』一七五頁。
(32)杉田博明『祇園の女　文芸芸妓磯田多佳』、引用箇所は、二〇〜二一頁、一六四頁、七八〜七九頁、九六〜九七頁、九八頁、一六四頁。
(33)前川公秀『水仙の影』二四二頁。
(34)浅井忠『木魚遺響』二五五〜二五六頁。
(35)三越呉服店「時好」6巻4号　二九〜三〇頁。
(36)葵航太郎・木村一彦「錦光山工房のアールヌーボー・アールデコ」(『近代陶磁』第5号)一八頁。
(37)初代宮永東山「経歴」四頁。
(38)二代宮永東山(友雄)「手記」三二頁および三三頁。
(39)荒川豊蔵『縁に随う』、以下、引用箇所は、四三〜四四頁、四四〜四五頁。
(40)中日新聞社他『人間国宝　荒川豊蔵』一二五頁。
(41)同前　一一八頁。
(42)中ノ堂一信「京都四園と中沢岩太―明治後期工芸改革の一記録―(下)」(『現代の眼』四五一号)六〜七頁。
(43)「遊陶園・京漆園　陶漆器展覧会」(『建築工芸叢誌』第六冊)三八頁。
(44)雪堂「芸苑雑記」(『美術新報』第十一巻第九号)二九三頁。
(45)清水六兵衛「研究時代」(前掲書)三八頁。

(46)津田青楓「図案に就ての感想」(『美術之日本』第六巻第八号)二五頁。
(47)前川公秀『京都近代美術の継承』一六五頁。
(48)二代宮永東山(友雄)「手記」三〇～三二頁。
(49)佐藤敬二「近代の琳派としての神坂雪佳と京漆器」(『神坂雪佳―琳派の継承・近代デザインの先駆者』)三六頁。
(50)同前　三七頁。
(51)清水愛子「工芸の革新をめざした図案家、神坂雪佳」(『神坂雪佳―琳派の継承・近代デザインの先駆者』)二八二頁。
(52)『明治以降　京都貿易史』二七三頁。
(53)『藤江永孝伝』、引用箇所は、小山恭太郎「満州視察に同道した思出」第四編追懐　五六頁、第一編小伝　八九～九〇頁、九二～九四頁、第三編逸話雑録　三六頁。
(54)藤岡幸二『松風嘉定・聴松庵主人伝』第三編雑録　五九～六〇頁。
(55)『藤江永孝伝』第一編小伝　七四～七五頁。
(56)稲盛和夫『稲盛和夫のガキの自叙伝』五三～五五頁。
(57)『藤江永孝伝』第一編小伝　八五頁。
(58)『藤江永孝伝』第二編遺稿　七〇頁。

第五章　世界経済の荒波に揺れた京薩摩

陶磁器試験場の国立移管と海外市場への雄飛

京都市陶磁器試験場の釉薬開発と人材育成

藤江永孝亡き後、大正四年三月、植田豊橘《うえだとよきち》が京都市陶磁器試験場の第二代場長に就任した。植田豊橘は東京工業学校でワグネルの助手を長年勤めており、藤江永孝よりも五歳上の先輩であったが、もともと彼が初代場長候補であったこともあり、第二代場長に就任したのである。

愛知県陶磁資料館編の『ジャパニーズ・デザインの挑戦』によると「植田が場長に就任した頃(大正期)は、中国・韓国を含めた陶磁制作の古典とも言うべき部分に注目が集まっていた時期であり、とくに試験場が得意とする、青磁釉《せいじゆう》や辰砂釉《しんしゃゆう》、澱青釉《でんせいゆう》などを用いた制作は、本歌のもつ深遠な美に迫るべく、また、それを超えて新たなデザインを生み出すべく試作を行っており、その成果は一般陶業界にも広く影響を及ぼしたものと考えられる。一九一五年に大正天皇の即位の儀(御大典)があったが、それを記念した京都市からの献上品として試験場の制作した青磁耳付花瓶が選ばれている(1)」と書かれている。

ここでは、青磁釉や辰砂釉などは試験場が得意とすると書かれているが、前﨑信也京都女子大学准教授によると「大正四年から九年の陶磁器試験場の成果で特に注目すべきは有色素地《きじ》の研究である。黄色や緑色の色土に黄釉《おうゆう》や青磁釉を掛けるこの技法は植田自らが手がけた研究で、釉薬《ゆうやく》でのみ色を付けるそれまでの技法よりも色に深みが増す。植田が作成した青磁は東京で開催された遊陶園の展覧会で大変な好評を博した(2)」と、陶磁器試験場の果たした役割の大きさに触れている。

なお、三代宮永東山(理吉)氏によると、なぜ、この時期に「中国・韓国を含めた陶磁制作の古典とも言うべき部分に注目が集まっていた」のかという点について、公卿《くぎょう》の徳大寺家出身で住友財閥の第十五代当主住友吉左衛門を襲名した住友友純《ともいと》が、それまでの煎茶《せんちゃ》から抹茶《まっちゃ》に宗旨変えして青磁を収集した影響が大きかったと述べている。

十五代住友吉左衛門の伝記である『住友春翠《しゅんすい》』によると、明治四十二年に「大阪時事新報に亦、『抹茶と煎茶の対抗』という記事があって、傍註に『総大将は住友と藤田』としている。『さて市内で煎茶派の総大将と仰がれているのは住友吉左衛門氏、骨董商《こっとうしょう》団体の昌隆社が参謀となり数千の雑兵《ぞうひょう》を指揮しているが』云々。そして、一般には抹茶が隆盛で藤田伝三郎を総大将として村山、上野を副将として戦線を拡張し、灘の嘉納鶴堂などは煎茶の勇将であったに拘《かかわ》らず抹茶派に降ったと記し、煎茶の方は骨董屋に乗ぜられて、茶会というより古器物売買交換会になる傾向があるので、道具いじりを第二段とし、数寄者《すきしや》の清遊を第一にする抹茶の方に大勢が移ろうとしていると記した。春翠も、後まもなく煎茶から抹茶に移行した[3]」と記されている。

江戸後期から幕末にかけて長い雌伏の時を過ごしていた抹茶も、明治十一年に藪内休々斎による北野天満宮への献茶奉仕が行われ、その後も明治十三年に表千家碌々斎《ろくろくさい》による北野天満宮の献茶が行われ、ようやく復活の足がかりをつかみ、明治半ばから大正期にかけて復興を果たしていくのである。第十五代住友吉左衛門春翠は、中国の古銅器、古鏡の世界的な収集家としても知られており、京都の陶磁器界に与える影響は大きかったといえよう。

それはともかく、京都市陶磁器試験場は植田豊橘場長時代も業界をリードしていくのであるが、それはひとつには藤江永孝場長時代に、徒弟奨励のための「奨励会」や製造家を激励するための「奨陶会」を組織し、人材を育成してきたことが実を結んだことがあげられる。

中沢岩太博士も当時を回想して「藤江君は時の組長錦光山氏、副組長松風嘉定《しようふうかじよう》等と計り、徒弟奨励のため奨励会なるものを組織し、希望の徒弟には、試験場に於て造れる素焼《すやき》の生地を配布し、かねて菊池氏の立案に係る図案の要素に因り模様を考案して描載し、之を再び試験場に致して焼成し、その優劣を審査して賞金を与うることゝなし、大に職工徒弟の手腕を奨励せられたり。又奨陶会なるものを組織して、有志者より同一金額を募集し、製造家には稍々《やや》同一価格の物品を造らしめて購入し、抽選を以て醵金《きよきん》者に分配することゝせり。かくて徒弟を奨励し、製造家を激励して、寸時も怠ることなければ、府市会議所は其情を尊重して、時に賞金を贈与せることあり、当時、是等の事業によりて、製造家は試験場と密接なる関係を保ち、一般の陶磁器界も大いに進歩を致せるなり」[4]と奨励会、奨陶会の果たした役割に触れている。

こうした人材育成は、明治四十四年に京都市陶磁器試験場附属伝習所の設立につながり、この附属伝習所から楠部《くすべ》彌弌《やいち》、八木《やぎ》一艸《いっそう》、近藤《こんどう》悠三《ゆうぞう》などのすぐれた陶芸家を輩出していくのである。前述の前崎信也氏によると、こうした人材育成に加えて、後に民芸の巨匠となった浜田《はまだ》庄司《しょうじ》、河井《かわい》寛次郎《かんじろう》をはじめ、東京工業大学の卒業生を中心に当時の最高の俊秀が試験場の技師として集まったことが大きかったという。

宗兵衛と松風嘉定、試験場の国立移管に尽力

こうして京都市陶磁器試験場は、藤江永孝場長以来、陶磁器の研究に努め、素地《きじ》青磁の創作、磁器艶消釉《つやけしゆう》の調製、白高麗《はくごうらい》磁の製作、石膏《せっこう》試験の完成、支那《しな》呉須《ごす》代用品の発明などの実績をあげ、製陶家に多大の貢献をなしたことから、大正八年(一九一九)京都の製陶業者は、さらなる発展のために農商務省所管の国立陶磁器試験所に移管されるように全力を傾けたのである。

『松風嘉定・聴松庵主人伝』によると、(5) 松風嘉定は、明治四十四年に藤江場長、錦光山宗兵衛その他の有志諸氏と相謀《はか》って帝国議会を動かす方法を採り、遂に第二十七回帝国議会において、衆議院議員坂本金彌氏ほか六氏より農商務省直轄《ちょっかつ》となすべく建議案を衆議院に提出。これに対して名古屋市は、京都にはすでに陶磁器試験場があるのだから、さらに国立の試験場は必要なく、陶磁器の生産額が一番多く、窯業界の中心となす名古屋に国立試験場を設置するのが当然であると猛烈な反対運動を展開した。名古屋勢の主張には侮《あなど》りがたいものがあり、松風嘉定は宗兵衛とともに各方面の諒解に努める一方、再三上京して仲小路農相に面接し、「京都はすでに市立試験場によって大体の設備が整っており、またこれが設置のため新築すべき敷地五千坪と機械、器具、その他設備全部ならびに図書類一切を寄付する。こうした便宜の土地をことさらに捨てて名古屋に建設されることは不合理である」と膝詰《ひざづ》め談判を試みたという。一時はほとんど名古屋に決まりかけていたが、仲小路農相も二人の熱意を真摯《しんし》に受け止めて、最後に京都に決定したのであった。

陶磁器試験場の植田豊橘第二代場長も同書のなかで「君は故錦光山宗兵衛氏と共に非常な努力をもって京都市立陶磁器試験場を設置せしむるに奔走尽力し、その後も試験場のために不断の尽力を続け、次いで大正八年国立移管の実現を見るに至るまでの両君の努力は実に一通りの業でなく、その間名古屋よりの反対運動あり、これを弾圧して京都に決定を見るまでは、文字通り寝食を忘れて東奔西走席暖まるの暇もなかった。当時余も両君と共に上京して時の農商務大臣であった仲小路廉氏を私邸に訪問したことがあった。その時君が特有の論法をもって京都に国立陶磁器試験場設置の必要を力説された光景が、今なお余の眼底にありありと印象づけられているが、大臣も君の力説には深く心を動かされたように見受けられた」と述べている。

松風嘉定は直情径行なところがあり、歯に衣《きぬ》を着せずにものを言ったというから、その時も熱弁を振るったのであろう。いずれにしても、宗兵衛と松風嘉定は、東京に出張する時などは夜汽車で東上して夜汽車で帰洛し、一時間の休憩もとらずその足で会社に出勤するなど、強行軍で試験場の国立移管に奔走尽力したのである。

第一次世界大戦による「大戦景気」と陶磁器業界の空前の活況

ところで、その後京都の輸出はどうなったのだろうか。大正三年七月に第一次世界大戦が勃発し、当初は船舶不足や危険などから欧州市場が変調をきたし、日本が青島に出兵すれば中国の反日感情が高まり、急拡大してきた中国、南洋、インドなどのアジア市場も変調をきたす恐れがあって先行きが憂慮されていた。

ところが、大正三年十一月、日本の陸海軍がドイツの東方経営の牙城である青島を攻略し開城すると、東南アジア海域における日本軍の軍事行動も一段落を告げ、翌大正四年頃より次第に市況は回復に向かった。海外においてはドイツ商品を駆逐し中国をはじめ東南アジア市場に破竹の勢いをもって進出を開始、さらにドイツを軸としたヨーロッパのアメリカ向け輸出が頓挫して、わが国の輸出が激増。また国内産業も輸入品の途絶を機として勃興《ぼつこう》し、海運業も七つの海に雄飛して海運収入がめざましく増加、加えて株式相場が高騰《こうとう》、成金が輩出して国民は挙げて「大戦景気」を謳歌《おうか》したのである。(6)

こうして、京都でも電機、機械、化学工業分野で近代企業が次々と勃興し人々は好景気を享受した。陶磁器業界でも注文が殺到し、かつてない繁栄をもたらした。『京焼百年の歩み』によると、大戦が長期化するに伴い、注文は急激に増加し価格も漸騰して、瀬戸、美濃地方の輸出陶業は黄金時代となり、わが国陶磁器業界は世界的に確固とした地位を確保するに至るのである。アメリカはわが国陶磁器の最大輸出市場であり、世界大戦開戦後は、日本の独占状態となり、わが国の輸出額は急増した。輸出製品も従来のファンシーグッズに代わって、改良食器が多くなり、戦後には南洋方面の輸出も増大、タイル、テラコッタ等の製造や高圧碍子、衛生陶器、工業用耐酸炻器《せつき》の製造も急進をみせた。このうち化学用磁器では、蒸発皿や坩堝《るつぼ》などはわが国でもドイツ製品が輸入されていたが、ドイツに代わって米国へも輸出されるようになった。こうしてわが国陶磁器の生産および輸出額は、大戦初期の大正四年では生産額一千七百万円、輸出額七百万円であったが、大戦景気の最盛期の大正七年には生産額四千四百万円、輸出額二千三百万円と急増した。(7)

宗兵衛は、日用品などは機械生産が得意なドイツに勝てないと述べていたが、そのドイツを筆頭にイギリスやフランスが戦争で輸出ができなくなり、その間隙を縫うかたちで、わが国陶磁器業界は洋食器、碍子、衛生陶器、化学磁器などの技術改良を進め、輸出額を急増させたのであった。先に紹介した松風嘉定も、第一次世界大戦による電気用磁器や化学陶器の需要の拡大を背景に、大正六年に松風陶器合資会社を松風工業株式会社に変更して事業を拡大していった。第一次世界大戦という長期の悲惨な戦争のなかで、日本は結果として漁夫の利を占め、束の間のバブルに酔いしれたのであった。

こうした空前の活況を受けて、京都の陶磁器業界において、特筆されるのは、清水、五条を中心とする磁器の生産であり、そのなかでも日用品および割烹《かつぽう》食器の伸長は大きく、大正七、八年までの好況時に飛躍的に増加した。このため創業する者も増加し、設備も拡張され、日吉、泉涌寺地区の盛業とともに、五条、清水地区の今日の基礎が築かれたという。

このような情勢下、大正二、三年頃の輸出不振による影響を受けた愛知、岐阜、石川および九州等より職工および一部業者が京都に流入。粟田、五条・清水の狭隘《きょうあい》と相まって、大正二年日吉地区、大正五年泉涌寺地区の開窯が始まり、京焼に大きな変動をもたらし、これらの地区では日用品、工業用品の製造が始められていくことになる。(8) これに伴い、大戦開始直後の大正三年末には市内の製造戸数が百九十一戸、職工数が七百三十二人であったのが、大正七年末には二百五十九戸、二千三百七十一人に増加したという。(9)

なお、大正七年の国内陶磁器の生産高順位は、愛知が一千九百八十万円、次いで岐阜、佐賀、京都、石川、兵庫、三重、愛媛、長崎、滋賀の順となっている。愛知が首位となっているが、井谷善惠氏によると、日本陶器は設立以来、悲願であったディナーセットの開発を進めてきたが、直径十インチ(約二十五センチ)ディナー皿の製造に日夜没頭し、大正二年七月、ついに八寸皿の試作に成功し、十二人用ディナーセットが完成したのは、翌大正三年六月のことであったと述べており、本格的なディナーセット製造の影響が大きかったのではないだろうか。(10)

宗兵衛、京都貿易協会の初代会長に就任

このように「大戦景気」を謳歌していた最中の大正六年(一九一七)七月中旬、京都の有力な輸出入業者五十数名が、烏丸夷川《からすまえびすがわ》の京都商業会議所に集まり、京都貿易協会の創立総会が開か

京都日米貿易協会会員（村上隆造氏蔵）
前列左より五人目　七代錦光山宗兵衛、六人目　井上千恵（推定）
「明治以降　京都貿易史」京都貿易協会より転載

れていた。その創立総会で、宗兵衛は座長席に着き、これまでの経過と今後の希望を述べ、幹事の選挙を諮《はか》ったところ宗兵衛の指名が多かったという。その後、幹事長の互選に移り、宗兵衛が当選し、満場拍手をもってこれを迎え、宗兵衛は「不肖その任にあらざるも、諸君の御指導によりて努力すべし」との旨の挨拶《あいさつ》をしたという。翌大正七年（一九一八）四月京都貿易協会は、幹事長を廃して会長一名を置く件を可決し、会長の人選につき、会員多数からの希望により選挙を行わずに宗兵衛を会長に推薦した結果、宗兵衛が京都貿易協会の初代会長になったのである。[11] 余談ながら、平成十九年（二〇〇七）八月二十四日、私が四条通室町にある京都貿易協会を訪れたところ事務局長の奥田美智子氏が大変喜ばれ、いろいろお話をしてくださったことは忘れがたい思い出となっている。

宗兵衛が初代会長に選ばれたのは、陶磁器の輸出に実績があったこともさることながら、明治二十九年に設置された海外商品陳列所の委員であったことや京都日米貿易協会のまとめ役をやっていたことが評価されたのではなかろうか。京都日米貿易協会というのは、その成立消滅ともに詳細は不明であるが、明治三十七、八年頃にすでに存在し、京都出身の神戸貿易商鶴谷、宗兵衛、松風嘉定、村上竹次郎、田中利七、宇野仁松らが主要メンバーであったという。(12) なお『明治以降　京都貿易史』に「京都日米貿易協会会員」という口絵写真が掲載されている(295頁写真参照)。それを見ると、日米国旗を染め別けたような帽子と上着を着たりしてなかなか派手な格好のメンバーが写っており、中央に座った宗兵衛が幼子を膝の前で抱きかかえ、その隣の女性が赤児を抱いている。余談ながら、私はその赤児は父の雄二、その女性は祖母の千恵ではないかと思っている。

海外市場への戦略

ところで、宗兵衛は海外の輸出市場をどのように見ていたのだろうか。宗兵衛の書いた「輸出向け陶磁器の将来」を見ると、(13) 当時の最大市場であるアメリカだけでなく広く世界に眼を向けるべきだと以下のように述べている。

「とにかく北米には我の腕次第で如何程《いかほど》の程度にも拡張し得る余地あれど、独り北米にのみ力を入れていった日には区域を偏する事になるから眼を世界の上に置くべき必要がある。近来は取り敢えず南米の方へ手を出しつゝあるが果して好況である。又欧州にては六七年前までは我製品をこの上なく歓迎し多数に購買していったものであるが、最近に至り北米に比し非常に少なくなって来ている。その原因について研究し見るに、不思議なるかな欧州において我製品の需用が減じたと云う訳でなくて、全く中間商人が紹介に不勉強なるがためであったのである。現に一昨年白耳義《ベルギー》国利栄寿《リエージュ》に開設された万国博覧会に出品した際に欧州人は日本に斯《かか》る精巧なる陶器ありしかと非常に驚嘆した位であったがこの一事は取りも直さず従来我製品を彼に紹介するに中間の商人が如何に冷淡なりしかを証して余りあるのではないか。ここに至って我粟田焼そのものゝ悪いのでない事が証明される、去ればこれぞ我輸出陶磁器の中興の瀬戸際であるから意匠と形状とにあくまで留意して大に打って出る覚悟が第一である。もとより一概に北米に於ける如き盛況を見る事は六《む》ケ《ずか》しかろうかなれども、前途大に多望である事だけは確実である」

と、欧州向けが不振なのは中間商人の不勉強にあると分析している。中間商人が不勉強の場合には、製造家が市場開拓をすべきとも言っている。さらに宗兵衛は欧米だけでなく豪州、アフリカ、インド、東南アジア、中国にも眼を向ける。

「豪州方面は如何にと云うに、此方面とは古しえより通商貿易があってメルボルンやシドニーなどは何れも得意先である。殊に昨年ニュージーランドに博覧会が開設された際、出品はせざりしが他の商人が博覧会を利用して我製品を世に紹介しくれた以来は結果益々有望になって来たのである。（中略）南亜非利加《アフリカ》即ち杜ランスヴール辺は如何にと云うに、元来亜非利加は野蛮国の如く思われているが彼の植民地方面には外国品が多く渡っている、又英人も多くいる決して望無き処ではないのである。これからの人は何種の実業家を問わず、毎日世界地図を睨みて思う処を行うの元気なくばダメである、予も昨今は頻《しき》りに亜非利加を研究しているが近き将来に何等かを齎《もたら》すであろうと確信している」と述べている。私の友人の「海工房」代表の門田修氏が撮影した『大航海　ヴァスコ・ダ・ガマの道』というドキュメントのなかで、マダガスカルのある美術館に錦光山と銘記した花瓶が撮られていたが、宗兵衛は実際にアフリカ方面にも輸出していたのである。さらに宗兵衛はベトナム、インド、中国などの市場分析をして次のように述べている。

「印度洋岸の仏領地について見るも曾《かつ》てハノエの万国博覧会には予も出品してグランプリー賞牌を得たったがこの地方も利栄寿と同様博覧会に依て大に我製品が紹介されたのである。而して土人向よりは仏人の趣味に投ずるようにせば更に好結果を収め得る事であろうと思う。（中略）処で印度について更に一考し置くべき要件は宗教的慣習についてゞある。印度人は宗教の人であって祭典式事等凡て真鍮《しんちゅう》を使用している、金属は一度洗えば清浄無垢《むく》のものとなるべしという一種の信仰から来たものであって陶器は清浄無垢のものとなり得ないと思っているらしい。

(中略)在住外人をまず得意に抱き込み次で土人にも真鍮器に換うるに陶磁器をもってするようにしては如何と思う(中略)支那に対しては日用品の供給のためには大仕掛にやる事とし装飾品の供給のためには大に我の特長を彼に紹介するに勉むべきであって斯くてこそ支那も亦大なる得意たるのである」

では、宗兵衛はどのようにして海外市場を調べていたのだろうか。

「以上は眼を世界の上に晒《さ》らして、我陶磁器の販売先を研究したのであるが、尚最後に一言付すべきは廿世紀《にじつせいき》の実業家はかりにも退嬰《たいえい》主義ではダメであると云う事である。他動的受動的は大禁物であってあくまでも自動的でなくばならない。予の如きも調査部を設置して高等なる専門教育を受けた者二名を聘《へい》し、世界の出来事を記録し、同時にそれを地図の上にて研究する事にしている。元来日本の工業家は家内的で、少しも世界の大勢などは知らない、又窺《うかが》うともしない、それで常に商人の注文に依って制作しているのであるから自然商人の雇人たる観に陥り結局は利益も商人に隴断《ろうだん》されて仕舞う事になる、西陣機業の振わざる原因も詮《せ》じ来たれば此弊の存在に基するものである。此は工業家たるもの常に意を用いて商人の行り口を監視し商人若《も》し手間緩き事あらば自らその衝に立ちその販路を開拓し往くの意気なかるべからずである」

ここで注目されるのは、宗兵衛が世界の大勢を知るために、調査部を設置して高等なる専門教育を受けた者二名を招聘《しょうへい》して調査・研究し、欧米だけでなく中国や東南アジア、インド、アフリカなども視野に入れていたことである。実際、宗兵衛は、明治四十年の「韓国京城博覧会」に三十一点ほど出品し、「錦光山宗兵衛氏ノ陶磁器中本金モノハ比較的価ノ高キ為メ望ミ手尠《すく》ナキモ水金《みずきん》モノハ相当ノ売行アリ就中《なかんずく》一輪生ノ如キ小サキ器ハ着荷次第直チニ売レ尽スノ好況ヲ呈シ画模様ハ花卉《かき》、人物、婦人、武具等ヲ好ムモノノ如シ」(14)とその報告書に記されている。また大正三年の東印度ジャワ島の「スマラン博覧会」にも出品し、名誉大賞を受賞している。このように宗兵衛は明治末期から大正初期にかけてアジア各地の博覧会にも出品して、市場の拡大に努力していたのである。なお、『京焼百年の歩み』によると、大正二年当時の京都陶磁器輸出額は六十九万九千円で、その輸出先は、米、英、仏、独、豪、伊、中国、ブラジル、トルコ、露国の順であったという。(15)

大戦後、一転して襲う経済危機

第一次世界大戦後の経済恐慌の大波

大正七年(一九一八)十一月、死者一千万人、負傷者二千万人という未曾有《みぞう》の戦禍《せんか》をもたらした第一次世界大戦が終結した。大戦中は企業熱の勃興によって、京都においても重化学工業化の波がおよび、電機、機械、化学などの近代企業が続々と興り、工場労働者も急速に増加した。だが大戦景気に伴って諸物価が暴騰し、大正七年は米価の騰貴が著しく、年初に一升三十銭以下であったものが八月には五十銭になった。生活難から富山県の主婦たちによる米騒動が起こり、京都でも八月十日に東七条柳原を突破口にして全市に拡大、鎮圧のため軍隊も出動する事態となった。翌大正八年になっても、京都の工業品の生産額は西陣織物を筆頭に著しい伸びをみせ、投機的熱狂状態の様相を呈し、労働運動も活発化するなど世情は騒然となった(16)。

ところが、大正九年(一九二〇)三月十五日、株式相場が暴落すると様相は一変する。「大戦景気」から一転して戦後恐慌が始まったのである。わが国の輸出入総額の推移を見ると、大正三年の十一億八千万円が、大正八年には四十二億七千万円と躍進したが、大戦の終結により大正十年には一気に二十八億六千万円に激減。好況を謳歌していた京都経済においてもその反動は早くも大正九年三月に現われ、企業倒産や銀行の取付け騒ぎなどその影響は甚大なものとなった。とりわけ、好況時に輸出を目的として拡張した絹織物、刺繡《ししゅう》、綿糸布、陶磁器、玩具などの貿易業界が被った打撃は大きく、工場の閉鎖や営業停止に追い込まれていった(17)。

佐藤節夫氏によると「大正九年三月十五日、株式相場が暴落し、大戦後の戦後恐慌が始まった。翌四月七日にも再度株価が暴落、十三日には商品相場の暴落が追い打ちをかけた。これによって京都の陶磁器業界にも、大きな影響が出た。需要が激減し、販売店が仕入れを控えたため、在庫をかかえている五条坂あたりの問屋は、この年の五月七、八日頃、窯元と製造業者に無期限の休業を通告した。窯元と製造業者の数は五条、清水、馬町、今熊野、蛇ケ谷で約三百軒、約二千人が失職することになった。製造業者は問屋と交渉したが失敗に終わり、ついに五月十五日をもって職工をすべて解雇するに至った」[18]と述べている。

こうして貿易業者が苦境に陥っていくなか、宗兵衛は京都貿易協会の会長として手をこまねいていたわけではなく、矢継ぎ早に貿易振興策や陳情書を建議している。大正十年(一九二一)五月、宗兵衛は、京都商業会議所とともに貿易振興策を策定。これによると、現下のわが国の貿易の不振は戦時好景気の反動による世界的不景気の余波を受けたものであり、それに加えて、わが国の好況時に物価・賃金が騰貴し競争力が低下したこと、さらにはロシアの政情不安などでシベリア市場が不況に陥り、わが国貿易界は南洋方面を除いて八方ふさがりの状況にあると分析し、官民合同の大貿易銀行の設立、通貨縮小による物価・労賃の低下、貿易取引の安全の確保および検査の効率化、低利資金の融通などの対策を求めている。

また同年八月、京都貿易協会は、現下わが国の貿易界は各方面ともほとんど休商のごとき悲境に陥り、この状態が持続すればわが国の貿易業者の多くは転業あるいは廃業の止むなきに至り、甚だしきは遂に破綻するものさえ生ずるとして、輸出品ならびに輸出を目的とする生産品に対し、営業税および所得税を免除することを懇望するとして税務当局に対して陳情書を提出している。さらに、大正十三年(一九二四)六月、宗兵衛は京都貿易協会会長の名で、すでに正貨の海外流出十数億を超えており、今日断乎たる善後策を講じなければ、わが国産業界は遂に破綻の悲境に到達するに至らんとして、貿易振興のために調査機関の設置などの国策樹立を建議している。[19]

大不況下の労働争議

こうした大不況のなかで、さらに悪いことに、大正十二年の九月一日、関東大震災が発生したのである。佐藤節夫氏によると、この影響を最も強く受けたのが、日吉町と泉涌寺地区であった。震災前には泉涌寺六十五戸、蛇ケ谷七十戸の製造業者と両地区合わせて約七百人の陶工がいたのが、同年十月中旬にはわずか百五十人に減ってしまったという。[20]このような状況のなかで、労働争議も頻発するようになっていた。大正十二年、新興陶業地として、進歩的企業体の多かった日吉地区を中心として労働争議が起こり、経営者側は、大戦後の不況のなかで賃金値下げを要求。労働者側はこれに対抗して立ち上がったが、労働者の団結は不充分で、わずか三日で経営者の要求を容れて解決することになったという。(21) 争議に敗北した労働者側は、大正十三年、岡崎の市公会堂で京都陶磁器工組合を結成し、横の連繋と団結を図ったのである。

労働争議の影響は粟田にもおよんできたようで、父の自伝的小説のなかでも、「清水焼争議団行商隊」と大書した旗を立て、日用雑貨類をのせた大八車を二人の男が押しながら「毎度、よろしうたのんま」とメガホンで大声を上げながら白川橋からゆっくりと蹴上《けあげ》の方向へ坂道を登って来ると、錦光山の工場からも釉掛《ゆうか》けの職人と窯師が飛び出してきて、「どや交渉は」「しめてやれよ」「わいも一つもろとくぜ」と激励する様子が描かれている。

『京焼百年の歩み』によると、宗兵衛の盟友である松風嘉定のところでも大争議が発生し、「大正十三年四月、松風工業に労働争議起り、一ケ月間労使対峙《たいじ》し、工場には工員等籠城して作業した。この時代ではかなりの大争議であった。大正十四年の初夏打続く不況のため、資本家側は商工組合を通じて、全地区に対し、一律賃金三割値下を提案した。組合は前年結成した団体の試金石として、その闘争本部を三島神社におき、(中略)強力な争議態勢をもって対抗した。資本家側は、当時、京都で勢力のあった侠客《きょうかく》に仲介を依頼し、その侠客の交渉を受けた労働者側も、結局、一割五分の賃下げを承諾して、日吉神社で手打式という大時代的な方法でこの争議も解決した。この争議に参加した組合員は約四百名であった。この争議中は、侠客を中にはさんで、短刀、槍等も時に渦中に入り、また争議解決といえば、手打式にふさわしく、日吉神社には四斗樽が三本も用意され、双方シャンシャンと手をしめて、解決されたという」(22)と記されている。

当然、宗兵衛も松風嘉定もその手打式のなかにいたのであろう。おそらく、宗兵衛も松風嘉定も、経営に四苦八苦する一方で、京都陶磁器商工同業組合の組合長、副組合長として、経営者側の立場から労働者側と対峙《たいじ》して交渉を繰り返し、へとへとになるまで神経をすり減らしていたのではなかろうか。いずれにしても、この争議後、電動ロクロの導入や窯の第五、六室まで磁器の焼成に使うなど生産を合理化する努力が払われたが、大正の末から昭和の初期にかけては、生産合理化よりも不景気風の方が強く、陶磁器業者は苦労を重ねたという。

国内向け高級食器で活路を見出す

こうした未曾有の経済危機のなかで宗兵衛はどのように活路を見出そうとしていたのだろうか。すでに第一次世界大戦中から戦後にかけて京都の陶磁器業者は、日用品を量産するようになったと述べたが、宗兵衛も国内向け高級食器で活路を見出そうとしていた。

父雄二の自伝的小説によると、(23)「シベリヤ出兵中は成金なども輩出して沸騰していた景気も、戦後は急激に様相を一変していた。株の大暴落や神戸の川崎造船、足尾銅山等の大企業がストライキの波に揺さぶられていた。不景気はいよいよ深刻な社会問題となっていた。重富英技師はなんとかここでより堅牢な陶器づくりに精を出そうと努力していた。この仕事は、磁器でもなく陶器でもなく、半磁器という新製品を製造するためである。だから陶土をいろいろ組み合わせ調合して試験を行い研究しなければならないのである。重富英技師は『これがうまく成功すればコーヒーセットでも洋食器でも白色半磁器で、実用的でしかも磁器よりも原価を下げることができますからね』と言っていた」と当時の様子を書いている。

さらに「半磁器の方もようやく完成した。貿易品は、粟田焼の雅味ではあるが脆弱《ぜいじゃく》だったものが半磁器となったことで一段と緻密《ちみつ》さを加えて好評だった。コーヒーセット等は地肌を瑠璃色《るりいろ》に焼き上げ、その上に純金で上絵を描き、紫檀《したん》の箱に納められた最高級品が内外を問わず注目され出した。粟田の従来の素地では瑠璃色も冴《さ》えなかったが、半磁器となって堅牢と鮮度が飛躍的に良くなったのは事実だった。すべては順調のように見えた。しかし金融引き締めのために、以前に受けた五十万円の銀行融資の返済問題が難航していたのである。巡回展示会も東京で開催し、まず成功裡に終わった。ただ国内向けの製品は錦光山商店が貿易を主としていた関係もあって、茶道具類をはじめ一般日用品が少しバタくさいという批評も一部にあったことも事実だった。その対策として番頭の中で茶道に優れた者が抜擢《ばつてき》され主任となり、茶の湯の会などにあまねく出席して古典の研究に当たらせた。名古屋で錦光山商店の巡回展示会を開催することになり、名古屋の陶磁器業界筋も警戒を強めているようだった。名古屋といえば京都に比べて資本が大きく、近代的な大量生産を行っていたが、錦光山商店が名古屋に進出すれば、歴史が物を言って、茶道界でも家庭用品でも錦光山の精緻で古典と近代性を取り入れた意匠が名古屋人に好評を博するに違いないからである。それは錦光山商店の国内販売の突破口を開くことになるのである。名古屋の巡回展示会では名のある製造元や問屋筋も参観に来て見本を買って行ったり、各種の商談も成立し、また一般客からも和用食器セットの予約注文をかなり受けたのである」と書いている。

ここで、巡回展示会の開催および和用食器セットの予約注文のことに触れられているが、巡回展示会は東京、名古屋、神戸、広島、博多、長崎方面で開催されたようである。三代宮永東山(理吉)氏から、その頃の和用食器セットのパンフレットをいただいたので紹介しよう。そのパンフレットは、宗兵衛が大正十五年(一九二六)に作成したもので、タイトルは「実用御台所用食器会趣意書」となっている。

人生の楽事は家族団欒《だんらん》して食を共にするに極っております、実にこの時ほど人々が妄念《もうねん》を去り一意専心になることはありませぬ、それで杯盤の際を利用して君子の美言嘉行を称嘆し、朝夕止まなければ久きにわたって徳器自ら備り終《つい》に家門の栄達を来たすべきであります、ここにこの度拙生《せっせい》が試製しました食器の図様に蘭竹梅菊の花卉《かき》を選択しましたのは、けだしその意に外ならないので、珏硬無比、雪白玉純の生地の上に清新な藍《あい》色を用い、東洋四君子の姿態を極めて風雅に描きました処が、一見瀟洒《しょうしゃ》として爽快《そうかい》なるは申すまでも無く、同時にまた徳性を涵養《かんよう》せしむるの効果も少からぬ様に存じます、それでこの鮮麗にして堅牢、かつ幽雅なる実用食器を膳部卓上に備えられん事を、心ある江湖の方々に敢て御勧め申し上げる次第であります。

七世錦光山宗兵衛

○会費

一青華四君子図　食器　一口(五客揃)　金三十六円也

一ケ月金十二円宛　三ケ月にて終了

○配品順序

八月配品　一　飯茶碗　青華蘭之図　五客　上等ボール箱入

一　中皿　同竹之図　五客　同

九月配品　一　刺身皿(焼物皿代用)　同梅之図　五客　同

一　醤油皿(手塩皿代用)　同零梅之図　五客　同

十月配品　一　深手小皿（吸皿代用）　同蘭之図　五客　同
　　　　　一　蒸茶碗（吸物碗代用）　同菊之図　五客　同
　　　　　一　中土瓶　同竹之図　一個　同
　　　　　一　茶呑茶碗　同竹之図　五客　同

○規定

（中略）

京都市粟田

大正十五年　月　御申込所・集金発行所　錦光山宗兵衛(24)

と記されている。パンフレットの裏面には蘭や梅、竹や菊などの模様の茶碗や皿が描かれていて、宗兵衛が大正十五年に国内向け高級食器セットの割賦《かつぷ》販売を手掛けていたことがわかる。また各地で錦光山の普及品の食器が散見されることから、宗兵衛は国内向けの高級品だけでなく、普及品も製造していたものとみられる。

母、宇野の死

こうして国内向け高級食器セットの開発・製造・販売に取り組んでいた最中の大正十一年十月、粟田の陶家に生まれ、また陶家に嫁して粟田の土に生きた、七代宗兵衛の母、宇野が十月九日、九十三歳で永眠した。父雄二の自伝的小説によると「宇野は母屋からほとんど出なかったが、重大な問題が起こると、宇野の一言にはやはり盤石の重みがあった。今度の重富技師らが堅牢な半磁器の研究をしていることは宇野もよく知っていて『粟田の土は重いし暗いし、品物ももろい欠点がある。これでは美術品はできても西洋人の台所の役には立たんさかいな。磁器よりも安上がりで、もっと白うて、硬うて半透明でもよいから、そんなもんを作りなさい。しかも粟田焼の窯で焼けるもんをな』と、宗兵衛の背後にあって激励を惜しまなかった宇野が寝込んでしまった」と書いている。

さらに父は「宇野の死の床には、病人の竹三郎以外の主だった一族が集まっていた。宗兵衛はその席で一座を見渡して言った。『母は生前、粟田焼は国内向け美術品としては大変よい土であるから、それは当然その方面に向くものを一層研究し、また一面雅味であるが実用的でないところもあり、また磁器は高価でもあるので白色陶器、つまり半磁器の研究もやり、もう一度再出発するように私にも再三要請しておりました。それでいま研究中の半磁器をどうしても完成したいと皆さん方のご理解をお願いする次第です。内外の経済変動、社会的不安、動揺、深刻な不景気の世相に対処して、錦光山商店の経営も一段と立て直しをしなければならない点が多々あります。外国貿易もアメリカ向けばかりでなく、むしろ比重を南米、ベルギーあるいは仏領印度支那方面に方向を転じる必要があります。また国内販売も大いに積極的に復活して、三百年の伝統ある錦光山の名誉を回復させなければなりません。私もおよばずながら毎日店へ顔を出し、人事の異動、工場の能率向上等、いずれ会議を開いて協力を仰ぎたいと考えております』」と書いている。

工場の近代化や人事による事業改革計画

宗兵衛はいずれ会議を開いて協力を仰ぎたいと述べているが、なぜこのようなことを言ったのだろうか。それは当時七十二歳になっていた山本栄太郎を勇退させ、継ぎはぎで拡大してきた工場も一気に近代的工場へ改革する事業改革を推し進めようとしていたのである。

少しややこしくなるが、宗兵衛の妻八重《やえ》は、宗兵衛の姉の恵以《えい》(六代宗兵衛の三女)と山本栄太郎との間にできた娘である。つまり宗兵衛は姪《めい》と結婚したわけであり、山本栄太郎は岳父にあたる。この山本栄太郎は、宗兵衛が明治十七年に十七歳で家督を相続した時に、宗兵衛より十七歳も年長の三十四歳であり、宇野がいるとはいえ、錦光山商店の要である総務・経理を担当していた。実質的に錦光山商店を仕切り、実権を握っていたのである。山本栄太郎の弟の山本竹三郎は、宗兵衛の姉の千賀(六代宗兵衛の四女)の婿養子となり、分家筆頭として錦光山竹三郎を名乗り、仏光寺門前の右手にある錦光山商店の東工場の工場長として腕を振っていた。山本栄太郎は本家の敷地の北側に住み、「北錦光山」と呼ばれ、錦光山竹三郎は「東錦光山」と呼ばれていた。

『京焼百年の歩み』によると「その工場は東山区、三条粟田口、夷町、柚ノ木町に亘《わた》り盛大を極めた。錦光山工場は錦光山竹三郎、宮永東山、重富英、等が活躍し、経営方面には錦光山(山本)栄太郎が、貿易方面には森某が腕を振った」(25)と、山本栄太郎が経営方面で腕を振るったと書かれている。また『関西之実業』には「現代宗兵衛氏は明治元年生れの壮者であって少時不幸にして父に別れたと云うもの丶此に義兄英太郎《ママ》氏があってよく先代宗兵衛氏の意を継ぎ、一方年若き宗兵衛氏の顧問補佐となって益々業務の拡張に勉め、宗兵衛氏は年とともにその特性を発揮し商機に敏に事務に精に加うるに進取的の精神と不撓《ふとう》不屈《くつ》の忍耐とを以て義兄と協力したのである。宗兵衛氏は常に人に対し、錦光山の事業は全く義兄英太郎氏の賜であると云っているが、要するに両者協力の結果たるに相違ない」(26)と記されている。

私の父雄二は山本栄太郎のことを錦光山家を乗っ取った白ネズミと言って嫌っていたが、栄太郎、竹三郎の兄弟は大阪の質屋の出身といわれているので、金銭感覚はすぐれていたのであろう。なお、家系図には山本栄太郎は錦光山英太郎を名乗っていた時期があると記されているので、一旦、錦光山家に養子に入り、その後山本に戻したのかもしれない。

ところが、このように宗兵衛が事業改革を実行しようとしていた大正十二年九月一日、先に述べたように関東大震災が起きた。父の小説では「関東大震災の模様はさらに詳細に伝わってきた。推定十数万余の死傷者、行方不明者、家屋全壊、全焼、流失等を出し、東京、横浜の経済活動は完全に麻痺《まひ》した。山本権兵衛首相は戒厳令を布き、軍隊を出動せしめた。甘粕憲兵大尉が無政府主義者大杉栄とその妻子をどさくさにまぎれて殺したということも伝えられた。また朝鮮人襲撃のデマを政府筋が流し、混乱に便乗して朝鮮人を見つけ次第殺した、などと凄惨《せいさん》な情況が相次いで報道されてきた。錦光山商店でも、東工場の登り窯の亀裂が大きく、根本的にやり直す方がよいという意見が出された。窯はいずれ修復しなければならない。しかし現在の登り窯はもう旧式であるから、石炭焼成倒焰式《とうえんしき》の丸窯を築造せねばならないだろう。それにしても、工場全体の配備、設計が先決で、いま窯だけを築造することは許される段階ではなかった。(中略)経済界の混乱は、震災を契機として、大銀行すら莫大な貸付を抱えており、何か不気味な変動が来るのではないかと、人々は脅えていた」と書いている。宗兵衛は事業改革を推し進めようとして、その端緒でひとつの障害にぶつかってしまったのである。

だが、その後、宗兵衛は高齢の山本栄太郎を勇退させ、明治以来の急激な発展により次々に建て増してきた工場を近代的な工場に集約する計画を立て、先にも述べたように巡回展示会を開催して、国内向け高級飲食器の販売に活路を求めたのである。

七代宗兵衛、齢六十にて死す

昭和二年の金融恐慌に立ち向かう

宗兵衛が国内向け高級飲食器の販売に活路を求めていた最中、大正から昭和に改元されたばかりの昭和二年(一九二七)三月十五日、突如、金融恐慌が起こった。丹後大地震の直後の一部銀行の取付けや休業に端を発した金融恐慌は、四月に入って台湾銀行や近江銀行が休業するにおよんで銀行の取付けが全国的に激化、同月二十二日には三週間のモラトリアムが公布されるまでになった。

父は自伝的小説のなかで当時の状況を次のように描いている。(27)

「銀行の正面前に集まった群衆が門を叩いて喚声を上げていた。群衆は口々に『盗人め、銀行に金がない訳じゃなかろう』『首吊りさすのか』と血眼《ちまなこ》になって喚《わめ》いていた。そのうちに群衆の数は段々と増えて、石を投げる者もいた。警官があご紐を下げ、夕暮の中で警察提灯を打ち振りながら群衆の整理に汗だくになっていた。夜遅くなっても、群衆はびくとも動かず、騎馬巡査がやっと群衆を切り崩した。これは、いわば経済恐慌であって、その経緯は、新聞などによれば、鈴木商店や台湾銀行、十五銀行等が休業し、貸付金の回収もできなくなり、預金者が金を出しにくる。しかし、支払う現金はなく、休業となり、政府は銀行を救うために、モラトリアムが制定された。銀行も産業界も不況で、多くの銀行、産業も買収、合併、併合されていた。小作争議、工場労働者のストライキは全国で頻繁に発生していた」

こうした状況のなかで京都の陶磁器業者は、操業短縮、休業、安値競争などが相次ぎ、茶碗一個一銭という乱売まで出現して、まったく苦難のどん底であったという。さらに、この大不況は、各地区にも深刻な波紋をおよぼし、量産の日吉地区では磁器で蓋付《ふたつき》飯茶碗二十五銭、徳利十六銭、盃七銭と非常な安値で、妻、子、工員とも午後十時、十一時といった深夜労働が続き、また十年以上の経験をもつロクロ工や画付工でさえも日給一～二円という低所得であったという。(28) 陶磁器の生産、輸出とも激減していたが、なかでも高級品の減退が著しかったという。

こうした厳しい経済情勢のなかでも、宗兵衛は、大正十四年に開催された「パリ現代装飾美術工芸万国博覧会」、さらには大正十五年の「フィラデルフィア博覧会」、昭和二年の「ウィーン国際見本市」などに出品している。とりわけ、「パリ現代装飾美術工芸万国博覧会」は、新しい様式であるアール・デコで有名であり、宗兵衛も額皿を出品したが、その後アール・デコ様式の製品を多くつくるなど、輸出に執念をみせている。

こうして宗兵衛は未曾有の大不況のなかで国内向け飲食器の販路拡大に取り組み、輸出にも執念を燃やしたのであるが、山本栄太郎の息子が体調を崩してパリから帰国したことなどもあり、それまで重富英技師の手伝いなどをしていた息子の雄二を東京の日仏瑞伯輸出協会の書記見習いとして派遣することにした。雄二があわただしく上京の準備をしていたそんなある日、宗兵衛は下顎《したあご》に少し腫《は》れ物ができ、物を飲み込むことに障りもあって、寝たり起きたりの状態になったのである。

宗兵衛、病に死す

父は自伝的小説のなかで、上京の挨拶に母屋の宗兵衛の病床を訪れた時の様子を、「富美は女学校を卒業して家事手伝いをしていた。宗兵衛が病床に就くと、少女らしい行き届いた看護をしているという話だった。これまで父と家庭的な接触をする機会が少なかったこともあって、冨美は父と接触するのが嬉しくて付き切りの状態のようだった。間もなく八重も誠一郎も顔を出した。（中略）八重の方を見ると、いつもの感じと違って、何とはなしに清楚《せいそ》な容姿が薄れ、急に老け、疲れた様子だったのが気がかりだった。宗兵衛への挨拶を終えて玄関まで来た時に、冨美が心配そうな顔で言った。『お父さんね、一度、大学病院でも行かはった方がええのんと違うか。それにお母さんもなんや知らんが、お稲荷さんに凝ってね。うちの庭の祠に朝も夕も参拝してはるね。おやめなさいと言うてもきかはらへんしね。段々と痩《や》せてきやはるみたいよ』。雄二はふと不安なものを感じた。誠一郎兄さんとよく相談するように言い含めた」と書いている。

七代錦光山宗兵衛の家族　妻八重（中）、母宇野（左）、長女美代（右）
錦光山和雄家蔵（立命館アート・リサーチセンター提供）

なお、ここに出てくる八重というのは宗兵衛の妻である。宗兵衛と妻の八重との間には、長女の美代、長男の誠一郎、次女の富美の三人の子供がおり、その他に井上千恵の間に貞之助、雄二がいたのである。長女の美代は京都大学工学部教授の関本賢二と結婚したが、大正十年に離縁し、喜美子、賢良、賢一の三人の子供を連れて実家に戻っていた。長男の誠一郎は大正十五年に小樽の豪商石島泰一の長女芳と結婚したばかりであった。二人の間に子供はなく、誠一郎が四十八歳で亡くなると芳は再婚している。芳は気丈な女性だったようで錦光山商店が窮状に陥り芳の実家の石島家から借りた金を返せなくなった時に「疎水に蓋《ふた》はない」と言ったと伝えられている。雄二は、宗兵衛の姉千賀と竹三郎の間に子供がなかったこともあって、十五歳の時に養子縁組して分家筆頭の東錦光山に入ったのである。

さらに続きを見てみよう。「雄二は、東京に出てから毎日、西銀座にある協会本部で、フランスの新聞を読む訓練をし、タイプの実習、書類の整理などの貿易実務の勉強を始めた。（中略）仕事に大分慣れた頃、父の宗兵衛から便りが届いた。その手紙には、近く下顎の腫れ物を手術する予定だと書かれていた。また、フランス駐在もなんとか早く実現させてやりたいが、病気のせいもあって少し延ばしてある。もし病気が長引くようなら、この際、早稲田大学あたりへ一応入学しておいて、待機するのもよろしかろう、という父の方針が書かれていた。雄二にとっても悪くない話に思えた。早速、宗兵衛にその旨の手紙を書き送った。一方で雄二は日仏瑞伯輸出協会にその由を伝え了解してもらった。（中略）早速受験勉強に取りかかり、翌年三月に高等部英語科を受験し合格することができた。早稲田大学の学生になってしばらく経った六月二十日の夜に、一通の電報が届いた。〈父危篤すぐ帰れ　貞之助〉と書かれていた。夜行列車ですぐ京都に向かうことにした。眠れぬ夜を車中で過して、翌朝、京都駅に着いた。改札口に番頭の伊藤が悄然《しょうぜん》と立っていた。『とうとういけませんでした。実は昨日の夕方にお亡くなりになりました。舌癌《ぜつがん》でした。一度手術なさいまして、少し快くなられたご様子でしたが……』。伊藤とタクシーで、真っ直ぐ本家に直行した。本家の猿戸口を入ると、線香の香がつんと鼻をうった。父の部屋に行くと、すでに白布が父の顔を覆っていた。親類一統は全員顔を揃えていた。貞之助も民《たみ》の姿もあった。雄二の姿を見ると、誠一郎が手招きした。雄二は遺骸の傍に寄り白布をとった。穏やかで綺麗な顔をしていた。雄二は瞑目《めいもく》して合掌した。雄二が末席に退くと、民が彼の手を取りに来て、『神様みたいなお方やったのになア』と言った。その声で冨美が激しくすすり泣き、顔をハンカチで覆った。その傍らには、大学教授のもとへ嫁いだが、すでに離縁していた長姉の美代の顔も見えた。祖母の宇野、父の宗兵衛という二人の大黒柱が、ひとつひとつ地鳴りのように墜ちていった」

　昭和二年（一九二七）六月二十日、宗兵衛は六十歳で永眠した。なお七代錦光山宗兵衛の没年を昭和三年（一九二八）としている文献を見かけるが、それは誤りである。七代宗兵衛の位牌、過去帳とも昭和二年（一九二七）六月二十日行年六十歳となっていることを記しておきたい。また民というのは、柳川民といい宗兵衛のお妾《めかけ》さんで料亭の女将《おかみ》をしていたが、数年前に廃業して南禅寺門の近くに庭つきの家を建てて、毎日のように宗兵衛の家に顔を出して、てきぱきと指示を出していたという。宗兵衛の長女美代の次男で、私の従兄弟にあたる故錦光山賢一氏に言わせると、民はまるで第二夫人のようであり、当時はそんなに不自然なことではなかったという。ちなみに、宗兵衛は民と一緒に緑綬褒章《ほうしょ》をもらった時の記念写真を撮っている。

左　柳川民、右　七代宗兵衛長女・美代
錦光山和雄家蔵

なお、京都貿易協会については、昭和二年六月九日、四条万養軒において午後より幹事会が開催されたが宗兵衛が病気欠席し、宗兵衛の逝去にともない、早くも後任会長問題が台頭したこと[29]、また京都陶磁器商工同業組合でも宗兵衛の後任として、七月、松風嘉定が組合長に選ばれたことを伝えている[30]。

葬儀の様子とゆかりの人々

七代錦光山宗兵衛の葬儀（京都　超勝寺）
錦光山和雄家蔵（立命館大学アート・リサーチセンター提供）

　こうして宗兵衛は逝去したのであるが、父の小説で宗兵衛の葬儀の様子を見てみよう（写真参照）。「寺町の超勝寺の山門脇には貞之助と二郎とが紋付羽織袴姿で参列者を迎えた。境内に入って敷石を踏んで行くと、本堂前に受付所が設置されていた。小川筆頭番頭を始め、番頭達も紋付姿で参列者の署名や香典を受付けていた。知事、市長、商工会議所会頭、京都貿易協会会長、学者、画家、陶磁器同業組合員の人々、貿易商、知己、友人に混じって祇園、先斗町《ぽんとちょう》、木屋町の茶楼、料亭の女将、芸妓連も詰めかけて来た。本堂へ上ると、喪主誠一郎、控えに雄二が立って一人一人に目礼した。二人の背後には、未亡人八重、美代、冨美、山本栄太郎、親類縁者三十数名が、いずれも紋付袴の正装で静まり返って控えていた。その末席に蓮、朝子、民の姿も混じっていた。中央には超勝寺の住職を始め、十数人の僧侶が、法衣をまとい、読経の声と香煙が堂に満ちていた。花輪が本堂入口から内部にかけて数十個配置されていた。親類縁者席の向う側が参列者の席であった。筆頭番頭の小川が書き物を持って本堂の横に入って来た。小川は席に着くと、司会者らしく、『弔辞』と一言、いった。宗兵衛の友人で、日本硬質陶器株式会社の社長である杉山喜介が立って祭壇の前に進んだ。フロックコート姿で短身だが、肩幅の広い杉山は、深々と一礼してから巻物を拡げて読み始めた。

弔辞

錦光山宗兵衛君の霊に捧ぐ。君は十七歳にして錦光山家第七代の家督を継ぐや、母堂宇野刀自《とじ》の訓育を受け、先ず我国に於いては嚆矢《こうし》とも言うべき陶器の海外輸出に尽力され、今日我国の陶磁器の諸外国に於いて好評嘖嘖《さくさく》たるは一に君の努力の賜物と称して可なり。また先に万国博覧会がパリ、ベルギー、英国等に於いて開催されるや、金、銀牌等を受けるなどのほか会の理事者としてその運営に努力したるはその功莫大なりと言うべし。また君は、元京都市会議員、京都商工会議所理事、京都貿易協会創立者及び初代会長、日仏瑞伯輸出協会会長、京都陶磁器商工同業組合長等要職を歴任し、寝食を忘れ、尽力されたるは実に他に比を見ざるところなり。また技術の発達、改良、発明に、特に錦窯《きんよう》絵付、半磁器の創成、皇室御大典記念品謹製など新機軸を出し、斯界発展に尽力される等その功績は枚挙にいとまあらず、またその性、温厚、誠実を旨として吾人の師表たり。実にその功をもって先に緑綬褒章《ほうしょう》の栄に輝くも亦旨なる哉。いまや益々其の識見を必要とする秋、君は忽然《こつぜん》として逝《ゆ》く、ああ天命なる哉。しかしながら我々力を合わせ、君の遺志を継ぎ、もって君の霊に報いんとす。君、危篤の報、天聴に達するや、従六位に叙せらる。君、瞑《めい》せられよ。昭和二年九月十五日《ママ》　友人総代　杉山喜介」

ちなみに、ここに登場している蓮《れん》というのは祇園白川でお茶屋を経営していた井上蓮であり、私の祖母である千恵の母である。また朝子というのは井上蓮の父親違いの妹で、祇園の名妓と謳《うた》われた女性である。千恵は雄二がまだ幼かった明治四十三年一月十四日に三十二歳の若さで亡くなった。千恵の母でお茶屋を経営していた井上蓮は、父の小説によると愛すべきキャラクターで晩年には落魄したものの昭和七年に七十五歳で亡くなった。朝子は姉の蓮を追うように翌昭和八年六十八歳で没している。彼女たちは京都蛸薬師にある光徳寺に葬られたが、井上家の墓が無縁仏となったのを機に平成二十四年（二〇一二）六月十八日、奇しくも雄二の月命日に錦光山家の菩提寺である超勝寺の墓に合祀し、いまでは母千恵、祖母の蓮、叔母の朝子とともに雄二は永遠の眠りについている。宗兵衛をめぐる家族や女たちの話はここではこれだけに止め、別の機会があれば書いてみたいと思う。

松風嘉定、宗兵衛の跡を追う

なお将来を嘱望されていた盟友の松風嘉定も宗兵衛を追うように、翌昭和三年（一九二八）一月九日、五十九歳で逝去している。昭和五年（一九三〇）に植田豊橘の退任に伴い国立陶磁器試験所の二代所長となった平野耕輔《ひらのこうすけ》が、当時を回想して「故北村博士死去告別式の際、余参列せしを機会に、同夜故人（松風嘉定）および故錦光山宗兵衛両氏に大可に招かれ会食せし際『北村は酒を呑まないから死んだ』と三人にて話し合いたることあり。またその時故人（松風嘉定）は藤江、北村両氏去りて君を理解するものは錦光山と余二人なりと言われしことあり。今に忘るゝことの出来ない情話にて、故人（松風嘉定）の友誼《ゆうぎ》に厚きことを切に思うなり。その後錦光山氏の死あり、また松風氏の不幸に接す、余の心中感慨無量なるものあり。余は昭和二年十月満州より上京十二月大阪に所要あり、帰途同月二十日京都に故錦光山氏の墓参をなさんと立ち寄り、松風工業の橋本佑造氏の案内を頼みたる際、始めて同氏より松風氏の二三ケ月前より病褥《びょうじょく》にあることを知り、その日見舞いしたるも遂に面会することを得ず帰京したり。その後経過いかがと案じおりし際はからずも同氏の訃に接し驚愕痛嘆したり。同氏の訃は同家および同氏関係事業のためご不幸ご同情にたえぬは申すまでもなきも、前途ある実業家として、本邦窯業界のため、否邦家のため一大損失と云わざるべからず。実に惜しみても余りあり」(31)と述べている。平野耕輔は、明治三十三年に宗兵衛と藤江永孝とともに、ヨーロッパの窯業地を回りカルルスバートのホテルで夜通し南京虫責めに苦しんだ、宗兵衛にとっても忘れえぬ人であった。

外国人から見た京薩摩

英国人写真家ポンティングが見た当時の錦光山

宗兵衛をめぐる話も最後に近づいてきたが、外国人は京薩摩をどのように評価しているのだろうか。まず言えることは、京薩摩ほど毀誉褒貶《きよほうへん》の激しかった焼物はなかったということである。宗兵衛をはじめとして京都の製陶家たちが、あまり質が高いとはいえない量産品を大量に輸出していたことからすると、それはあながち不当におとしめられた評価ともいえないであろう。

実際、イギリスの写真家であるハーバート・ポンティングは、彼の著書『英国特派員の明治紀行』

のなかで次のように記している。(32)

「三年後のある日、オックスフォード街にある日本の品物を売る店で、錦光山の最近の作品をいくつか見たとき、ひどいショックを受けたのである。それは日本人の手になる品物としては、趣味が悪く欠点だらけの絵で、最低の品物だった。青い背景の美しさはそのままだったが、金の装飾をやたらにけばけばしく塗り立ててあった。そこに描かれているのは、美しい日本の風景の代わりにヨーロッパ風の風景で、白鳥だか鵞鳥《がちょう》だか分からない鳥が泳ぎ、何の種類だか見当のつかない木が生えていた。日本が顧客を教育して自分自身の水準まで高めさせる代わりに、自分の芸術をこんなにまで無理に堕落させなければならないのかと思うと、非常に悲しく感じた」と、イギリスで錦光山の商品を見た時のショックを書いている。

同書によると「ハーバート・G・ポンティングの名は、欧米では一九一〇年スコット大佐の第二次南極探検隊に加わり記録写真を撮った写真家として知られている。しかし一九〇一〜二年(明治三十四〜五)頃から何度か来日し、日本中を旅して日本の芸術や風俗、自然に親しみ、正確に日本を理解していた数少ない知日家であったことを知る人は少ない。また数多くの優れた写真を撮影し、何冊かの写真集を出版しているが、不思議と日本の写真史上にその名を残すことはなかったようである。本書は、ポンティングが一九一〇(明治四十三)に、ロンドンで出版した『この世の楽園・日本』(In Lotus-Land Japan)の抄訳である。これは、英国人写真家ポンティングが、アメリカの雑誌の特派員として来日し、日露戦争を挟んで一九〇六年(明治三十九)までの来日の度に見聞し、体験しそして感動したことを、自ら撮影した写真と共に記したものである」と記されている。

彼は明治三十九年(一九〇六)頃、京都を訪問し粟田の錦光山宗兵衛の工場を見学している。ポンティングはその時の様子を「この粟田焼は、様々な変った模様で彩色されていて、輸出品の生産高では全国一を誇る。大きな製造所が数多くあり、そこのどの部屋も床一杯に花瓶や壺が所

錦光山商店の絵付風景Ⅰ 1904年
ルイス・ローレンス(Louis Lawrence「SATSUMA The Romance of Japan」2011年)より転載 Copyrights 1904 by Underwood & Underwood
錦光山和雄家蔵

錦光山商店の絵付風景Ⅱ　1904年 ルイス・ローレンス(Louis Lawrence)氏提供
Copyright 1904 by Underwood & Underwood　錦光山和雄家蔵

錦光山商店のロクロ師
H.G.ポンティング『In Lotus-Land Japan』1911年より転載

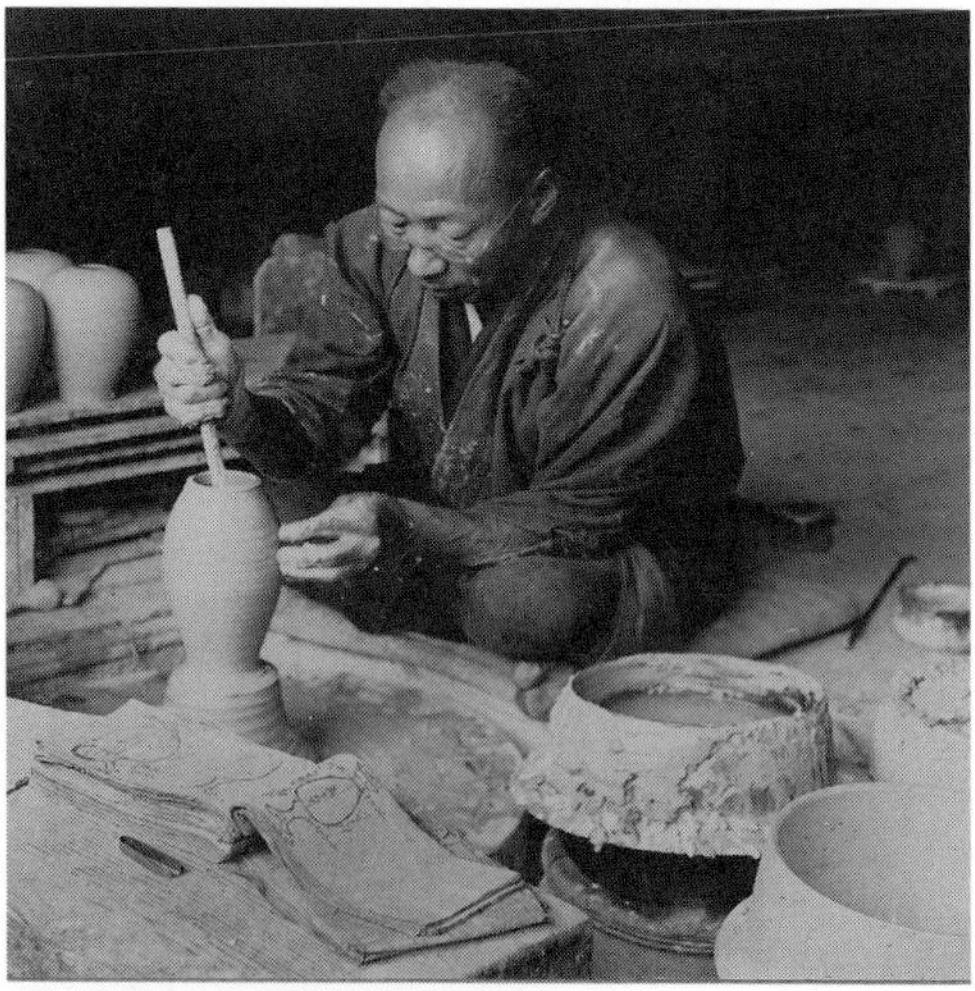

錦光山商店のロクロ師（着物姿）1902年
ルイス・ローレンス（Louis Lawrence「SATSUMA The Romance of Japan」2011年）より転載 Copyright 1902 by C.H.Graves
錦光山和雄家蔵

狭しと並べてある。そこでは、ずらりと並んだ男や女に少年や少女も交じって、下地を手早く塗り上げ、模様を書いて、毎日たくさんの数を仕上げている。安田や錦光山の作業所では、陶器作りの工程を、土を混ぜるところから出来上った製品の包装まで、全部通して見ることができる。これらの作業所の経営者は、親切にも訪問客を助手に案内させて、どんな質問にも答えられるようにしている。訪問者は作業場の中を歩いて、粉砕機、粘土を混ぜる桶《おけ》、轆轤《ろくろ》、窯、絵付の部屋などを次々に見ることができる」と書いている（327頁写真参照）。

そしてポンティングは、ひとりの老ロクロ師に惹きつけられ次のように書いている。「錦光山の作業所で働く一人の年取った陶工に、私は何にも増して強い興味を抱いていた。彼は春夏秋冬いつ訪れても轆轤の前に坐っていた。彼の着ている着物は、時候が暑くなるにつれてだんだん薄くなり、遂に八月になると褌《ふんどし》一本の姿となる。リューマチに病む体の方々に膏薬《こうやく》が貼ってあった。私は彼の仕事を何時間も飽きずに見守っていた。彼はひと塊の土を削りとって、轆轤の上に叩きつけ、器用な手つきでそれを軸の上で素早く回転させる。そうすると、生命のない土の塊が魔術師が魔法をかけたように、彼の手の動きに応じてむくむく持ち上るのだった。指とへらを使って、それを膨らませたり凹ませたりして、もう一度口のところで膨らませるのを見ているると、まるで何か呪文を唱えて作り出すのかと思われるほどだった。そして最後に私が熱心に見ている目の前で花瓶が出来上る。そうすると一本の針金をとり出して、それを轆轤から切り離して傍の床の上に置く。その優美な花瓶は、前に作った花瓶に比べて、釣合いや寸法に全く狂いがない」。彼はこの文章とともに、あばら骨の出た上半身裸の老ロクロ師の写真を掲載している（328頁写真参照）。

粗悪な量産品の対極にある水準の高い高級美術品の存在

続けてポンティングは、「ヨーロッパやアメリカの市場が要求するような絵柄は、日本人が見るに堪えないような醜いものだが、この美しい陶器にそういう醜い絵を描いている職人のほかに、安田や錦光山のところには、限られた数々の品物に優美な絵を描く絵付職人がいる。錦光山のところでは、こういう絵付職人は庭の中の小屋を仕事場にして、何週間も、時には何か月もかかって、小さな花瓶に精密な絵を描き上げる。美しい風景や伝説や歴史に出てくる場面が、濃い青を背景にして、楕円形と唐草模様の中に浮き出すように描かれている。金色は豪華さを添えるときだけに使われる。京都の陶器の絵付職人の中でも最高の人々の描いた作品を、強力な拡大鏡で調べてみると、すべて細部に至るまで非の打ちどころがなく、あらゆる木の枝の一本一本や、鶏の羽根の一枚一枚に至るまで、忠実に描かれているのがよく分かる。錦光山の展示場で、絵で飾られた青い陶器の並外れた豪華さと美しさに目を見張らない者はいないだろう。それによって彼は京都の陶芸家の中でも最高の地位をかち得たのである。彼は、粗野な外国趣味の要求を満たす一方で、日本の細密画の水準を維持することを目標にしていた」と記している（331頁写真参照）。

つまり、ポンティングは、錦光山が海外からの洗練されていない需要に応じ、量産品を製造する一方で、何週間、何ケ月もかけて最高水準の高級品もつくっていたと指摘している。それは、いみじくも明治三十二年に宗兵衛が、黒田天外の『名家歴訪録　上篇』のなかで「私方は装飾品もとより製造致しまするが、それよりは成るべく多数の日用品を輸出して、粟田にもこれだけの産額があるという事を世間に知らしたい。そうして工場の経済を維持もし、拡張もする一方には、また顕彰的に、また道楽的に、十分雅致のある美術品の製作もなし、自分自ら手を下して、多少後世に残す程の作も致したいと思ひます」と述べていることと一致する。宗兵衛はその言にたがわず、商業的な成功を目指す一方で、十分雅致のある美術品を意図的に制作していたのである。

錦光山商店の絵付の仕上げをする絵師 1902年
ルイス・ローレンス（Louis Lawrence「SATSUMA The Romance of Japan」2011年）より転載 Copyright 1902 by C.H.Graves
錦光山和雄家蔵

ローレンスの『SATSUMA』にみる今日の相反する評価

しかし、宗兵衛が雅致ある美術品を制作していたにもかかわらず、それらはあまりにも多くの量産品のなかに埋没してしまい、永らく京薩摩は芸術性のないものとして顧みられなくなっていた。イギリスの古美術商「テンパス・アンティック・リミテッド」の創立者であるルイス・ローレンス氏が、一九九一年にイギリスのドォーファン・パブリッシング・リミティド(Dauphin Publishing Limited.)から出版した著書『SATSUMA』(33)の序文のなかで、マルカム・フェアリー氏は「長年にわたり、薩摩の名は実に様々な陶器の名称として使われてきたため、人々の間に間違った観念が広まり、結果的には芸術性の高い日本陶器のカテゴリーからは全く外されてしまうことになってしまいました。薩摩は、西洋ばかりでなく、日本でも顧みられない存在となっていたのです。この薩摩軽視の傾向は逆に日本においての方が強いとも言えるかもしれません。博物館でも文献中でも薩摩が取り上げられることは極めて稀です」と述べている。一方で、マルカム・フェアリー氏は「薩摩は単に一産業の生産物ではなく、極めて洗練された芸術作品です。技巧も際立って重要な要因で、この点で薩摩に匹敵するものは他にありません。(中略)薩摩の急激な質の下落、過剰生産、これに続く市場の崩壊は、今日の私達にも警告となりましょう。しかしながら、薩摩絶頂期の逸品は私達の感性に深く触れる、美そのものであります」とも述べている。

マルカム・フェアリー氏は、薩摩は芸術性の高い日本陶器のカテゴリーからはまったく外されてしまうことになってしまったが、その一方で極めて洗練された芸術作品だと認めている。なぜこのような相反する評価が生じてしまったのだろうか。

この点について著者のルイス・ローレンス氏は「粗雑な薩摩が生産されていた同じ時代に、京都近辺には非常に質の高い薩摩様式の陶器を焼く窯が幾つかありました。これらの窯で作られた作品は形や色の調和、意匠性などから、同時代の質の悪い陶器とは格を別にし、いわゆる逸品と呼ばれる陶器に肩を並べる水準のものです。（中略）その後、市場に派手な装飾を施した薩摩が溢れだすと間もなく、薩摩の定評は地に落ちてしまったのです。しかし、過去二十年ばかりの間に、コレクターの間で薩摩が再び見直されてきています、薩摩に対する興味が次第に広まってき、炯眼《けいがん》のあるコレクター達が際立った作品を、無数に出回っている量産品の中から選別してきています。（中略）本書ではそうした作品をご紹介したいと思います。これによって薩摩の逸品が、世界最高の陶芸の分野に肩を並べるユニークな芸術分野として認められますことを期待して止みません」と述べている。

つまり、ルイス・ローレンス氏は、薩摩として輸出された量産品は、派手な装飾でけばけばしく、また粗雑なものが多く芸術性に欠け、高く評価されなくなってしまったが、無数に出回る量産品とは別に、世界最高の陶芸の分野に肩を並べるユニークな芸術分野として認められる逸品が存在しているというのである。

絵師素山らの傑作と錦光山再評価の眼

さらに、ルイス・ローレンス氏は、錦光山工場での量産品の生産に触れて「工場での生産工程は、生産性を高めるために工房のそれよりもさらに分業化され、陶器が窯から出てから仕上げまで数人の手を渡り、絵付けでも人物を描くもの、輪郭を入れるもの、中を塗るもの、一色のみを挿すものといった具合で大量生産されました。このため品質は粗雑で、通常、日本の工芸品から期待される質とは程遠く、海外からの需要を満足させる商品となりました。こうした陶器は、陶芸士や職人によって造られたのではなく、工員によって造られたもので、現代の評論家達からは全く価値のないものと見做されるのも不思議ではありません」と述べている。

だが、ここでルイス・ローレンス氏は、先に紹介したハーバート・ポンティングの『この世の楽園・

日本』(In Lotus-Land Japan)を引き合いに出して「しかし、こうした評論家は、同時に、錦光山工房の敷地内に、絵付けの芸術として極めてユニークなミニチュアの傑作を生み出していた職人の一団が存在していた事実を見落としているのです」と述べ、さらに「商業的な成功を収める一方で、錦光山宋《ママ》兵衛父子は、十七世紀半ばから家に伝わる上質な陶器の伝統を守ることにも熱心でした。工場の後ろの静かな庭には、小さな工房が建てられ、ここでは、華麗なミニチュア花瓶が、最も優秀な職人達の手で数週間もかけて仕上げられるのが許されたのでした。薩摩の鑑定家は、この種の精緻な作品を見落としているのです。詳細にまで丹精をこらして作られたこれらの陶器は、取り扱われた画題の豊富さ、使われている色彩の豊かさからして、ミニチュア画のジャンルの中で一つの頂点を形成するものです」と付け加えている。

錦光山商店の絵師
H.G.ポンティング『In Lotus-Land Japan』1911年より転載

さらに「錦光山のミニチュア装飾の第一人者として

の名声を実際に勝ち取った職人達については、今日では、焼き物に残された銘以外には何も知られていません。銘は通常、長円形の中に赤で記されるか、時には底に個々に記されているかです。出来ばえの見事な陶器に最も度々見られる銘は素山《そざん》の銘です。この無名の職人は、世界で最も優れた絵付け師に違いありません。ほかにも何人かの銘が記されていますが、中には全然銘のない物もあります。錦光山工房からの作品は他に秀でて優れているばかりでなく、使用された技巧の種類でも群を抜いています。透かし、浮き彫り細工、繰り型などの技巧が、絵付け師の技巧を一層引き立てるために使われました」と錦光山の絵師についても触れている。

ルイス・ローレンス氏の『SATSUMA』には、錦光山の作品が多数掲載されているが、そのなかでもハース・コレクション(The Haas Collection)のものに素晴らしいものが多い。私は残念ながらハース・コレクションがどこの国にあるのか知らないが、錦光山の作品を収集している世界有数のコレクションなのだろう。それらの作品の銘を見ると、司翠《しすい》、去明《きよめい》、蟬石《せみいし》などの銘があったことがわかるが、やはり素山の絵付は群を抜いているように思われる。ルイス・ローレンス氏は「着物を収める衣装箱を雛形《ひながた》とした美しい小箱は、一九一〇年のアングロ・ジャパニーズ博覧会のために錦光山によって焼かれ、博覧会で購入された後、ビクトリア・アンド・アルバート王室博物館の日本美術コレクションに寄贈されたものです。以来、当作品は常展されていましたが、箱の内側が公開されたのはこの写真が始めてです。錦光山、随一の絵付け師、素山の手

日英博覧会　ロンドン 1910年
ルイス・ローレンス（Louis Lawrence「SATSUMA The Romance of Japan」2011年）より転載　錦光山和雄家蔵

により見事に装飾され、彼の傑作の一つに数えられます。各々の図は京都近郊の自然と中に集う動物を描写して、技巧の面からも芸術的にも極めて高い水準で、7つの絵は各々独自に逸品といえる出来ばえです。これらの図が衣装箱の形として一つとなり、京都陶芸絶頂期を代表する傑作を作り上げています（口絵3、4参照）」と述べている。アングロ・ジャパニーズ博覧会とは一九一〇年の日英博覧会のことであり、かなり華麗な祭典であったようである（写真参照）。なお素山については当時錦光山にいた絵師ということがわかるものの、それ以上のことは不明であるが、世界一の細密描写の絵付をした無名の天才絵師と言えるのではなかろうか。

最後にルイス・ローレンス氏は「明治時代の日本の焼き物中、最も粗悪な製品を製造したのが錦光山工房であるのは否めない事実である一方で、各地で開催された万国博覧会で多くの賞を獲得した、独創的で質の高い薩摩焼きを作りだしたのも錦光山工房です。これらの賞の中には、一九〇〇年のパリ万博での金賞を始め、一九〇二年ハノイ、一九〇四年セント・ルイス、一九〇五年リージ《ママ》、一九〇六年ミラノ、一九〇八年ロシア、一九〇九年アラスカ、一九一〇年アラスカ〔英語の原文はロンドン〕、一九一二年チューリンの各万博での大賞が含まれています。この輝かしい記録から、錦光山とその工房が長期にわたり高度な技巧を継続したことが明らかです」と述べている。

いまなお光芒を放つ錦光山

あらゆる点で焼物に多様性をもたらした宗兵衛の改革

最後に錦光山宗兵衛をどう評価すべきなのかを考えてみたい。私は錦光山宗兵衛の最大の特色は「改革」にあったのではないかと思う。

『関西之実業』所収の「京都の錦光山」によると、[34]「元来粟田焼は創業以来数百年はその販路単に内地に限っておったものであるが前述の通り六代目宗兵衛氏即ち宗兵衛氏の父君の時に海外輸出に意を致し卒先して外人との取引を開始したのである、これが京都粟田焼の第一次革命とでも云うべきか、この時から世より非常なる注意を惹《ひ》くに至ったのである。（中略）然るに宗兵衛（現代）は、実にこの輸出粟田焼の死活問題なりとして自ら一身を挺し百方苦心研究の結果、外国の液体金の応用法を発明し、（中略）思うに当時この液体金の応用法が錦光山によって発明されなかったならば恐らくは我国主要輸出陶器中に粟田焼の名を見るべからずであったろう。実にこの応用は粟田焼のみならず本邦陶磁器業に一新紀元を画した者で、前の第一次革命に対しこれは取りも直さず第二次であると云うべきではなかろうか、氏が前後二回の外航に於て苦心して蒐集した、絵付、配色、形状等の参考品や、外国製品の特長を参照して改良に改良を加えよく外客の嗜好を迎えて一日として斯業の発展を忘れ怠った事のない苦心経営に至ってはこれに贅《ぜい》する迄もない。かくの如く、絵付、配色、形状等に関しては前述の通り改良に改良を加えた結果大に欧米人の讃賞を得た」と、宗兵衛が苦心して改良に改良を重ねてきたことに触れている。実際、宗兵衛はこれまで見てきたように、釉薬《ゆうやく》・素地《きじ》における技術革新、意匠改革や窯の改良と改革に邁進《まいしん》してきた。その結果として宗兵衛はかつてないほど焼物の世界に多様性をもたらしたのではないだろうか。

吉田光邦氏によると、二十世紀を迎えようとする日本は依然として古典的な様式のなかで工芸品を製作しつづけてきたが、明治三十六年（一九〇三）開催の第五回内国勧業博では、アール・ヌーヴォー様式が主流を占めた一九〇〇年のパリ万博の反省と影響が現われているとして「審査報告によると京都の陶磁器は『全国ノ模範トスルニ足ル』とされ、錦光山宗兵衛の出品は、『其ノ素質ニ磁器アリ、陶器アリ、或《あるい》ハ其ノ図様ニ本邦ノ特色ヲ現ハスモノアリ、或ハヌーボー式ヲ応用セルモノアリ、装飾品アリ、実用品アリ、内地向アリ、輸出向アリ……』と評され、さらに『其彫刻物ハ能ク写生ノ理ニ合ヒ……結晶釉薬ヲ完成セシカ如キハ、確ニ多方面ニ渉《わた》レル研究ノ成効《ママ》ト商業範囲ノ広キヲ証スルモノ』であり『出品中ノ白眉』と賞賛されている」と述べている。[35] なおここで彫刻物に触れられているが、陶彫としては宗兵衛が沼田一雅《ぬまたいちが》とコラボレーションした「老農婦像」がオックスフォード大学のアシュモレアン博物館に所蔵されている（口絵7、8参照）。

前川公秀氏は「沼田一雅が陶彫を学ぼうとした動機は、錦光山宗兵衛の依頼によると言われている。（中略）錦光山といえば、前述した遊陶園のメンバーのひとりである。遊陶園が新しい陶芸をめざした研究団体という性質上、当然陶彫の話題が提起され、その制作に取り組んだことは想像できることである」と述べている。[36] また渡部智氏も「京都粟田焼の錦光山宗兵衛が、一九〇〇年のパリ万国博を見て、日本に彫刻の焼きものが欠けているのを感じ、宗兵衛は彫刻の焼きものをやろうと決心、沼田一雅に指導を依頼した」と述べている。

なお、沼田一雅は日本ではじめて陶彫をつくった人物といわれており、彼は東京美術学校で彫刻を学び、明治二十九年に同校の助教授になり、明治三十六年にフランスに留学、国立セーブル陶磁器製造所に入り、明治三十九年に帰国したという。渡部智氏によると、沼田一雅はいろいろ研究して製作したがうまくいかず、その頃、陶磁器化学界の権威者で、商工省陶磁器試験所長になった平野耕輔がドイツから帰ってきたので相談したところ、「自分は化学の分野だけ研究してきたので、彫刻の焼き方には気がつかなかった。沼田君こそそういう研究に行ったらよかろう」と言われて、一念発起してフランスに留学する決心をしたという(37)。

また前掲の「京都の錦光山」によると、この第五回勧業博覧会において宗兵衛は陶磁器界唯一の名誉銀牌を受賞しており、その褒詞《ほうし》には「粟田焼陶器　錦光山宗兵衛　夙《つと》に貿易を図り産額増進して意匠益々豊富なり近来著しき進歩を呈す、特に形式釉薬の点に於て変化の多きを見る、陶器として殆ど製せざるものなく、名声汎く欧米に聞ゆ真に斯業の模範たり。(中略)錦光山の事業は単に京都の誇《プライド》にあらず我日本国の誇である」と記されている。「陶器としてほとんど製せざるものなく」と書かれているが、宗兵衛は、赤絵から青磁、釉下彩《ゆうかさい》、アール・ヌーヴォー様式(口絵9参照)、アール・デコまでありとあらゆる多種多様な製品を製作している。その多様で豊穣な世界こそ、改革に改革を重ねてきた宗兵衛の陶磁器製作の真骨頂があるのではないだろうか。

花鳥図からアール・ヌーヴォーまで、多彩で精緻な文様・デザイン

私の手元に『和田光正コレクション　錦光山文様撰集』がある。その序文に私の従兄弟にあたる錦光山賢一（賢行）が「私の記憶にある昭和初期前後の粟田口附近は、三条通（現在の三分の一の道幅）の両側に蹴上あたりまで数基の窯があり、連日窯焼の黒煙が粟田の空をおおっていた。都ホテルに宿した外人客は、人力車を連らねて来店し、日本情緒ゆたかな粟田焼の品々を購い求め、輸出品は大箱に梱包され、大きな荷車に山積し、牛馬の力を借りて出荷されていたのを思い出す。粟田の窯火が消えて五〇年近くになる。この度出版される図録は、主として七代宗兵衛の時代、錦光山の窯元で描かれた下絵図であるが、花鳥を中心にした日本的な文様から、当時ヨーロッパで流行したアール・ヌーヴォーの文様まで含まれており、粟田焼の海外輸出に精魂を傾け、進取の気性に富んだ祖父を懐かしみつつ、この資料が陶磁業界をはじめ、我が国の工芸にたずさわる方々にお役に立てば、誠に喜こばしい次第である」と記している。(38)

この図録には錦光山の下絵が約二百枚弱納められているが、松原史氏はそれに触れて「はっきりとした年代は不明ながら、恐らく明治末頃に描かれたと思われる錦光山工房の下絵が残

されている。花鳥図から武者図、風景図、幾何学模様まで幅広い図柄、日本画的なものから漆器《しっき》に似せた色彩のものやアール・ヌーヴォー、アール・デコなど西洋の流行を取り入れたものまでさまざまなテイストの下絵が描かれている。圧巻なのは金彩の色の美しさで、本金の如き輝きを放っている。立体的な絵付けが施されているものもあり、下絵というにはあまりにも精緻で、錦光山工房の抱えていた絵師の実力が偲ばれる」(39)と述べている。また、松原史氏は某家の倉庫のなかで錦光山の下絵を三千枚くらい見たとおっしゃっており、その研究成果は松原氏の今後の研究を待つしかないが、前掲の「京都の錦光山」には絵付師が四百七十二名いたと書かれており、いかに多彩な絵付けをしていたかが想像できる。

錦光山の文様については、このほかにも「京焼の文様デザイン集成（Ⅰ）」と「同（Ⅱ）」があり、その序文には「この図録に収録した陶器の下絵は色絵と精密な金彩画で評判の高かった粟田焼の六代錦光山宗兵衛の工房で大量生産されていた輸出向陶器の図案である。このたび京都で発見され、全十四冊の画帖に墨筆で約三〇〇〇点程記録されており、明治時代から殖産興業により万国博覧会を中心に海外へ輸出された産業用としての輸出向工芸品の図案の一部であり、粟田焼全盛時代の錦光山宗兵衛工房の貴重な参考資料である」(40)と記されている。さらに、『明治デザインの誕生』では明治初期の工芸図案集である「温知図録」のなかに宗兵衛の図案が二十九枚ほどあることが紹介されている。

世界各地にいまなお存在、「世界の錦光山」

また、「京都の錦光山」のなかで「その技の精巧を尽しいるのみならず、その産額においてその販路において大且つ広きもの、恐らくは錦光山の右に出ずる者は絶てなかろう、世人は錦光山をもって、京都の錦光山にあらず、日本の錦光山なり、日本の錦光山にあらず世界の錦光山なりと称しているが、慥《たし》かに過賞の言とは思われない、(中略)その販路は欧米各国は云うに及ばず支那、印度、南洋の諸地方へまでも輸出して世界の錦光山と呼ばるゝに至っている[41]」と書かれている。

宗兵衛が世界の各地に輸出したことから、今日、錦光山の作品は世界の至るところで所蔵されている。アメリカのボストン美術館やイギリスのヴィクトリア・アンド・アルバート博物館、オックスフォード大学のアシュモレアン博物館など世界各地の博物館やコレクターが錦光山の作品を所蔵している[42]。宗兵衛親子は、明治初期から大正、昭和初期まで五十年以上にわたって、量産品を含めて毎年何十万個と輸出していた。その数は累計すると数百万個、あるいは数千万個に達するであろう。それらは流通、あるいは秘蔵されており、日本に里帰りしているのは限られた一部であろう。その意味では錦光山の作品の全貌はいまだ明らかにされているとは言いがたいのではないだろうか。

錦光山商店、廃業

ところで、宗兵衛が亡くなってから、昭和恐慌の嵐が吹き荒れるなかで、昭和十年頃に錦光山商店は廃業した。昭和四年のギリシャのサロニカ国際見本市や昭和五年のライプチッヒ見本市、同年のプラーグ国際見本市、昭和六年のライプチッヒ、パリ両見本市の参加者のなかに錦光山商店の名前はあるが、昭和十二年のパリ万博には錦光山商店の名前はない。[43] 錦光山商店がなぜ廃業したのか、詳しいことはわからない。経済情勢が厳しかったことはまちがいない。しかし経済情勢だけではなかったようだ。

京都粟田の錦光山商店跡地にある「錦光山安全」の祠（三条通と神宮道の交差点から平安神宮に向かって右側一本目の路地）

父は自伝的小説のなかで(44)「合名会社は十万円の資本金で、代表は錦光山誠一郎、山本栄太郎、その息子三人、錦光山雄二、田中利彦の七名です。各自の財産を約十分の一に評価して、資本金を十万円としたというのです」と、親戚一同が財産を出し合って合名会社を作り、再建しようという話もあったと書いている。だが、宗兵衛の長男の誠一郎は病弱で後継者に相応《ふさわ》しい人物ではなく、また親族の確執もあり、うまくいかなかったようだ。結局、複合的な要因で廃業することになったようである。なお、銀行に五十万円ほど借金があったようだが、それは金融債や土地を処分して返済したようである。父の雄二も分家である東錦光山の財産を調べたところ、「結局、帳簿を調べてみて、二階建ての家屋及び土蔵並びに工場敷地のうち約二百坪の土地等が養母千賀の名義になっていることが分った。この土地等の書類は千賀が常時使っていた針箱の赤い布の針山の底から発見されたものであった。これら不動産や株券は約二万円に相当し、銀行預金残高等諸々を含めると、総額、十万円相当が雄二の財産と思われるのであった。これは毎月、百円消費しても、一生の間生活が出来る位のものであった」と書いており、結局、当時の金で五万円ほど相続して、残りは本家へ戻したようである。

ただ錦光山商店だけでなく粟田の陶家の多くが廃業や倒産などで姿を消していったことを考えると、一般的な経済情勢の厳しさに加えて、名古屋勢の台頭の影響もあったのではなかろうか。吉田光邦氏によると、大正三年の京都の陶磁器輸出額は主要貿易品の第二位であったが、昭和三年のライプチッヒ見本市では、名古屋産の陶磁器、特にコーヒー碗が取引の首位を占め、次いで四年のブラッセル見本市でも名古屋産はトップとなったという。また「その理由を日本商工会議所の報告では『名古屋の製陶業者が……特に欧州市場向きの器物の形状図案等に注意し、優秀なる品物を展示せんが為に、他の出品者の考の及ばざるほどの準備をなしたのが報いられた』と述べている。そして昭和六年のライプチッヒ、パリ見本市の報告では『京都薩摩陶器は近来安物本位となりたる観あり……将来同業者間における価格競争の犠牲とならざらんことを希望す』といわれた。この間の昭和二年、七代の錦光山宗兵衛は没した。彼は京都貿易協会の初代会長でもあった。八代が後をついだが、もはやかつての粟田焼の華やかさは消えつつあった。昭和八年のシカゴ万国博、昭和十二年のパリ万国博に、錦光山の名はみられなくなる。そして長い歴史をもつ粟田口の京焼は、少数の個人をのぞいてその火は消えたのである(45)」と述べている。

「粟田焼発祥之地」碑（京都粟田神社参道）

廃業の頃の様子を父が書いているので見てみよう。

「一晩明けて、雄二はようやく落ち着くことが出来た。本家へ最後の挨拶に行くことにした。本家の前を通っていきながら、到るところに残る思い出を嗅ぐようにして歩いた。思い出の一つひとつが痛いほど甦ってきた。雄二は、本家の母屋の脇を通り抜けていくと、突き当たりに白壁の土蔵が三棟立ち並んでいた。その近くに稲荷の祠《ほこら》があり、その一角に昔からの古建物が荒れ果てたまま静まり返っていた。その建物で、昔、二郎と三郎がデザイン会社を経営していたこともあったのだ。その建物の入口も今は閉め切られたままで、所々窓ガラスもなく、穴の空いたところに蜘蛛《くも》の巣が風にゆらいでいた。建物の周囲には、ところどころに雑草が生えて、まったく昔の面影はどこにもなかった。（中略）荷造り場を通り過ぎると、小さな作業場で、いまは下請業者から運ばれてくる茶碗が少々届くだけである。それは二、三名の少人数で居残っている番頭が働いているにすぎなかった。（中略）雄二は、そんな光景を思い出しながら、今は寂れた事務所に入った。事務所では、誰もいなくて誠一郎だけが独りで父が使っていたデスクに座っていた。『まあ、間もなく上京しますのでね』と雄二は紺絣の着流し姿で椅子に腰をかけて言った。『どうや、ここから見ると、うちの庭園もまったく廃園やな』と誠一郎が短く言った。しばらく沈黙が続いた。『名園と言われていた庭でしたがね』と雄二がつぶやくように言った」(46)。

こうして錦光山商店、および錦光山宗兵衛は、歴史の波間に忽然と消えていったのである。いま、粟田において往時を伝えるものは、青蓮院の近くにある粟田神社の境内に「粟田焼発祥之地」の石碑と錦光山工場の跡地の路地に、明治二十五年八月に建てられた「錦光山安全」と記された祠がひとつ残るだけで、もはやその面影はあとかたもない。だが、一群の陶工によって作られた粟田焼の逸品は、百年以上の時を超えて、粟田に生きた人々の証として、いまも世界中のいたるところに存在して、類まれな光芒を放っている。

註

(1)愛知県陶磁資料館『ジャパニーズ・デザインの挑戦』六四頁。
(2)前﨑信也『大正時代の工芸教育』二二頁。
(3)『住友春翠』四八七～四八八頁。
(4)『藤江永孝伝』第四編追懐　六九～七〇頁。
(5)『松風嘉定・聴松庵主人伝』、引用箇所は、第一編略伝　一一二頁、一一五頁、一一六頁、第四編追懐　一七～一八頁。
(6)『明治以降　京都貿易史』二七三頁。
(7)『京焼百年の歩み』、引用箇所は、一〇五頁、一〇七頁。
(8)同前　一〇八頁。
(9)佐藤節夫「大正の京焼(二)」(『陶説』四七六号)六三頁。
(10)井谷善惠『近代陶磁の至宝　オールド・ノリタケの歴史と背景』一一九頁。
(11)『明治以降　京都貿易史』三三二～三三五頁。
(12)同前　一六二頁。
(13)錦光山宗兵衛「輸出向陶磁器の将来」(『関西之実業』上編)、以下、引用箇所は、一三～一四頁、一八～一九頁、一九～二四頁、二四～二五頁。
(14)『明治以降　京都貿易史』二五二頁。
(15)『京焼百年の歩み』一〇七頁。
(16)『京都経済の百年　資料編』九八～一〇四頁。

(17)『明治以降　京都貿易史』三〇三頁、三二二〜三二三頁。
(18)佐藤節夫「大正の京焼(二)」(『陶説』四七六号)六三〜六四頁。
(19)『明治以降　京都貿易史』、引用箇所は、二九三頁、三三八頁、三四一頁。
(20)佐藤節夫「大正の京焼(二)」(『陶説』四七六号)六五〜六六頁。
(21)『京焼百年の歩み』二一九〜二二〇頁。
(22)同前　二二〇頁。
(23)錦光山雄二「自伝的小説・廃園(あれ果てた園)」原稿、引用箇所は、三九五〜三九六頁、四一〇〜四一二頁、三九七〜三九八頁、三九九〜四〇一頁。
(24)錦光山宗兵衛「実用御台所用食器会趣意書」パンフレット(三代宮永東山氏提供、錦光山和雄家蔵)。
(25)『京焼百年の歩み』二三三頁。
(26)『関西之実業』九三頁。
(27)錦光山雄二「自伝的小説・廃園(あれ果てた園)」原稿、引用箇所は、五一五〜五一六頁、四三三〜四三五頁、四四〇〜四五一頁、四七五〜四七八頁。
(28)『京焼百年の歩み』二二三頁、二二六頁。
(29)『明治以降　京都貿易史』三四五頁、三四六頁。
(30)『松風嘉定・聴松庵主人伝』年譜　一九頁。
(31)『松風嘉定・聴松庵主人伝』第四編追懐　七〇〜七一頁。
(32)『英国特派員の明治紀行』、引用箇所は、六二頁、序文、六〇頁、六〇〜六一頁、六一〜六二頁。
(33)ルイス・ローレンス『SATSUMA』、引用箇所は、四〜五頁、六〜九頁、一三八頁、一四〇頁、一四一頁、一九三頁、一四二頁。
(34)「京都の錦光山」(『関西之実業』所収)、引用箇所は、九六〜九八頁、九九〜一〇〇頁、九一〜九五頁。
(35)吉田光邦『京都　日本のやきもの　6』一二二頁。
(36)前川公秀『京都近代美術の継承』一八一〜一八二頁。
(37)渡部智「沼田一雅の生涯」(『陶彫の父　沼田一雅』展図録　福井県陶芸館、昭和五十二年)　三七〜三八頁。
(38)錦光山賢一(賢行)『和田光正コレクション　錦光山文様撰集』序文「粟田焼錦光山の思い出」。

(39) 松原史「錦光山宗兵衛―京薩摩の立役者」(『清水三年坂美術館コレクション　SATSUMA』)一三二頁。
(40) 錦光山宗兵衛編『京焼の文様デザイン集成(一)』序文。
(41) 『関西之実業』九一頁、九四～九五頁。
(42) 私が見た範囲で錦光山の作品が紹介されている海外の美術書としては、アメリカのシェイファー・パブリッシュング・リミティド社のナンシー・N・シェイファーの「ジャパニーズ・エクスポート・セラミックス　一八六〇―一九二〇」で十六点、同じくナンシー・N・シェイファーの「ジャパニーズ・ポーセリン　一八〇〇―一九五〇」で三十三点、「シェイプ&デコレイション・イン・ジャパニーズ・エクスポート・セラミックス」では四十一点、ドイツのアーノルドツエ社のジセラ・ジョンの「メイジ・セラミックス」で八点、アメリカのブローグトン・インターナショナル・パブリケーション社の「スプレンダーズ・オブ・メイジトレジャリーズ・オブ・インペリアル・ジャパン・マスターピーシィズ・フロム・ザ・カリリ・コレクション」で四点、ドォーファン・パブリッシング・リミティド社のルイス・ローレンスの「SATSUMA」で二十八点、同じくメイジ・サツマパブリケーション社のルイス・ローレンスの「SATSUMA The Romance of Japan」で十九点ほど掲載されている。
(43) 『明治以降　京都貿易史』四六二～四六四頁、四六六頁。
(44) 錦光山雄二「自伝的小説・廃園(あれ果てた園)」原稿、引用箇所は、四九三～四九四頁、四九一頁、五一七～五一八、五二一、五三六頁。
(45) 吉田光邦『京都　日本のやきもの　6』一一六頁。
(46) 錦光山雄二　前掲原稿　五三六頁。

エピローグ

二〇一七年三月下旬、アシュモレアン博物館の日本美術学芸員、クレヤ・ポラード(Clare Pollard)さんに誘われたこともあり、ワコー・インターナショナル・ヨーロッパ赴任から約三十年振りに本格的にイギリスを訪問した。

今回のイギリス訪問は、次女の薫と孫の健生にも宗兵衛の作品を見せるべく同行した旅であり、不思議な縁を感じさせる旅となった。ロンドンに着いた三月二十五日(土)の晩、ワコー・インターナショナル・ヨーロッパの同僚であったミセス・クリスティーン・バークレー(Christine Barclay)がポーツマスからロンドンに出てきて旧交を温めることができた。翌日、当時住んでいたウッドサイド・パークに行き、家主であったアシフ・ハッサン(Asif Hassan)家族と偶然にも再会できた。おそらく五、六秒違えば会うことはできなかったであろう、少し神がかった再会であった。

二日後、ロンドンのクリスティーズのすぐ近くのセント・ジェームスにある日本美術商の「マルカム・フェアリー・リミティド(Malcom Fairley Ltd.)」を訪れ、マルカム・フェアリー氏にお会いすることができた。フェアリー氏は、ロンドンにおける明治期日本の美術・工芸の最大の蒐集家はプロフェッサー・カリリ(Khalili)氏であるといい、もし会えるようであれば会った方が良いだろうという。オフィスに電話をかけてくれたが、あいにくカリリ氏にお会いすることはできなかった。

ただ私が長年会いたいと思っていたロンドンの古美術商「テンパス・アンティック・リミテッド(Tempus Antiques Ltd.)」創立者のルイス・ローレンス(Louis Lawrence)氏はどうしているかと尋ねると、ルイス・ローレンス氏は引退してフランスで暮らしていること、またハース・コレクション(The Haas Collection)というのはカナダのコレクターで最近、錦光山の作品をすべて手放したことを教えてくれた。私の長年の疑問が解消できたことは大きな収穫であった。

しばらくお話を伺ったあとで、フェアリー氏が、「グレイス・ツムギ・ファイアート・リミティド(Grace Tsumugi Fine Art Ltd.)」の荘司つむぎ氏を紹介してくれた。荘司つむぎさんは、最近手に入れた錦光山宗兵衛の作品があると言って、ディスプレーの中から「色絵金彩藤花図花瓶(口絵16、17参照)」を取り出して見せてくれた。こうした展開になるとは予想もしていなかったので不思議な縁を感じた。

ロンドン到着四日目の三月二十八日(火)、パディントン駅からオックスフォードに向かった。一時間ほど余裕のある出発であったが、うかつにもオックスフォード駅を乗り過ごしてしまい、約束の時間、十時十五分から一時間半も遅れてオックスフォード大学のアシュモレアン博物館に到着した。私の大失態にもかかわらず、クレヤさんは嫌な顔ひとつせずに錦光山宗兵衛の作品を案内してくれた。

最初に見せてくれたのは、「色絵金彩農村風景図大皿（口絵6参照）」であり、別室でアール・ヌーヴォー調の「色絵菊花文透彫花瓶（口絵9参照）」、陶彫の「老農婦像（口絵7、8参照）」、色絵鴨図花瓶および「明治三十四年九月東京ニテ開催ノ第一回全国窯業共進会受賞者十二名ノ記念制作ナリ　青柳の図　京都市粟田　錦光山宗兵衛氏」と箱の蓋に裏書された花瓶を見せてくれた。クレヤさんは親切にも作品を手に触らせて裏印を見せてくれた。別れ際にクレヤさんが、二〇二〇年にアシュモレアン博物館で日本の明治の美術・工芸展を開催する予定で、四月からその企画の準備に没頭すると言っていた。

一日空けた三月三十日、ヴィクトリア・アンド・アルバート博物館を訪問した。事前に東洋部日本美術担当学芸員のジョセフィン・ラウト（Josephine Rout）さんに連絡し、入口で待っているとジョセフィンさんが現われた。ジョセフィンさんは、最初に一階の東芝ギャラリーにある「色絵金彩鴨図香炉（口絵2参照）」を見せてくれた。次いで六階のセラミックスの展示場に移り、ジャパン・コーナーに展示されている「色絵白鷺図花瓶（口絵5参照）」を含めて四点の錦光山宗兵衛の作品を見せてくれた。

その後、別室に台車の上に据え付けられた大きな竹籠におびただしい紙に包まれたものを運びこんできた。一枚一枚丁寧に包装紙を取っていくと、まるで美の迷宮のような小箱が現われた。「色絵金彩山水図蓋付箱(口絵3参照)」であった。その小箱の蓋には日本の美しい風景が描かれ、側面には鹿、雉、鶏、鶉などが草花とともに描かれていた。ジョセフィンさんは蓋を開けてくれた。小箱の内部の正面には水辺の鴨が描かれ、側面の壁には金地の上に色鮮やかな蝶が乱舞する様が描かれていた(口絵4参照)。蓋裏には蝶が乱舞する中に窓が開けられ、二羽の鴛鴦が飛ぶ様が描かれており、その中をよく見ると「素山」と小さく銘が入っている。小箱を見つめながら私は長い間、ずっと憧れていた女性に出会ったような気分だった。

その後、博物館のカフェでランチをしながら楽しい一時を過ごしてから、ジョセフィンさんと別れ、私はもう一度心を落ち着けて錦光山宗兵衛の作品を見ることにした。一階、六階と博物館の構造を頭に入れながら宗兵衛の作品を見終えて、階段で下に降りて行くと、壁にヴィクトリア女王の大きな肖像画があった。何気なく近くの部屋に入ると、そこにはヴィクトリア期のイギリスが幕末・開国前後の日本のアートとデザインに強烈なインパクトを受けたことが記されたパネルがあり、その影響を示す資料が展示されていた。私は、フランスだけでなくイギリスでもジャポニスムの衝撃があったのか、と複雑な感慨にとらわれた。

その後の二日間、私はかつて働いていたシティからケンジントン・ガーデンまで、ひたすらロンドン市内を歩きまわった。そうすると、いろんな思いが頭をよぎった。三十年前ロンドンに来た時は、欧米の経済・文化を追い求め、キャッチアップすることに必死であったような気がする。だが、今回、オックスフォード・ストリートを歩いていた時に、着物風の装いをした二人の女性が歩いてくるのを見かけ、そのファッションが際立って見えた。デザインが衣食住だけでなく、すべてのものに形を与え、色彩をそえて、人々の頭脳を刺激し、意識を支配するものであることを考えると、いまは同化よりも日本発の独自性の方が重要なのではなかろうか。また幕末から明治期の日本のアートとクラフトが欧米に強烈なインパクトを与えたことに思いを馳せると、日本人の若い人たちが内向きにならず、いかに日本のモノ作りの精神、匠の技を世界に発信していくかが、問われているのではなかろうか。いまなぜ錦光山宗兵衛かと問われるならば、その点にあるような気がする。

四月二日(日)ロンドンを発ち三日(月)早朝、日本に帰国した。こうして私のイギリスの旅は終わったが、本書がロンドンのクリスティーズのオークションで宗兵衛の作品を見たことから始まり、期せずして再びロンドンで宗兵衛の作品を見たことで終われることは不思議な縁を感じる。

不思議な縁といえば、最後にひとつのエピソードを紹介したい。

先述のルイス・ローレンス氏の著書「SATSUMA」のなかに「錦光山工場　京都、一九一五年頃」(223頁写真参照)という写真が掲載されている。その写真は、東山を背景に白亜の洋館、白煙をたなびかせている登窯や作業場、庭園など錦光山工場の全景が写っている非常に貴重な写真なので是非本書で使用したいと思い、版元を調べたが現在、存在していないようである。また著者のルイス・ローレンス氏のフランスの住所もわからず途方に暮れていた。そこでアシュモレアン博物館の学芸員クレヤさんに相談したところ、彼女がルイス・ローレンスさんと直接連絡を取ってみるとの返事が来た。

待つこと数日、突然ルイス・ローレンスさんからメールが届いた。それによると、「現在、日本を旅行中で、京都に二週間滞在したが、あなたに会えず残念だった。いま東京にいるが、明日早朝帰国する」とある。私は驚いた。まさかルイス・ローレンスさんが、いま日本にいるとは！

はやる気持を抑えて「今日の午後会えないだろうか」とメールした。ついに、その日、二〇一七年一〇月五日、午後三時、私は東京駅前の喫茶店でルイス・ローレンスさんと会うことができた。一瞬のチャンスで奇跡的だった。

ルイス・ローレンスさんは「錦光山工場」の写真の使用を快諾してくれただけでなく、錦光山宗兵衛の逸品はすべて手作りで一〇倍に拡大しても一糸の乱れもないという。とりわけ、素山が絵付した作品は、偉大な職人技(great craftmanship)とトップデザイン(top design)が合体して出来上ったもので、錦光山宗兵衛作品の最高峰(masterpiece)であるという。素山絵付の宗兵衛の作品を持っているコレクターがカリフォルニアにいるので、そのコレクターの承認が得られればその画像を口絵に使っていいという(口絵10、11、12、13、14、15参照)。

それだけでなく、ルイス・ローレンスさんは、私が本当に、錦光山宗兵衛の業績および作品を世間に知ってほしいと思うなら、日本で、できれば京都で「錦光山宗兵衛展」を開催すべきだという。もし私が本当にやる気ならば、世界中から錦光山作品のベスト五十を集めるのに協力するという。私は啞然としてしばらく口もきけなかった。

だがこれにとどまらなかった。本書の編集作業も大詰め段階の十二月十日、清水三年坂美術館特別研究員の松原史さんから連絡があった。二〇一八年一月五日にNHK—BSプレミアムの『美の壺』スペシャル・明治一五〇年文明開化のなかで明治の京都で生まれた超絶技巧の工芸品として錦光山宗兵衛の「京薩摩」の作品も紹介される予定だという。青天の霹靂であった。

ところで、ルイス・ローレンスさんが協力してくれるという「錦光山宗兵衛展」を開催できるかどうかは、これからの新しい物語である。だが、錦光山宗兵衛の作品の全貌がいまだ明らかになっていないことを考えると、まだ日本で知られていない海外コレクター所蔵の逸品を一堂に集めた「錦光山宗兵衛展」を実現できれば、ひとつの時代を画する展覧会になるのではなかろうか。実現できるかどうかわからないが、すべて、宗兵衛に導かれているような気がする。まさに私は、ワンダーランドとなっていた、曾祖父と祖父との出会いを求めて遥かなる旅に出た。そして粟田焼や京薩摩と縁のある多くの方々と巡り会うことができた。このことこそ、私が真に錦光山宗兵衛と邂逅できたと言えるのではないだろうか。

あとがき

二〇一五年秋に京都の清水《きよみず》三年坂美術館で「清水三年坂美術館コレクション　SATSUMA」展があり、錦光山宗兵衛の作品が十五点ほど展示されました。また特別研究員の松原史氏が図録に「錦光山宗兵衛―京薩摩の立役者」を書き、宗兵衛を表舞台に引っ張り出してくれました。さらに二〇一六年一月、美術館「えき」KYOTOで「細密美！　明治のやきもの幻の京薩摩」展が開催され、大変盛況であったと聞いています。加えて二〇一七年四月、京都国立近代美術館「技を極める……ヴァンクリーフ&アーペルハイジュエリーと日本工芸」展において四点の宗兵衛の作品が展示されたようです。

京都泉涌寺《せんにゅうじ》の陶芸家二十代雲林院寶山《ほうざん》氏は「今、京都では京薩摩がブームになっています。近代の代表といえば錦光山さんです。作品的にも京焼を世界に広めたという点でも、また産業として技術、生産の革新をしたということでも注目されています」というお手紙を送ってくださり、二〇一六年一月九日と十日付けの京都新聞の切り抜きも同封してくださいました。その記事には「錦光山はマイセン窯で開発された油と金の化合物『水金《みずきん》』を応用して光彩を際立たせ、焼成前後で変色のない西洋絵の具や新釉薬《ゆうやく》で、色彩のバリエーションを増やした。京薩摩の特徴は、このたゆまぬ技術革新だ。（中略）このやりすぎ感が、明治という時代の精神と熱気。押し寄せる文明開化の波に、限界まで挑戦した職人たち。精細な器をのぞくほど、その心意気が見えてくる」と記されています。

七代錦光山宗兵衛が亡くなって一世紀近く（二〇一七年は七代錦光山宗兵衛没後九十年）が経ち、すべて忘れ去られたと思っていた「錦光山宗兵衛」の世界が、今日、このようなかたちで注目を浴びるということは、予想もしていなかっただけに不思議な感慨を抱かざるをえません。

この点で静岡アジアパシフィック協会の曽根正弘理事長、小泉文恵事務局長のご紹介で静岡県立美術館上席学芸員の泰井良氏と面談した際に、泰井氏が「アーティストというのはどこかうさん臭いところがあるが、ひとつのことをコツコツとやるアーティザン《職人》は評価できる」と言っておられましたが、その時ふと錦光山宗兵衛の作品はそうした数多くの無名のアーティザンのたゆまぬ努力の結晶ではないかと思われました。職人技はなにか芸術の一段下のように見られる風潮がありますが、その技を正当に評価する眼が必要ではないかと考えさせられました。とりわけ、明治の京都で生まれた工芸品の中でも、世界一の細密描写の絵付陶器と称され、そのあまりに高度な絵付の技法のため、現代では再現不可能といわれる京薩摩においては一層その感を抱かざるを得ません。

ところで、この評伝は数々の欠点に満ちあふれていますが、今回、学生時代の友人のジャーナリスト田仲拓二氏に初稿を読んでもらったところ、「この作品は一族の家業をめぐる評伝のかたちをとりつつも、京薩摩という世界をなぞりながら、幕末から明治の動乱期を経て昭和初期にいたる歴史を文化と経済の相関関係を絡めて冷静に分析した力作です。とりわけ明治という時代の精神性を知る格好の手がかりです」という過分な言葉を寄せてくれました。かりに、この評伝が幕末から明治、大正、昭和に至る時代の文化や経済、精神を少しでも映し出しているとするならば、私にとってこれ以上の喜びはありません。

また宗兵衛や松風嘉定《しょうふうかじょう》が尽力して設立し、藤江永孝が心血を注いだ京都市陶磁器試験場は、大正八年(一九一九)に国立陶磁器試験所、昭和二十七年(一九五二)に名古屋工業技術試験所となり、平成五年(一九九三)に名古屋工業技術研究所に改称、平成十三年(二〇〇一)に機構改革により、わが国の科学技術の研究開発拠点である産業技術総合研究所に統合されて現在に至っています。宗兵衛や松風嘉定、藤江永孝の血と汗の結晶が現代に生きているのです。彼らの苦闘した「匠の技」が、現代の科学技術として今日に継承されているのです。そう考えると、激動の時代のなかで改革に苦闘した男たちの生涯を描いた、このつたない評伝が、今を生きる若い人の心に多少なりとも響くものがあれば著者としてこれ以上望むことはありません。

なお本書は引用が多く、読者の皆様には読みにくいものになったかもしれません。私としましては身内の者が書いた評伝でもあり、たとえ引用が長くなっても、なるべく客観性をもたせたかったこと、また宗兵衛の肉声を聞けるところは、できるだけそのまま伝えることに努めました。多々至らぬところは、すべて私の不徳のいたすところであり、責はすべて私にあります。

最後に、京焼の現役の陶芸家である宮永東山(理吉)氏、雲林院寶山氏、安田浩人氏、諏訪《すわ》蘇山《そざん》氏には貴重な資料をいただいただけでなく、京焼の歴史や陶芸の技術的なことまで教えていただき心から感謝申し上げます。また「SATSUMA」および「SATSUMA The Romance of Japan」の著書を出版し、世界に京薩摩を喧伝されたルイス・ローレンス氏、オックスフォード大学付属アシュモレアン博物館学芸員クレヤ・ポラード氏、ヴィクトリア・アンド・アルバート博物館学芸員ジョセフィン・ラウト氏、マルカム・フェアリー・リミティドのマルカム・フェアリー氏、グレイス・ツムギ・ファインアート・リミティドの荘司つむぎ氏、薩摩焼研究家の松村真希子氏、愛知県陶磁資料館学芸員の佐藤一信氏、前﨑信也京都女子大学准教授、清水三年坂美術館特別研究員の松原史氏などの研究者の方々および平安殿の小川善一氏、ジャーナリストの辻恒人氏には貴重なご意見やご協力をいただきまして有難うございます。清水三年坂美術館には関連年表および錦光山宗兵衛作品の画像の掲載を快諾していただき、加えて村田理如館長に推薦文を書いていただき心から御礼を申し上げます。さらに知人の石原英彦氏、学生時代の友人の田仲拓二氏、越智慎二郎氏にはアドバイスをいただき、どれほど励まされたかわかりません。また出版に際し、苫米地《とまべち》和夫氏、苫米地英人氏ならびにサイゾーの揖斐《いび》社長、開拓社の武村社長、夏目書房新社の宮田十郎編集長、水魚書房の水尾裕之氏、元編集者の大蔵敏氏には大変お世話になり御礼申し上げます。これもすべて宗兵衛が取りもってくれた縁ではないかと感謝いたします。

二〇一八年は祖父の七代錦光山宗兵衛の生誕一五〇年の節目にあたる年であり、はからずも宗兵衛の誕生日である二月十三日に評伝を出版する運びになりましたことは、偶然とは言え、何か運命的なものを感じざるをえません。人の世の営みの不可思議さに思いを馳せながら筆を擱《お》かせていただきます。どうも有難うございました。

二〇一七年一二月

錦光山和雄

参考資料1　錦光山家家系図（要約）

錦光山正系

鍵屋徳右衛門
元禄六癸酉年三月十五日誕生
明和七年庚寅年二月十五日死　寿七十八歳

法名実翁無外信士

鍵屋茂兵衛
享保三戊戌年四月五日誕生
延享三寅年二九歳家督相続

宝暦五年徳川将軍家ヨリ御茶碗試焼被仰出則調進翌六年丙子正月初而御用拝命依而改称錦光山□宝暦九年卯七月十五日死寿四十二歳法名楊岳柳仙信士従前幕府御用勤来候今道町陶工九左衛門江被下附置候近江国野洲郡南桜村土取場被下置相用来候偏不勝手ニ附宝暦八年寅年幕府江奉返上

錦光山喜兵衛
安兵衛事
宝暦四年甲戌五月□日誕生
文化三年五月二二日死　行年五十三歳

法名豊岩良寿禅定門

鍵屋喜兵衛
與兵衛ノ兄
天保三年九月二五日死　行年五十歳

法名真学良意禅定門

錦光山喜兵衛

與兵衛事
寛政四年壬子三月十日誕生
天保七年十一月五日死　行年四十五歳

法名大光良円信士

釈長晃

丸屋長兵衛大光良円ノ義兄第　明治八年四月二六日死

錦光山宗兵衛

幼名文三郎
文政六年癸未四月八日誕生
大光良円ノ実子長晃ノ養子
天保八年丁酉十五歳ニ而家督相続

法名釈教宗

宇野

錦光山宗兵衛ノ妻当組東町伊勢屋亦兵衛ノ三女年甫十九歳錦光山ニ嫁ク故安太郎ノ母
天保元年三月八日生　大正十一年十月九日死　寿九十三才

法名釈尼教妙

錦光山宗兵衛

釈教宗ノ二男　幼名鉄蔵
明治元年二月十三日生

法名浄行院釈教善

昭和二年六月二十日死　行年六十《ママ》一歳
貿易振興ニ尽シ緑綬褒章ヲ賜ハル　従六位ニ叙セラル

ヤエ《ママ》

右宗兵衛妻　明治七年六月十一日生
錦《ママ》光山英太郎ノ娘

参考資料2　『本朝陶器考証』の「山城国粟田焼物之義」

御用の品々左に
御召京焼御茶碗と昌へ候品ハ、大小有之、色薄玉子之薬かけいて薄手焼なり
　大之方口指渡し凡三寸六七分斗深凡二寸斗り
　小之方口指渡し凡三寸四五分斗り深凡壱寸四五分斗り
同御好御茶碗と昌候ハ、小之方より一位小サク
　口指渡し凡弐寸斗深凡壱寸六分斗り
右を御茶湯候召上候品のよし
黒絵御紋付御茶碗と昌候は、前に認候京焼大之方にて、黒之御紋三所付候品なり、是ハ御霊所之御茶湯茶碗に相成候よし
御薬天目焼と唱候ハ、内外とも黒薬かけにて、航大高台之処少々玉子色かけ、少し厚手焼なり
　大之方口指渡し凡三寸九分斗り深凡壱寸六七分斗り
　小之方口指渡し凡三寸四五分斗り深凡壱寸四五分斗り
右を御薬候召上候品之よし
御召糸目御茶碗と申候ハ、大小あり色少し浅黄カケ、中程より下に糸目十一筋有之、薄手焼、是を焼物師方にてハ、青焼と昌へ居候

大之方口指渡し凡三寸七分斗り深凡弐寸斗り
小之方口指渡し凡弐寸弐三分斗り深凡壱寸壱弐分斗り
右ハ何に御用候か心得申さず候
粟田口焼と昌候は大小なし、一色、地荒土にて肉色薬かけおり、少し厚手焼、是を焼物師方にて、赤焼と申居候、少々厚手やきにて口より四分斗り下の方にて糸目筋有之
口指渡し凡四寸斗り　深弐寸壱分斗り
右を御鷹野茶盌とも云よし

参考文献

・『Christie's London　Japanese Works of Art』一九八八年十一月
・『Christie's London　Japanese Works of Art』一九八九年三月
・『Christie's London　Japanese Works of Art』一九九〇年三月
・『Sotheby's Japanese Works of Art』一九九一年三月
・三好行雄編『漱石文明論集』岩波書店　一九八六年
・小川金三編『粟田焼』粟田焼保存研究会　一九八九年
・岡佳子『近世京焼の研究』思文閣出版　二〇一一年
・金森得水『本朝陶器考証　巻二』文泉堂　一八九四年
・岡佳子『日本のやきもの　京都』淡交社　二〇〇三年
・澤野久雄・宇野三吾『日本のやきもの　6京都』淡交社　一九六三年
・宇野三吾『カラー日本のやきもの　9京都』淡交社　一九七五年
・吉田光邦『京都　日本のやきもの　6』淡交社　一九八六年
・中ノ堂一信『京都窯芸史』淡交社　一九八四年

・岡佳子『国宝　仁清の謎』角川書店　二〇〇一年
・中川千咲『陶磁大系23　仁清』平凡社　一九七四年
・根津美術館編集『仁清の茶碗』根津美術館　二〇〇四年
・岩生成一監修『京都御役所向大概覚書』清文堂　一九七三年
・蜷川式胤『観古図説』一八七六～一八八〇年
・『錦光山家家系図』錦光山和雄家蔵
・『明治十八年五品共進会解説』東京国立博物館蔵　一八八五年
・吉田堯文他『陶器講座第五巻』雄山閣　一九三五年
・田内米三郎『陶器考附録』真友会　一八八三年
・荒川清澄編『関西之実業』小谷書店　一九〇七年
・関西陶磁史研究会『近世信楽焼をめぐって』関西陶磁史研究会　二〇〇一年
・碓井小三郎編『京都叢書』京都叢書刊行会　一九一五年
・野間光辰編『新修京都叢書　第三巻』臨川書店　一九六九年
・雲林院寶山文書「粟田口焼窯元・窯焼仲間　定」雲林院寶山家蔵
・金田真一『国焼茶碗のふる里を訪ねて』里文出版　一九八二年
・金田真一『国焼茶碗のふる里を訪ねて　続』里文出版　一九八四年
・茶道資料館『茶の湯と京焼Ⅱ　仁阿弥・保全を中心に』茶道総合資料館　一九八二年
・京都市編『京都の歴史6　伝統の定着』学芸書林　一九七三年
・日本陶磁協会編集・発行『陶説』四七〇号　一九九二年、『陶説』四七一号　一九九二年、『陶説』四七二号　一九九二年、
『陶説』四七四号　一九九二年、『陶説』三二四号　一九八〇年、『陶説』五三九号　一九九八年、『陶説』四六八号　一九九二年、
『陶説』四四四号　一九九〇年、『陶説』四七六号　一九九二年、『陶説』四二一号、同四二二号、同四二三号、
同四二四号、同四二七号　一九八八年、『陶説』四四三号、同四四五号、同四四六号、同四四七号、一九九〇年
・同志社大学人文科学研究所編集・発行『社会科学　3・4』一九六六年
・藤平長一・北沢恒彦『五条坂陶工物語』晶文社　一九八二年

・『茶わん　十二月号　第八二号』一九三七年
・藤岡幸二『京焼百年の歩み』京都陶磁器協会　一九六二年
・杉田博明『京焼の名工・青木木米の生涯』新潮社　二〇〇一年
・満岡忠成『日本陶磁大系25　木米』平凡社　一九九〇年
・河原正彦『日本陶磁大系26　京焼』平凡社　一九九〇年
・『月刊ペン　十一月号』月刊ペン社　一九七四年
・黒田天外（譲）『名家歴訪録　上篇』一八九九年
・松野文造『明治以降　京都貿易史』京都貿易協会　一九六三年
・関西陶磁史研究会編集・発行『近世信楽焼をめぐって』二〇〇一年
・泉秀樹『文物の街道Ⅰ』恒文社　一九九二年
・宇治市歴史資料館編集・発行『緑茶の時代』一九九九年
・錦光山雄二『廃園（あれ果てた園）「自伝的小説・原稿」』錦光山和雄家蔵（父雄二は一九九八年六月十八日に逝去、その前の二、三十年かけて執筆）
・小川後楽『煎茶への招待』日本放送出版協会　一九九八年
・町田明広『攘夷の幕末史』講談社　二〇一〇年
・半藤一利『幕末史』新潮社　二〇〇八年
・大森一夫『幕末明治の薩摩（SATSUMA）焼』創樹社美術出版　一九九八年
・伊藤真実子『明治日本と万国博覧会』吉川弘文館　二〇〇八年
・ジャポニスム学会『ジャポニスム入門』思文閣出版　二〇〇〇年
・アーネスト・サトウ『一外交官の見た明治維新（上）（下）』岩波文庫　一九六〇年
・島津修久『島津歴代略記』島津顕彰会　一九八五年
・田沢金吾・小山富士夫『薩摩焼の研究』座右宝刊行会　一九四一年
・桜井敬太郎『京都府下人物誌第一編』金口木舌堂　一八九二年
・神戸外国人居留地研究会『神戸と居留地』神戸新聞総合出版センター　二〇〇五年

・神戸貿易協会『神戸貿易協会史』神戸貿易協会　一九六八年
・神戸市立博物館『神戸・横浜〝開花物語〟図録』一九九九年
・京都市編『京都の歴史7　維新の激動』学芸書林　一九七四年
・京都市編『京都の歴史8　古都の近代』学芸書林　一九七五年
・明田鉄男『維新　京都を救った豪腕知事』小学館　二〇〇四年
・愛知県陶磁資料館編集・発行『ゴットフリート・ワグネルと万国博覧会』二〇〇四年
・二階堂充『宮川香山と横浜真葛焼』有隣堂　二〇〇一年
・神奈川県立歴史博物館『横浜・東京―明治の輸出陶磁器』二〇〇八年
・薩摩焼パリ伝統美展実行委員会編集・発行『日仏交流150周年記念　薩摩焼』二〇〇八年
・朝日新聞社・歴代沈壽官展実行委員会『歴代沈壽官展』二〇一〇年
・大広『江戸と明治の華　皇室侍医ベルツ博士の眼』二〇〇九年
・東京国立博物館・日本経済新聞社『フランスが夢見た日本』日本経済新聞社　二〇〇八年
・村田理如『世界を魅了した日本の技と美　幕末・明治の工芸』淡交社　二〇〇六年
・日本経済新聞社・佐藤隆英『エミール・ガレ展』日本経済新聞社　二〇〇五年
・TBS・毎日放送他『芸術都市　パリの100年展』二〇〇八年
・『ガレとジャポニスム』サントリー美術館　二〇〇八年
・フィリップ・ティエボー他『エミール・ガレ　その陶芸とジャポニズム』平凡社　二〇〇三年
・石田有年『都の魁』石田戈次郎刊　一八八三年
・E・S・モース『日本その日その日3』平凡社　一九七一年
・東京藝術大学大学美術館・名古屋ボストン美術館編『ダブル・インパクト　明治ニッポンの美』芸大美術館ミュージアムショップ　二〇一五年
・亀谷伴吉編『成功亀鑑（第一輯）』成功亀鑑編纂所　一九〇七年
・広田三郎『実業人傑伝』金港堂書籍　一八九六年
・古林亀治郎『実業家人名辞典』東京実業通信社　一九一一年

・平野重光『栖鳳芸談』京都新聞社　一九九四年
・尾野好三編『成功亀鑑（第二輯）』大阪実業興信所　一九〇九年
・東京国立博物館『海を渡った明治の美術』一九九七年
・吉田千鶴子『〈日本美術〉の発見』吉川弘文館　二〇一一年
・山口静一『三井寺に眠るフェノロサとビゲロウの物語』宮帯出版社　二〇一二年
・村形明子編訳『フェノロサ夫人の日本日記』ミネルヴァ書房　二〇〇八年
・斉藤隆三『岡倉天心』吉川弘文館　一九六〇年
・色川大吉『岡倉天心』中央公論社　一九八四年
・『近代陶磁』第5号　近代国際陶磁研究会　二〇〇四年
・清水三年坂美術館『清水三年坂美術館コレクション　SATSUMA』二〇一五年
・東京国立博物館他『世紀の祭典　万国博覧会の美術』NHK・日本経済新聞社他　二〇〇四年
・中ノ堂一信『近代日本の陶芸家』河原書店　一九九七年
・関和男『三代　清風与平』創樹社美術出版　二〇一二年
・『都市と芸術』二一〇号、二一一号　都市と芸術社　一九三一年
・千葉市美術館『清水六兵衛歴代展』千葉市美術館　二〇〇四年
・愛知県陶磁資料館編集・発行『清水六兵衛家　京の華やぎ』二〇一三年
・黒田天外『一家一彩録』国書刊行会　一九二〇年
・故藤江永孝君功績表彰会『藤江永孝伝』一九三二年
・神林恒道『京の美学者たち』晃洋書房　二〇〇六年
・赤井達郎『京都の美術史』思文閣出版　一九八九年
・相賀徹夫『原色現代日本の美術15　陶芸（1）』小学館　一九七八年
・田中日佐夫・田中修二『海を渡り世紀を超えた竹内栖鳳とその弟子たち』ロータスプラン　二〇〇二年
・広田孝『竹内栖鳳　近代日本画の源流』思文閣出版　二〇〇〇年
・京都商工会議所『京都経済の百年　資料編』京都商工会議所　一九八二年

・東洋陶磁学会編集・発行『東洋陶磁』第四十号　二〇一一年
・前川公秀『水仙の影』京都新聞社　一九九三年
・ホトトギス（ほとゝぎす）第三巻第九号　一九〇〇年
・時事新報第六千一号　一九〇〇年
・黙語会編『木魚遺響』芸艸堂　一九〇九年
・『京都日出新聞』　第六千九百二十八号　一九〇六年
・「パンテオン会雑誌」研究会編『パリ一九〇〇年・日本人留学生の交遊』ブリュッケ　二〇〇四年
・東京国立近代美術館他『日本のアール・ヌーヴォー1900―1923　工芸とデザインの新時代』東京国立近代美術館　二〇〇五年
・石井柏亭『浅井忠』芸艸堂　一九二九年
・黒田清輝『黒田清輝日記　第二巻』中央公論美術出版　二〇〇四年
・東山三代展実行委員会編集・発行『三代宮永東山襲名記念　東山三代展』一九九九年
・平岡敏夫編『漱石日記』岩波書店　一九九〇年
・蘇山遺作品展覧会編『蘇山之陶窯』芸艸堂　一九二三年　諏訪蘇山家蔵
・二代諏訪蘇山（虎子）編『蘇山賸影』芸艸堂　一九三四年　諏訪蘇山家蔵
・三代諏訪蘇山（修）編『諏訪蘇山　初代・二代・三代作品集』一九七三年　諏訪蘇山家蔵
・「産総研の試作とコレクションを巡るシンポジウム＝『明治の京都―海外への視線―』」愛知県陶磁資料館他　二〇一〇年
・荒川正明『板谷波山の生涯』河出書房新社　二〇〇一年
・前﨑信也『大正時代の工芸教育　京都市立陶磁器試験場附属伝習所の記録』宮帯出版社　二〇一四年
・二代宮永東山（友雄）『手記』宮永東山家蔵
・初代宮永東山（剛太郎）『経歴』宮永東山家蔵
・三代宮永東山（理吉）『京都におけるものづくり―京焼きの歴史と宮永家』生活美学研究所　二〇〇四年
・木々康子『林忠正』ミネルヴァ書房　二〇〇九年
・小山ブリジット『夢見た日本』平凡社　二〇〇六年

・夏目漱石『三四郎』角川書店　一九五一年
・東京国立近代美術館編集・発行『現代の眼』四四九号、四五一号、一九九二年
・土田眞紀『さまよえる工藝』草風館　二〇〇七年
・「京都高等工芸学校」美術研究会『1902年の好奇心』光村推古書院　二〇〇三年
・稲賀繁美『伝統工藝再考　京のうちそと』思文閣出版　二〇〇七年
・千葉市美術館編集・発行『清水六兵衛歴代展　京の陶芸　伝統と革新』二〇〇四年
・『近代陶磁』第4号　近代国際陶磁研究会　二〇〇三年
・『近代陶磁』第5号　近代国際陶磁研究会　二〇〇四年
・『近代陶磁』第6号　近代国際陶磁研究会　二〇〇五年
・井谷善恵『近代陶磁の至宝　オールド・ノリタケの歴史と背景』里文出版　二〇〇九年
・井谷善恵『オールド・ノリタケの美』東洋出版　二〇〇〇年
・ノリタケ100年史編纂委員会『ノリタケ100』ノリタケカンパニーリミテド　二〇〇四年
・前川公秀『京都近代美術の継承』京都新聞社　一九九六年
・杉田博明『祇園の女　文芸芸妓磯田多佳』新潮社　一九九一年
・三越呉服店「時好」6巻4号　一九〇八年
・荒川豊蔵『縁に随う』日本経済新聞社　一九七七年
・中日新聞社他『人間国宝　荒川豊蔵』中日新聞社　二〇〇七年
・『荒川豊蔵と加藤唐九郎』NHK中部ブレーンズ　二〇〇四年
・『建築工芸叢誌』第六冊　建築工芸協会　一九一二年
・『美術新報』第十一巻第九号　画報社　一九一二年
・『美術之日本』第六巻第八号　審美書院　一九一四年
・京都国立近代美術館他『神坂雪佳―琳派の継承・近代デザインの先駆者』二〇〇三年
・細見美術館他『京琳派・神坂雪佳展』毎日放送　二〇〇六年
・神坂雪佳『近代図案コレクション　神坂雪佳　百々世草』芸艸堂　二〇〇三年

・藤岡幸二『松風嘉定・聴松庵主人伝』一九三〇年
・稲盛和夫『稲盛和夫のガキの自叙伝』日本経済新聞社　二〇〇四年
・愛知県陶磁資料館『ジャパニーズ・デザインの挑戦』愛知県陶磁資料館　二〇〇九年
・「住友春翠」編纂委員会編纂・発行『住友春翠』一九五五年
・砂川幸雄『藤田伝三郎の雄渾なる生涯』草思社　一九九九年
・熊倉功夫『近代数寄者の茶の湯』河原書店　一九九七年
・齋藤康彦『近代数寄者のネットワーク』思文閣出版　二〇一二年
・錦光山宗兵衛「実用御台所用食器会趣意書」パンフレット　一九二六年　三代宮永東山(理吉)氏寄贈　錦光山和雄家蔵
・H・G・ポンティング『英国特派員の明治紀行』新人物往来社　一九八八年
・Herbert G・Ponting『IN LOTUS-LAND JAPAN』MACMILLAN AND CO., LIMITED　一九一一年
・福井県陶芸館『陶彫の父　沼田一雅』展図録　一九七七年
・錦光山賢一『和田光正コレクション　錦光山文様撰集』フジアート出版　一九八一年
・錦光山宗兵衛編『京焼の文様　デザイン集成(Ⅰ)(Ⅱ)』京都書院　一九八六年
・東京国立博物館編『明治デザインの誕生』国書刊行会　一九九七年
・樋田豊次郎・横溝広子編『明治・大正図案集の研究』国書刊行会　二〇〇四年
・Nancy N.Schiffer『JAPANESE PORCELAIN1800—1950』Schiffer Publishing Ltd　一九九九年
・Nancy N.Schiffer『JAPANESE　EXPORT　CERAMICS　1860—1920』Schiffer Publishing Ltd　二〇〇〇年
・Nancy N.Schiffer『SHAPE&DECORATION IN JAPANESE EXPORT　CERAMICS』Schiffer Publishing Ltd　二〇〇三年
・Gisela Jahn『MEIJI CERAMICS　THE ART OF JAPANESE EXPORT POR CELAIN AND SATSUMA WARE　1868-1912』ARNOLDSCHE Art Publishers　二〇〇四年
・明治・大正時代の日本陶磁展実行委員会編集・発行『明治・大正時代の日本陶磁』二〇一二年
・『京都国立博物館蔵品図版目録　陶磁・金工編』京都国立博物館
・加藤唐九郎『原色陶器大辞典』淡交社　一九七二年
・矢部良明他『角川日本陶磁大辞典』角川書店　二〇〇二年

・Joe Earle『SPLENDORS OF MEIJI　TREASURES OF IMPERIAL JAPAN MASTERPIECES FROM THE KHALILI COLLECTION』Broughton International Publications　一九九九年
・Oliver Impey and Joyce Seaman『Japanese Decorative Arts of the Meiji Period　1868-1912』Ashmolean Museum　二〇〇五年
・Louis Lawrence『SATSUMA』Dauphin Publishing Limited.　一九九一年
・Louis Lawrence『SATSUMA The Romance of Japan』Meiji Satsuma Publications　二〇一一年
・Louis Lawrence『HIRADO:PRINCE OF PORCELAINS』　一九九七年

関連年表（清水三年坂美術館作成・清水三年坂美術館特別研究員松原史氏編纂）

○錦光山関連／●京焼、粟田焼関連／△藪明山関連／◇本薩摩関連／◎横浜・東京薩摩関連／◉雑誌・旅行記などの証言／■釉薬など技術関連

和暦	西暦	輸出向薩摩焼関連	美術工芸一般	社会情勢一般 ＊は海外
慶長3年	1598	◇島津軍が朝鮮陶工を伴い、慶長の役より帰国		・豊臣秀吉没し、文禄・慶長の役が終焉
文政6年	1823	○6代錦光山宗兵衛、京都に生まれる		＊アメリカ、モンロー主義を宣言
天保6年	1835	◇12代沈寿官、薩摩苗代川の地に生まれる		
天保11年	1840			＊アヘン戦争
嘉永5年	1852	◇慶田政太郎、鹿児島に生まれる	・ロンドンに産業博物館（現ヴィクトリア・アンド・アルバート美術館）開館	＊フランス第二帝政（〜1870） ＊建築家ガウディ生まれる
嘉永6年	1853	△藪明山、大阪の長堀に生まれ7歳より成人まで淡路島で過ごす	・ニューヨーク万国博覧会（日本は参加せず）	・ペリー浦賀に来航 ＊クリミア戦争勃発（〜1856）
嘉永7年 安政元年	1854			・日米和親条約調印 ・京都の大火（御所全焼） ・安政東海地震、安政南海地震
安政3年	1856	●9代帯山与兵衛、清水六兵衛の息子として京都に生まれる		
安政4年	1857	■◇この頃、島津藩において廉価な西洋絵の具の開発に成功との証言が残る	・ロンドンの産業博物館、移転してサウス・ケンジントン博物館と改名	
安政5年	1858	◎三井組が瀬戸の加藤兼助に輸出用陶磁器の製作を依頼	・ドイツ人医師シーボルト来日	・日米修好通商条約 ・安政の五ヶ国条約
安政6年	1859			・横浜、函館、長崎が開港
文久元年	1861			＊アメリカで南北戦争が勃発（〜1865） ＊イタリア王国成立

○錦光山関連／●京焼、粟田焼関連／△藪明山関連／◇本薩摩関連／◎横浜・東京薩摩関連／◉雑誌・旅行記などの証言／■釉薬など技術関連

和暦	西暦	輸出向薩摩焼関連	美術工芸一般	社会情勢一般 ＊は海外
文久2年	1862		・ロンドン万国博覧会。オールコックが日本の漆器、金工品陶磁器など約614作品を出品 ・ドゥゾワ夫妻がパリに中国や日本の骨董品を取り扱う店を開く	・生麦事件、薩摩藩士がイギリス人4人を死傷させる ＊ヴィクトル・ユゴー『レ・ミゼラブル』を出版
文久3年	1863	◇薩英戦争により薩摩藩集成館が焼け、磯窯が廃絶する	・ラザフォード・オールコック The Capital of the Tycoon（『大君の都』）をロンドンで出版	・薩英戦争 ＊リンカーンのゲティスバーグ演説（奴隷解放宣言）
元治元年	1864			・蛤御門の変（京都の洛中火の海に）
慶應元年	1865		・ロンドン、サウス・ケンジントン博物館（現ヴィクトリア&アルバート美術館）に日本部門が新設される	・高杉晋作の騎兵隊が決起 ＊メンデルが遺伝の法則を発表
慶應2年	1866	○この頃、6代錦光山外国貿易に着目しだす	・ジャポニスムの影響を受けた食器「セルヴィス・ルソー」がフランスで発売される	・徳川慶喜が第15代将軍となる ・薩長同盟成立 ＊普墺戦争 ＊ノーベルがダイナマイト発明
慶應3年	1867	△藪明山の父で淡路島出身の日本画家であった薮長水が没す ◇薩摩の朴正官、錦手大花瓶をパリ万国博覧会に出品し、称賛をえる ◇パリ万博出品薩摩焼をサウス・ケンジントン博物館（現ヴィクトリア・アンド・アルバート美術館）が購入	・パリ万国博覧会に幕府、佐賀藩、薩摩藩が出品	・大政奉還 ・ええじゃないか騒動が起きる ・近江屋事件 ・王政復古の大号令

和暦	西暦	輸出向薩摩焼関連	美術工芸一般	社会情勢一般 ＊は海外
慶応4年 明治元年	1868	○7代錦光山宗兵衛、京都に生まれる ○この頃、6代錦光山、1人の欧米人の訪問をうけ外国貿易に着手することをきめ、珈琲道具、花生、香炉等を輸出する ■江戸の商人瑞穂屋清水卯三郎、パリ万博より西洋顔料を持ち帰り、画工服部杏圃に実用化を依頼	・ドイツ人化学者ゴットフリート・ワグネル来日	・戊辰戦争勃発（〜1869） ・五箇条の御誓文 ・神仏分離令（廃仏毀釈が起こる） ・東京遷都
明治2年	1869	■服部杏圃が西洋顔料による絵付けに成功 ■瑞穂屋清水卯三郎と服部杏圃が有田で洋風彩画法を教授する	・京都府、遷都以降の京都の停滞からの回復を目指し勧業場を設ける	＊スエズ運河開通
明治3年	1870	○■6代錦光山、いわゆる京薩摩の彩画法を発明、大いに内外の好評を博するようになる ●■幹山伝七、京焼で最初の西洋釉薬、顔料の試用に成功 ■酸化コバルトが輸入されるようになる ■京都に舎密局が設置され、理化学の講習が行われる。陶磁器製作にもさまざまな技術が応用されるようになる	・京都府、舎密局を設置し京焼の近代化をはかる	・平民の「苗字」がみとめられる ＊普仏戦争勃発（〜1871） ＊ナポレオン3世敗北、フランス第三共和制へ
明治4年	1871	○6代錦光山、第1回京都博覧会で輸出物専業褒状ならびに銅牌を受賞 ◎初代宮川香山、横浜に築窯、輸出向陶磁器を製作するようになる ◇島津藩の藩窯であった堅野窯場の系譜を引き継ぎ田之浦陶器会社が設立される	・第1回京都博覧会	・廃藩置県 ・岩倉遣欧使節団が派遣される（〜1873） ＊ドイツ帝国が成立、ヴィルヘルム1世即位

○錦光山関連／●京焼、粟田焼関連／△藪明山関連／◇本薩摩関連／◎横浜・東京薩摩関連／◉雑誌・旅行記などの証言／■釉薬など技術関連

和暦	西暦	輸出向薩摩焼関連	美術工芸一般	社会情勢一般 ＊は海外
明治5年	1872	○●この頃、6代錦光山、8代帯山とともに神戸の外国商館を訪れ本格的な輸出に着手する ○6代錦光山、外国向け陶器の製造と輸出を評価され京都府より「職業出精ノ者」として表彰される ●第2回京都博覧会において、アメリカ人トルレムヘーにより京焼は精巧で金画も美しいが、形状と模様が好ましくない、輸出のためにはもっと西洋に適した模様と形状にしなければならないなどと評価される ●京都の焼き物制作に関して詳しく述べられている『陶磁器説』『陶磁器説図』が発行される ◎ウィーン万国博覧会に向けて東京錦窯を設立	・第2回京都博覧会 ・サウス・ケンジントン博物館で日本の陶磁器、漆芸、金工作品を展示 ・日本初の博物館が湯島聖堂に開館	・福沢諭吉『学問のすゝめ』を出版 ・太陽暦を採用
明治6年	1873	●粟田より伝習生として丹山陸郎がウィーンに派遣される ●この頃より、輸出盛況に従って清水五条坂においても粟田焼の素地が焼かれはじめる ●第2回京都博覧会の品評録が刊行される ◇12代沈寿官、ウィーン万博に薩摩金襴手の作品を出品し好評をえる ◉この頃、イギリスの陶磁器メーカー Royal Worcester が薩摩焼を模した作品を制作する	・ウィーン万国博覧会に日本政府として初参加 ・第3回京都博覧会 ・東京築地にアーレンス商会設立、輸出陶磁器を扱う	・西郷隆盛、征韓論をめぐって下野
明治7年	1874	◇朴正官没す（49歳）	・起立工商会社設立・池田合名會社、居留地36番館に店舗をおく ・第4回京都博覧会（初の審査員を設ける）	・板垣退助ら日本最初の政党愛国公党を結成

和暦	西暦	輸出向薩摩焼関連	美術工芸一般	社会情勢一般 ＊は海外
明治8年	1875	○6代錦光山、京都博覧会に出品し銅牌受賞 ●8代帯山、京都博覧会に出品し進歩銀牌受賞 ◇12代沈寿官、玉光山陶器製造場（現在の沈寿官窯）を設立し、輸出向け薩摩焼を製作 ●■丹山陸郎、陶法、窯業化学などを学習、石膏による成形を習得し、オーストリアより帰国、水金を持ち帰るも当初はあまり活用されず ◉京都を訪れたイギリス人の画家、旅行家のマリアン・ノースが粟田焼に関してヨーロッパで「SATSUMA」として販売されているものという証言を残す	・この頃より『温知図録』の編纂がはじまる ・リバティ商会の前身となる東インドハウスがロンドンに開店	・江華島事件（日清戦争の端緒） ＊フランス議会で共和制憲法が設立
明治9年	1876	○6代錦光山、京都博覧会に出品し銅牌受賞 ●■西洋絵の具の使用がはじまる	・フィラデルフィア万国博覧会 ・『温知図録』第1編編纂 ・工業デザイナー、クリストファー・ドレッサーが来日し、日本の工芸品に関して調査	・廃刀令公布 ・日朝修好条規締結（朝鮮に開国を迫る） ・札幌農学校開設 ＊ベルが電話を発明
明治10年	1877	○6代錦光山、第1回内国勧業博覧会に出品し花紋褒状受賞。京都博覧会では銀牌受賞 ○米国博覧会事務局により編纂された『温知図録』に錦光山宗兵衛の下絵が収録される ●粟田焼輸出の隆盛、明治13年頃まで続く ◇西南戦争勃発により、陶工も多数徴兵され、薩摩の陶業が大打撃を受ける ◉エドワード・S・モース、京都の陶器工房を訪れ、輸出向の装飾と金と赤の多用を求めた外国商人の注文を批判	・第1回内国勧業博覧会（東京） ・起立工商会社ニューヨークに支店を開く ・『温知図録』第2編編纂 ・アメリカの動物学者エドワード・S・モースが来日	・西南戦争（西郷隆盛自決） ＊露土戦争（～1878） ＊イギリス領インド帝国が成立 ＊チャイコフスキー『白鳥の湖』を初演

○錦光山関連／●京焼、粟田焼関連／△藪明山関連／◇本薩摩関連／◎横浜・東京薩摩関連／◉雑誌・旅行記などの証言／■釉薬など技術関連

和暦	西暦	輸出向薩摩焼関連	美術工芸一般	社会情勢一般　＊は海外
明治11年	1878	●ゴットフリート・ワグネル、舎密局に招聘され京都で釉薬の構造研究の指導をする ●西南戦争により薩摩の陶業が打撃を受けたことで京焼、京薩摩の産額が増加 ●この頃より、粟田での陶磁器生産額の約90％が輸出向けという状況になる ●8代帯山与兵衛没し、9代与兵衛が養子に入り跡を継ぐ ◎井村陶器画工場が横浜に工場を4ヶ所を設立（職工200名、画工30名余という大規模工場） ◎円中孫平が横浜で陶磁器輸出に着手する ◉イザベラ・バード、京都の粟田焼工房を訪れた際に紅茶用食器セットを「けばけばしい蝶で埋め尽くされている」との表現を残す	・パリ万国博覧会 ・起立工商会社パリに支店を開き、林忠正が渡仏・フェノロサ、東京大学文学部教授に就任 ・『温知図録』第3編編纂 ・パリ万国博覧会で日本と仏国セーヴル陶器博物館との間で交換が行われ、セーヴルの一対の飾壺が日本に持ち帰られる	・大久保利通暗殺 ・西南戦争により紙幣増発し物価高騰
明治12年	1879	○6代錦光山、シドニー万国博覧会に出品し銅牌受賞 ◇この頃、12代沈寿官が薩摩焼における細やかな透彫の技法を開発する ◇沈寿誠（12代沈寿官弟）が沈寿官窯の東京支店を開く	・龍池会設立 ・シドニー万国博覧会 ・ギメ美術館開館	・『朝日新聞』創刊 ・「沖縄県」設置
明治13年	1880	○●粟田焼花生の海外の評判高く、多数製造輸出される △藪明山、東京で6ヶ月間薩摩焼風陶器の絵付けを学び、大阪中之島に「陶器描画場」を開設 ◇この頃、堅野の薩摩焼生産者慶田茂平が沈寿官から白薩摩の生地を買い入れる ◉アメリカの窯業専門誌 Crockery and Glass Journal の薩摩焼に関する記事に、近年薩摩焼の絵付けは鹿児島、大阪、東京などで行われており、最も素晴らしい作品は東京の浅草で絵付けされているという記事が掲載される	・第1回観古美術会 ・京都府画学校開校 ・メルボルン万国博覧会	・「君が代」が作曲される ＊ドストエフスキー『カラマーゾフの兄弟』を出版

和暦	西暦	輸出向薩摩焼関連	美術工芸一般	社会情勢一般 ＊は海外
明治14年	1881	○府統計表によると6代錦光山工房の規模は、陶工250人（うち女性30）、生徒（徒弟）40人（うち女性10人）を有し、年に352、262個生産およそ6万円の売上があった ●第2回内国勧業博覧会を見学した伊東陶山が当時の粟田焼に関して「金ピカの貿易品ばかりで声価も下がり」との証言を残す ●世間一般の不景気により、一時業績悪化、明治16年ごろまで続く ◇12代沈寿官、この頃より透彫彫刻の製品を品評会や共進会に出品して好評をえて、次第に内外販売が増加する ◎円中商会がパリ支店を開き陶磁器他を販売、シカゴにも代理店を置く ●■水金の京都の粟田における消費量は当時の値段で1年に5万円にのぼる ■横浜商館の手により、本格的な水金の輸入開始	・第2回内国勧業博覧会（東京） ・サミュエル・ビングが来日し美術工芸品を蒐集・ビゲローがパリで蒐集した日本美術品の展覧会をボストン美術館で開催 ・『温知図録』第4編編纂・クリストファー・ドレッサー、ロンドンでJapanit's arcitecture, art,and art manufactures（『日本の建築、美術、工芸』）を出版	・明治14年の政変 ・松方デフレ ＊ロシア皇帝アレクサンドル2世が暗殺される ＊パナマ運河建設工事始まる
明治15年	1882	●陶磁器試験場、京都市工業学校に移管	・博物館（現東京国立博物館）を上野公園内に移転し開館 ・ジークフリート・ビング、パリ・プロヴァンス町、ハンブルク、ロンドンに店を開く ・フェノロサが龍池会で「美術真説」と題した講演を行う	・日本初の動物園「上野動物園」が開園
明治16年	1883	○6代錦光山、アムステルダム万国博覧会で金牌褒状を受賞 ○●『都の魁』に錦光山、安田、光山など粟田の作陶家の商店の様子が描かれる ○●◇フランス人コレクターのルイ・ゴンスが出版したL' Art Japonais に錦光山の銘と簡易説明の他、京都の乾山、道八、楽ら多数の陶工と薩摩焼、九谷焼に関しても掲載される ●京都府の通達により同業者組合が設けられる	・フランス人コレクターのルイ・ゴンスがL' Art Japonais（『日本美術』）出版 ・林忠正、パリに日本美術の店を開く	・鹿鳴館開館 ＊エディソンが白熱電球を発明 ＊オリエント急行が運転を開始 ＊ガウディ「サクラダファミリア」着工

○錦光山関連／●京焼、粟田焼関連／△藪明山関連／◇本薩摩関連／◎横浜・東京薩摩関連／◉雑誌・旅行記などの証言／■釉薬など技術関連

和暦	西暦	輸出向薩摩焼関連	美術工芸一般	社会情勢一般 ＊は海外
明治17年	1884	○6代錦光山宗兵衛没す（62歳） ○■この頃、7代錦光山、水金を絵付けに用いようと研究開発を始め作品への応用を可能にする ●清水五条坂に京都陶磁器商工巽組合が設立される ●ニューヨーク領事報告「ヴォルターズ」氏日本美術品展覧会ノ儀ニ付景況報告」の中で、薩摩焼に関して「近年ニ至リ其製造日本中ニ繁昌シ」「京都東京横浜等ニ於テ其贋造ヲ始メタリ」と表現、ただ京都のものに関しては土を薩摩からもってきて作っており品質甚だ宜しとしている		＊フランスがベトナム全土の支配権を握る ＊ベルリン会議（ヨーロッパ諸国がアフリカ分割で利害調整）
明治18年	1885	●粟田に陶磁器商工艮組合が設立される △藪明山、第14回京都博覧会に出品し有功賞を受賞、受賞と相前後して欧米への輸出を開始	・日出新聞創刊	・内閣制度制定 ・各地で水害がおき大阪では淀川が氾濫、大洪水となる ＊ガウディ「グエル邸」着工
明治19年	1886	○7代錦光山ら、洛東真葛原に美工商社を設立開業し外人向けの美術工芸品の陳列販売を行う	・ジークフリート・ビング横浜に支店を開く ・フェノロサと岡倉天心が欧米へ視察旅行	＊イギリス、ビルマを併合
明治20年	1887	○7代錦光山、天皇の行幸に際して開催された京都新古美術会で名誉記念牌を贈られ、花瓶が御用品として買い上げられる ●不況を機に日用必需品の京都に置ける大量生産を目指し京都陶器会社が設立されるも、粟田、清水五条坂ともに大きな窯元は美術装飾陶器が主流のまま	・龍池会が日本美術協会と改称 ・シーボルトの日本コレクション約5、200点がウィーンの自然科学博物館（現民族学博物館）に寄贈される ・東京美術学校設立	・叙位条例公布 ・日本初の電灯が鹿鳴館にともる ＊マカオ、ポルトガルに割譲

和暦	西暦	輸出向薩摩焼関連	美術工芸一般	社会情勢一般 ＊は海外
明治21年	1888	○7代錦光山、バルセロナ万国博覧会に出品し金牌を受賞 ●9代帯山、バルセロナ万国博覧会に出品し銀牌を受賞 △藪明山、工房を堂島に移転し輸出陶器製作を本格化 ◇この頃、12代沈寿官が薩摩焼における独自の透彫の技法を編み出す	・明治宮殿完成 ・バルセロナ万国博覧会 ・ビングLe Japon Artistique(『芸術の日本』)を出版、1891年の36号まで続く	・外相大隈重信が条約改正交渉を始める
明治22年	1889	●巽良両組合合同で陶磁器品評会が開始される(翌年も開催) ○●バルセロナ万国博覧会用に作られた出品解説書の写しと思われる原稿が残されている	・東京美術学校開校 ・パリ万国博覧会（フランス革命百周年記念） ・明治美術会結成 ・岡倉天心らにより美術雑誌『国華』創刊	・大日本帝国憲法発布 ・東海道線（新橋・神戸間）が全線開通 ＊オーストリア皇太子ルドルフ、愛人と心中自殺 ＊パリでエッフェル塔が建築される ＊ガウディ「グエル邸」完成
明治23年	1890	△藪明山が沈寿官へ蓋物、香炉、碗など9種の素地を発注する ◇田之浦陶器会社が慶田茂平の所有となり、以後慶田窯となる	・第3回内国勧業博覧会(東京) ・帝室技芸員制度発足	・教育勅語発布 ・第1回帝国議会開催
明治24年	1891	○7代錦光山、京都市美術学校の商議員となる ○◉日本を旅行したアメリカの著作家エリザ・シドモアが粟田焼陶器に関して、西洋人に媚びているものが多くて見るに絶えない模様もあるなどと酷評している ◇ロシア皇太子ニコライが鹿児島を訪れた際、島津忠義より沈寿官製の薩摩焼が贈られる	・起立工商会社解散	・ロシア皇太子ニコライ来日、大津事件がおこる ・濃尾地震 ＊コナン・ドイル『シャーロック・ホームズ』を連載開始

○錦光山関連／●京焼、粟田焼関連／△藪明山関連／◇本薩摩関連／◎横浜・東京薩摩関連／◉雑誌・旅行記などの証言／■釉薬など技術関連

和暦	西暦	輸出向薩摩焼関連	美術工芸一般	社会情勢一般 ＊は海外
明治25年	1892	●京都市陶磁器商工組合設立 ●濃尾地震により尾張・美濃の陶業が打撃を受けたことで京焼の産額増加、価格高騰がおこる ●廉価の飲食器の支那への輸出が増大、英領インドでも日本食器の流行がおこり輸出好調となる ◇この頃、12代沈寿官が薩摩焼における浮彫の技法を開発する ◇田之浦陶器会社が慶田茂平の経営となる	・エドワード・モースが蒐集した錦光山工房の広告を含む日本陶磁4、591点がボストン美術館所蔵となる	・樋口一葉、東京薩摩に関する小説、『うもれ木』を発表
明治26年	1893	○6代錦光山に追賞として銀杯一組が贈られる ○7代錦光山、シカゴ博覧会に出品し、出品作が東京国立博物館に収蔵される ●3代清風与平、陶磁ではじめて帝室技芸員に任命される ●輸出陶磁に関して、フランス人は花鳥の華美精緻な細かい文様を好み、イギリス人は藍色を使用した山水風景を好み、アメリカ人はその中間であるとの記事が『京都美術協会雑誌』に掲載されている ◉アメリカの雑誌Clay Recordが日本の素晴らしい陶工5名としてMeizan, Kinkozan, Taizan, Tozan, Kozanを挙げ、その中でも明山が間違いなく一番素晴らしいとし、6・35センチメートルの小碗に2、000匹の蝶が描かれている作品に関して言及される	・シカゴ万国博覧会	・御木本幸吉が世界初の真珠の養殖に成功 ＊ニュージーランドで世界最初の女性参政権が確立

和暦	西暦	輸出向薩摩焼関連	美術工芸一般	社会情勢一般 ＊は海外
明治27年	1894	●9代帯山、粟田における窯業を廃業する ●粟田・巽両組合を廃し、新たに京都陶磁器商工組合を設立、はじめて粟田・清水が合同、組長7代錦光山宗兵衛、副組長3代松風嘉定 ◇ロシア皇太子ニコライの結婚にあたり島津家からの贈り物にする為に沈寿官が薩摩焼を製作する ◇慶田政太郎が叔父茂平より田之浦陶器所（慶田窯）を引き継ぎ、当時品質低下が問題となっていた薩摩焼の品質の改善に努める ■京都の陶磁器界において和絵の具を好む傾向が出て上等品には水金を用いない傾向が生まれる ●この頃、茶碗の内面に数千の蝶を描いた作品が多く作られる	・山中商会ニューヨークに仮店舗開店	・日清戦争勃発
明治28年	1895	○7代錦光山、京都市会議員となる（以後8年間） ●第4回内国勧業博覧会において京焼の評価ふるわず ◇12代沈寿官、第4回内国勧業博覧会に出品し銅牌を受賞	・第4回内国勧業博覧会（京都） ・帝国奈良博物館開館	・日清通商航海条約調印 ・露・独・仏による三国干渉 ・日本でコレラが大流行
明治29年	1896	●京都陶磁器試験場設立、初代所長藤江永孝 ●15代安田源七、2代安田喜三郎兄弟が京都梅宮町に京都陶磁器合資会社設立 ◎宮川香山、陶磁器分野で2番目の帝室技芸員に任命される		＊アテネで第1回オリンピック開催
明治30年	1897	○7代錦光山、農商務省の技師とともに九州、東北各地の陶磁器を視察 ◇12代沈寿官、京都美術協会会員となる ◇◎12代沈寿官、東京支店を閉店するも海外輸出は継続	・帝国京都博物館開館 ・古社寺保存法公布	＊第1回シオニスト会議開催、ユダヤ国家をイスラエルに建国することを目指す
明治31年	1898		・岡倉天心ら日本美術院創設	＊キュリー夫妻がラジウムを発見

○錦光山関連／●京焼、粟田焼関連／△藪明山関連／◇本薩摩関連／◎横浜・東京薩摩関連／◉雑誌・旅行記などの証言／■釉薬など技術関連

和暦	西暦	輸出向薩摩焼関連	美術工芸一般	社会情勢一般 ＊は海外
明治32年	1899	○7代錦光山、粟田焼に関して装飾品にとどまらず多数の日用品を輸出することの必要性を黒田氏(京都日出新聞記者)に力説 ○●明治30年頃より装飾品偏重への反省から陶磁器業界において装飾品と日用品ともに重要だという気運が高まる ○◇7代錦光山、九州視察時の感想として薩摩焼に関して御庭焼はよいものがあるが、その他は意匠に乏しく技術も退歩して実に哀れな光景でございます、との証言を残す ○7代錦光山、商業会議所議員となる(以後8年間)		＊義和団事件
明治33年	1900	○7代錦光山、パリ万国博覧会に陶器花瓶等を出品し金賞受賞後そのまま欧州視察へ趣く ○初代諏訪蘇山が錦光山工房に採用される ●◇パリ万博において日本陶磁器に対する厳しい評価に直面し、改良の必要性を認識、薩摩の「輸出高」自体はこれ以降も増え続ける ●明治4年から28年までの陶磁器等京都府下著名物産の生産高、職工数、賃金などを調べた『京都府著名物産調』が刊行される ◇慶田製陶所が創業、田之浦陶器製造所が新たに作られる ◉この頃、サンフランシスコのジュエリーメーカー Shreve&Co. が薩摩焼を含む陶磁器に銀の付属品や装飾をほどこした製品を販売する	・パリ万国博覧会 ・一般にジャポニスムの終焉、工芸品不振の始まりといわれるが輸出高自体はこの後も伸び続けた工芸も多い ・世紀末におこったアール・ヌーヴォー芸術活動が最高潮となる	＊義和団鎮圧のため、日本、ロシア、イギリス、アメリカ、ドイツ、フランス、オーストリア、イタリアの八ヶ国連合軍が北京へ乗込み、清が八ヶ国に宣戦布告
明治34年	1901	○7代錦光山、前年のパリ万博で出会った初代宮永東山を工房の顧問に招き入れる。東山はのち6代の娘勢以と婚姻、7代錦光山と義兄弟になる ○この頃、従来の店舗の外に洋式陳列館を設け、装飾品に併せて日用品の輸出の途を開こうと努める ◇第1回全国窯業共進会に出品した12代沈寿官の透彫作品がジャパンメールで絶賛される ◇12代沈寿官、緑綬褒章を受賞		・足尾鉱山事件 ＊イギリス自治領、オーストリア連邦設立

和暦	西暦	輸出向薩摩焼関連	美術工芸一般	社会情勢一般 *は海外
明治35年	1902	○7代錦光山、ハノイ万国博覧会に出品 △藪明山から沈寿官への素地発注記録がのこる。蓋物3種を各30個、茶入れを2種で計50個、孫子便を30個、線茶碗を50個、大振りの碗を30個、丼のような器を20個。出来上がりにも細心の注意を払う様に要求している ◉○この頃、錦光山工房を訪れたイギリス人写真家ポンティングが、夏はふんどし一枚で寸分違わぬ花瓶を成形している職人の描写や工房の絵付けが欧米の市場の求めに応じた「醜い絵」を描く人々と、それとは別に限られた陶器に美しく精巧な絵を描く職人とに分かれていたなど詳細な記録と写真を残す	・ハノイ万国博覧会 ・京都高等工芸学校（現京都工芸繊維大学）創設	・日英同盟締結（日本初の列強との対等条約） *アメリカがキューバから撤退、キューバ共和国設立 *アメリカがフィリピンの植民地統治はじめる
明治36年	1903	○7代錦光山、第5回内国勧業博覧会にアール・ヌーヴォー調の作品を発表し名誉賞牌を受ける ●○中沢岩太、浅井忠らにより陶磁器意匠の向上を目指す陶磁器研究団体「遊陶園」が結成され、7代錦光山、初代宮永東山、5代清水六兵衛ら製陶家として参加 △藪明山、第5回内国勧業博覧会に出品し出品陳列委員長も勤める。作品は工芸館に陳列され、「精巧美麗、装飾用として最も佳品なり」との評をえる	・第5回内国勧業博覧会（大阪）	*アメリカのライト兄弟が初の動力飛行に成功

○錦光山関連／●京焼、粟田焼関連／△藪明山関連／◇本薩摩関連／◎横浜・東京薩摩関連／◉雑誌・旅行記などの証言／■釉薬など技術関連

和暦	西暦	輸出向薩摩焼関連	美術工芸一般	社会情勢一般 ＊は海外
明治37年	1904	○7代錦光山、セントルイス博覧会に出品し大賞を受賞。商標には1、200人の職人と50人のデザイナーを要する日本で一番大きな陶器の工房兼輸出業者であると記述されている。博覧会後はそのまま米国視察をして帰国 ◉○この頃、ポンティングはイギリス・オックスフォードの日本製品を扱う店で錦光山の西洋陶磁器を模した絵付けの作品を見てその趣味の悪さにショックを受けている ◉この頃、バルセロナのグエル邸（ガウディ建築）に薩摩焼と見られる1対の壺が飾られている写真が残る △藪明山、セントルイス博覧会に出品し大阪出品同盟会の幹事を務め、自身の作品も初めて工芸館ではなく美術館にも展示される ◇セントルイス博覧会に沈寿官、慶田ら多数出品	・セントルイス万国博覧会	・日露戦争勃発 ・与謝野晶子、『君死にたまふことなかれ』を発表
明治38年	1905	○7代錦光山、リエージュ万国博覧会に出品し大賞を受賞 ●京都市陶磁器試験場にドイツ式円筒窯を築く	・リエージュ万国博覧会	・ポーツマス条約締結 ・韓国帝国に統監府を設置、初代統監は伊藤博文
明治39年	1906	○7代錦光山、ミラノ万国博覧会に出品し大賞受賞 ◇12代沈寿官没す（71歳） ◇13代沈寿官が家業を継承、職人等の中には沈家を離れ各地の窯に移ったものも出た	・ミラノ万国博覧会	・満州鉄道が創立 ・夏目漱石が『坊っちゃん』を発表 ＊ロシアで帝国基本法発布、第1次国会が開かれる

和暦	西暦	輸出向薩摩焼関連	美術工芸一般	社会情勢一般 ＊は海外
明治40年	1907	○この頃、7代錦光山「輸出向陶磁器の将来」という論文の中で輸出伸張のためのさまざまな分析をし、販売先である世界の出来事を研究しなくてはならないと強調。ライバル国ドイツの機械陶磁器には価格でかなわないので、日用品ではなく手工業による装飾品で勝負するべきとし、インドや南米、ニュージーランドへの進出の可能性に関しても言及。また自身のもとにも調査部を設置し「高等なる専門教育を受けたもの二名」を世界の出来事の記録と研究に従事させる	・東京府勧業博覧会 ・第1回文部省美術展覧会（文展）	＊第2回ハーグ平和会議（ハーグ密使事件）
明治41年	1908	○7代錦光山、ロシア家具装飾万国博覧会に出品し大賞を受賞	・ロシア家具装飾万国博覧会	・日本からのブラジル移住がはじまる
明治42年	1909	●京都市立商品陳列場が設立、京薩摩を含む輸出を視野に入れた京都の工芸が多数展示され、英語のカタログも作られる	・赤坂離宮（現在の迎賓館）完成	・伊藤博文暗殺 ・東京で山手線運転開始 ＊独仏協定、フランスがモロッコの政治特権を確保しドイツがモロッコの経済権益をえる
明治43年	1910	△藪明山工房の絵付場写真が残されている ◇日英博覧会に慶田政太郎ら多数の窯元が出品	・日英博覧会	・韓国併合、朝鮮総督府設置 ・大逆事件 ＊ハリー彗星大接近でパニックがおこる
明治44年	1911	●京都市陶磁器組合が陶磁器奨励会を開催 ○7代錦光山、上記の奨励会において審査幹事をつとめる ■この頃、鉛害の深刻化により鉛入りの顔料の使用が厳しく制限されるようになる	・イタリア万国博覧会	＊辛亥革命はじまる（翌年中華民国臨時政府樹立）
明治45年 大正元年	1912			・明治天皇崩御（7月30日） ＊タイタニック号沈没

○錦光山関連／●京焼、粟田焼関連／△藪明山関連／◇本薩摩関連／◎横浜・東京薩摩関連／◉雑誌・旅行記などの証言／■釉薬など技術関連

和暦	西暦	輸出向薩摩焼関連	美術工芸一般	社会情勢一般 ＊は海外
大正3年	1914	○●△◇◎欧州戦争勃発により輸出陶器産業は大きな打撃をうける	・東京大正博覧会	＊第一次世界大戦勃発（〜1919） ＊パナマ運河開通
大正4年	1915	○7代錦光山、御大典に際しその記念として神坂雪佳に図案を依頼、海外輸出から内地向き製品製作へと転換をはかる ○7代錦光山、パナマ太平洋万国博覧会京都出品協会代表者として澤田誠一郎による図案の報告図集を芸艸堂より発行 △藪明山、パナマ太平洋万国博覧へ出品、これが最後の海外博覧会出品となり以後国内に販路を求める	・サンフランシスコでパナマ太平洋万国博覧会	・日本、中国に対して「対華二十一ヵ条要求」
大正5年	1916	○7代錦光山、緑綬褒章受賞		＊アインシュタイン一般相対性理論を発表
大正6年	1917	○7代錦光山、京都貿易協会創立に際し幹事長に就任 ●伊東陶山、帝室技芸員に任命される		＊ロシアで二月革命、ロマノフ王朝滅亡 ＊バルフォア宣言
大正8年	1919		・ドイツのワイマールでバウハウス建設	・大韓帝国で三・一独立運動 ・中国で五・四運動 ＊パリ講和会議（ヴェルサイユ条約締結） ＊ドイツでワイマール憲法採択
大正9年	1920	●京都深草に国立陶磁器試験場設立		＊国際連盟発足（日本常任理事国入）
大正11年	1922	●9代帯山与兵衛没す（67歳） ◇英国ウェールズ皇太子が鹿児島を訪問、磯の集成館で陳列会が行われ沈寿官作品も展示される		＊イタリアにムッソリーニのファシスト政権誕生
大正12年	1923			・関東大震災 ・虎ノ門事件 ＊トルコ共和国樹立

和暦	西暦	輸出向薩摩焼関連	美術工芸一般	社会情勢一般 *は海外
大正13年	1924	◇慶田政太郎没す(73歳)		*レーニン死去
大正14年	1925		・パリ万博博覧会(現代装飾美術産業美術国際博覧会)アール・デコ博覧会とも呼ばれる	
昭和2年	1927	○7代錦光山宗兵衛没す(61歳) ○土地の名義などは、錦光山合名會社に変更		・山東出兵*蒋介石、南京政府を樹立
昭和7年	1932			・満州国建国
昭和9年	1934	△藪明山没す(82歳)		*ドイツでヒトラーが総統に就任
昭和10年	1935	○この頃、錦光山工房が完全に閉じられる		

(注)本書では紙幅の関係で原文「関連年表」の参考図版および参考資料の部分を省略している。

〈著者プロフィール〉
錦光山 和雄
（きんこうざん・かずお）
1947年東京都生まれ。1972年早稲田大学政経学部卒業、和光証券（現みずほ証券）入社、調査部・経済研究所を経て、1987年現地法人ワコー・インターナショナル・ヨーロッパに赴任、帰国後常務執行役員、常勤監査役を経て、新光総合研究所（現株式会社日本投資環境研究所）取締役専務執行役員を最後に退任。京都粟田焼・京薩摩研究家。

京都粟田焼窯元
錦光山宗兵衛伝
—世界に雄飛した京薩摩の光芒を求めて

2018年2月13日　初版第一刷発行

著　　者　©錦光山和雄
発 行 者　武村哲司
発 行 者　株式会社開拓社

〒113-0023 東京都文京区向丘1-5-2
電話 03-5842-8900（代表）
振替 00160-8-39587
http://www.kaitakusha.co.jp

印刷・製本　シナノ印刷株式会社

ISBN 978-4-7589-7020-4